Markus Hofmann/Markus Mertiens (Hrsg.)

Customer-Lifetime-Value-Management

Markus Hofmann/Markus Mertiens (Hrsg.)

Customer-Lifetime-Value-Management

Kundenwert schaffen und erhöhen:
Konzepte, Strategien, Praxisbeispiele

GABLER

Die Deutsche Bibliothek – CIP-Einheitsaufnahme

Ein Titeldatensatz für diese Publikation ist bei
Der Deutschen Bibliothek erhältlich

© Betriebswirtschaftlicher Verlag Dr. Th. Gabler GmbH, Wiesbaden 2000
Lektorat: Jens Schadendorf

Der Gabler Verlag ist ein Unternehmen der Fachverlagsgruppe BertelsmannSpringer.

www.gabler.de

Höchste inhaltliche und technische Qualität unserer Produkte ist unser Ziel. Bei der Produktion
und Verbreitung unserer Bücher wollen wir die Umwelt schonen. Dieses Buch ist deshalb auf säure-
freiem und chlorfrei gebleichtem Papier gedruckt. Die Einschweißfolie besteht aus Polyäthylen und
damit aus organischen Grundstoffen, die weder bei der Herstellung noch bei der Verbrennung
Schadstoffe freisetzen.

Die Wiedergabe von Gebrauchsnamen, Handelsnamen, Warenbezeichnungen usw. in diesem
Werk berechtigt auch ohne besondere Kennzeichnung nicht zu der Annahme, dass solche Namen
im Sinne der Warenzeichen- und Markenschutz-Gesetzgebung als frei zu betrachten wären und
daher von jedermann benutzt werden dürften.

Umschlaggestaltung: Nina Faber de.sign, Wiesbaden
Druck und buchbinderische Verarbeitung: Lengericher Handelsdruckerei, Lengerich
Printed in Germany

ISBN 3-409-11618-4

Vorwort

Was passiert in Ihrem Unternehmen, wenn Sie den Wert Ihrer Kunden entdecken? „Customer-Lifetime-Value-Management – Kundenwert schaffen und erhöhen" fordert auf zu einer Entdeckungsreise in das Innerste Ihres Unternehmens und die Weite Ihrer Kundenpotentiale: eine systematische Expedition in die Welt komplexer Wertschöpfungsprozesse und in die Tiefen von dokumentiertem Kundenverhalten und latenten Bedürfnissen.

Dieses Buch entstand gemeinsam mit Klienten von NETWORK Management Consulting mit einer doppelten Zielsetzung. Wie die langjährige Praxis des Customer-Focused-Consulting bildet es eine pragmatische Brücke zwischen wissenschaftlicher Erkenntnis und unternehmerischer Realität. Diese erste umfassende deutschsprachige Darstellung der Methoden und Möglichkeiten des Customer-Lifetime-Value-Management soll das kundenwertgetriebene Managementkonzept einem größeren Publikum zugänglich machen. Im Gegensatz zum ausführlich diskutierten Shareholder Value erhält der innovative Customer-Value-Ansatz noch wenig Aufmerksamkeit aus Kundensicht. Kundenwert wird häufig verkürzt als Nebeneffekt von Customer-Relationship-Marketing oder Data-Mining betrachtet. CLV-M wird als eine ganzheitliche Managementaufgabe beschrieben, die kundengerichtete Prozesse und Informationssysteme durchgängig vernetzt und dadurch eine systematische Optimierung des Kundenwertes ermöglicht – Creating Customer Value. Die konzeptionellen Beiträge in diesem Buch belegen dies und ermöglichen dem Leser einen Vergleich mit bekannten Managementtheorien.

„Creating Customer Value" ist keine völlig neue Herausforderung für Manager und Unternehmer. Dennoch fällt es in den meisten Unternehmen schwer, den oder die Kundenwert-Manager zu identifizieren. Deshalb dient dieser mit Beispielen angereicherte Überblick den Verantwortlichen für kundenorientierte Unternehmensführung gleichzeitig als Handbuch und Referenzplattform für die Umsetzung von CLV-M im eigenen Unternehmen. Es ist kein Kochbuch mit Standardrezepten, die identisch nachgekocht werden können. Es sind Erfahrungsberichte und Erkenntnisse, die eine Richtung aufzeigen. Wie bei Expeditionen üblich, erhalten die Aufzeichnungen der Vorgänger, die meist unter völlig anderen Voraussetzungen begonnen haben, wertvolle Hinweise, die einem selbst das Erreichen des gesteckten Zieles erleichtern.

Meine ersten Erfahrungen mit Kundenwertmanagement machte ich Anfang der 80er Jahre in einer internationalen Hilfsorganisation. Die monatlichen Spendenaufrufe wurden so ausgewertet, dass die Spender nach Spendenhöhe, Interessengebieten und regionalen Präferenzen klassifiziert werden konnten. Den Einnahmen konnten jeweils die Kosten für ein Mailing individuell zugeordnet werden. Für zukünftige Aussendungen wurden je nach Thema aufgrund des früheren Spendenverhaltens die geeigneten Adressen selektiert. Damals wurden Großrechner und mehrere Tage benötigt, um die Datenmengen zu verarbeiten. Das Prinzip hat sich kaum geändert. Heute kann diese im Direktmarketing perfektionierte Vorgehensweise mit modernen Informationssystemen in fast jedem Unternehmensbereich zeitnah genutzt und wirtschaftlich eingesetzt werden. Die Verfügbarkeit von geeigneten IT-Systemen für effizientes Customer-Value-Management unterstützt die Übertragung von Erfahrungen von Airlines, Automobilunternehmen und der Telekommunikationsbranche in andere Bereiche.

An dieser Stelle möchte ich auch all denen danken, die dieses Buch möglich gemacht haben. Zuerst sind da die Autoren: wissenschaftlich getriebene Vordenker, innovative Praktiker und erfahrene Enabler.

Nicht zuletzt gilt mein Dank dem engagierten NETWORK-Team, das unter der Leitung von Markus Mertiens diesen Kraftakt neben einem intensiven Berateralltag bewältigt hat, namentlich Cecilie Schank und Oliver Obitayo, unterstützt durch Kirsten Kühling und Snezana Banovic.

Bad Homburg, im Dezember 1999   MARKUS HOFMANN

MARKUS MERTIENS

Inhalt

1

Customer-Lifetime-Value-Management

1.1 Das CLV-Management-Konzept

Gordana Zezelj, NETWORK Management Consulting

Einleitung

Kundenmanagement, Beziehungsmarketing und Kundenbindung sind heute in vielen Unternehmen bereits ein zentrales Thema. Nach einer NETWORK-Umfrage ist für 61 Prozent der befragten Unternehmen Customer-Relationship-Management (CRM) ein wichtiger Management-Begriff. Die Fähigkeit, den Geschäftserfolg durch langanhaltende und profitable Kundenbeziehungen zu steigern, ist in den einzelnen Unternehmen jedoch unterschiedlich entwickelt. Insbesondere zeigt sich, dass Kundenlebenszyklus und Kundenwert noch nicht als Steuerungsgrößen für Kundenbeziehungen eingesetzt werden. Zielvision bei der Lufthansa ist z. B., dass, wenn Sie als Kind eines Vielfliegers der Lufthansa geboren werden, damit auch Ihr Kundenlebenszyklus bei der Lufthansa beginnt. Denn Marketing-Manager haben durch Kunden-Datenbanken festgestellt, dass Kinder von Vielfliegern auch selbst ein großes Vielflieger-Potential haben. Und damit haben Sie einen potentiellen hohen Kundenwert. Also werden Sie in ein Kids-&-Teens-Programm integriert. Sie werden studieren und erhalten dann spezielle Preisangebote. Und wenn Sie später Unternehmensberater werden und damit nun tatsächlich ein Vielflieger sind, wird die Lufthansa Ihnen individuelle Angebote machen, z. B. Flug und Mietwagen. Die Lufthansa entwickelt die Beziehung zu Ihnen weiter, bis Sie irgendwann als Senior aus dem Unternehmen ausscheiden und schließlich spezielle Reiseangebote für Ihre Pensionszeit erhalten. Damit wird für einen wertvollen Kunden über die ganze Lebenszeit ein individuelles Konzept geschneidert. Nicht nur Produkte besitzen Lebenszyklen. Auch Kundenbeziehungen werden etabliert, gepflegt, gestaltet und enden schließlich. Dabei ist der Kundenwert – der Customer-Lifetime-Value – die adäquate Steuerungsgröße für die „wertvolle" Kundenbeziehung. Der Customer-Lifetime-Value schafft langanhaltende profitable Kundenbeziehungen und ist damit Schlüssel zur

Steigerung des Unternehmensgewinns. Während Fachpresse und Managementlitera-
tur sich heute hauptsächlich mit Shareholder Value beschäftigen, ist es doch gerade
der Customer-Lifetime-Value, der parallel zu verfolgen ist, wenn nachhaltige Ertrags-
kraft für Unternehmen geschaffen werden soll.

Definition Customer-Lifetime-Value-Management

Customer-Lifetime-Value-Management (CLV-M) ist die Ausgestaltung aller Marke-
ting- und Vertriebsmaßnahmen eines Unternehmens nach dem Kundenwert. Die
Gesamtheit aller Kundenbeziehungen soll zu einem wertoptimalen Kundenportfolio
geführt werden und damit letztlich der Maximierung des Unternehmensgewinns
dienen. CLV-M ist dabei neben dem notwendigen Zahlenmanagement auch eine
Philosophie und Strategie der Kundenorientierung. Es ist die Entscheidung, nicht
jeden Kunden identisch zu behandeln. Der langfristige Unternehmenserfolg erfordert
eine mehrdimensionale Orientierung[1] – eindimensionale Managementansätze wie
die Qualitäts- oder Kostenführerschaft können dies nicht leisten. CLV-M steuert
Qualität und Kosten über den Kundenwert und liefert somit die Basis für profitable
Kundengewinnung, Kundenbetreuung und Kundenbindung – die richtige Maßnahme für den richtigen Kunden. CLV-M erweitert damit klassisches Kundenmarke-
ting und Customer-Relationship-Management um die Steuerungsgröße Kundenwert
(siehe Abbildung 1). Hierbei ist insbesondere von Bedeutung, dass bei der Einführung eines CLV-M kein neuer Unternehmensbereich geschaffen wird. Alle markt-
orientierten Unternehmensbereiche arbeiten Hand in Hand zur Schaffung von profitablen Kundenbeziehungen.

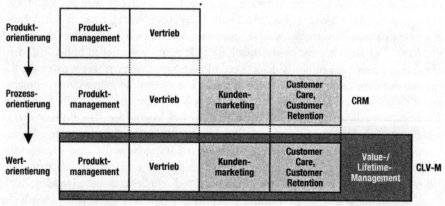

Quelle: NETWORK Management Consulting

Abb. 1:   CLV-M steuert den Kundenwert in den Unternehmensbereichen

Durch segmentspezifische und individualisierte Ausgestaltung der Prozesse zur Kundengewinnung, -betreuung, und -bindung schafft CLV-M einmalige Beziehungen zu profitablen Kundensegmenten. Denn nun erhält der wertvolle Kunde spezielle Maßnahmen. Für die weniger wertvollen Kunden werden standardisierte Maßnahmen entwickelt. Dem Gießkannenprinzip der aktuellen Kundenmanagement-Konzepte, die Marketing- und Vertriebsmaßnahmen ausschließlich segmentorientiert spezifizieren – z.B. nach Umsatz oder soziodemographischen Merkmalen – begegnet CLV-M daher mit der Frage: Stehen Aufwand und Customer-Lifetime-Value in angemessenem Verhältnis zueinander? Je nach antizipiertem Customer-Lifetime-Value werden segmentspezifische oder individualisierte Maßnahmen entwickelt und eingesetzt. Die Gestaltung von Kundenorientierung wird durch dieses selektive Kundenmanagement revolutioniert. Segmentfilter, Lebenszyklusfilter und Wertfilter liefern die Grundlage für die Auswahl der richtigen Maßnahme zum richtigen Zeitpunkt für den richtigen Kunden – und ermöglichen somit die individuelle Gestaltung von Kundenbeziehungen.

Der Wirkungsgrad von CLV-M ist dabei herkömmlichen Kundenmanagement-, Beziehungsmarketing- und Kundenbindungs-Ansätzen weit überlegen, da hier ein integriertes Gesamtsystem von Kundengewinnung, kundenorientierter Kernleistung, Kundenbeziehungsmanagement und Kundenmonitoring gestaltet wird (siehe Abbildung 2).

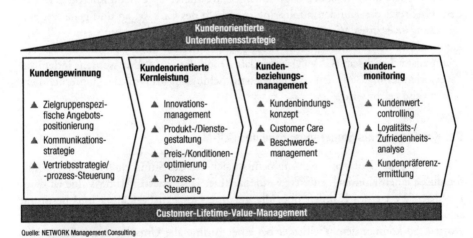

Quelle: NETWORK Management Consulting

Abb. 2:   Schlüsselprozesse des CLV-M

Da CLV-M langanhaltende, profitable Kundenbeziehungen verfolgt, kommt der Kundenbindung innerhalb des CLV-M eine zentrale Rolle zu. Die Erhöhung der Kundenbindungsrate um 5 Prozent kann den Wert eines Kunden um 25 bis 100 Prozent steigern.[2] In der Kreditkartenbranche konnte bspw. ein Anstieg des durchschnittlichen Kundenwertes um 75 Prozent verzeichnet werden, Autowerk-stätten steigerten ihn um 81 Prozent und Lebensversicherungen gar um 90 Prozent.[3] Denn durch Erhöhung der Kundenbindung werden Kosten gesenkt, und Mehrum-satz kann generiert werden. Da die Summe aller Kundenwerte in die Berechnung des Unternehmensgewinns einfließt, führt die Kundenbindung als psychographische Zielgröße letztlich zur Steigerung einer ökonomischen Zielgröße – des Unterneh-mensgewinns. Die Weiterentwicklung des CLV-M ist dabei die Erkenntnis, dass nicht jede Kundenbeziehung eine „wertvolle" Kundenbeziehung ist: Deswegen setzt Kun-denbindung im CLV-M auf die Kunden, die es „wert" sind, gebunden zu werden.

Sowohl Customer-Lifetime-Value als auch die Ausgestaltung des CLV-Managements variieren dabei je nach Branche und Produkt bzw. Dienstleistung und müssen unter-nehmensspezifisch definiert werden. Hervorzuheben ist, dass sich CLV-M insbeson-dere für die Dienstleistungsbranche eignet; denn nur, wenn der Kunde bekannt ist, kann der Kundenwert über den gesamten Kundenlebenszyklus bestimmt werden. Aber auch in der Gebrauchs- und Investitionsgüterbranche kann CLV-M eingesetzt werden, wenn bspw. durch Direkt-Marketingmaßnahmen oder Serviceverträge Kun-denkenntnis erworben wird. Die Praxis zeigt jedoch, dass viele Unternehmen nicht wissen, wie sie den Kundenwert ermitteln sollen, obwohl die meisten von ihnen bereits umfangreiche Kundendaten in unterschiedlichen Unternehmensbereichen besitzen. Diese müssen jedoch zusammengeführt und entsprechend interpretiert wer-den. Hier setzt das Kundenmonitoring innerhalb des CLV-M an und generiert ent-scheidungsrelevantes Wissen über die Kunden. Bei der Umsetzung eines CLV-M kann eine Unterscheidung nach niedrigem, mittlerem und hohem Kundenwert schon ausreichend sein. CLV-M kann dabei modular eingeführt werden, indem die „Wertorientierung" in den verschiedenen Schlüsselprozessen des Unternehmens schrittweise gelebt wird.

Der Kundenwert als Steuerungsgröße des CLV-M

„Der Wert einer Kundenbeziehung bemisst sich aus der Summe aller Ertragsströme, die durch einen Kunden generiert werden."[4] Der Customer-Lifetime-Value ist dem-nach der Wert eines Kunden über die gesamte Geschäftsbeziehung und bestimmt sich aus allen dem Kunden oder der Kundengruppe zurechenbaren Umsätzen und Kosten. So können dem Vielflieger bei einer Airline alle Umsätze durch Flugtickets und Servicekosten über die ganze Lebenszeit direkt zugeordnet werden. Hierbei sind quantitative und qualitative Bestimmungsgrößen des Kundenwertes zu beachten (siehe Abbildung 3).

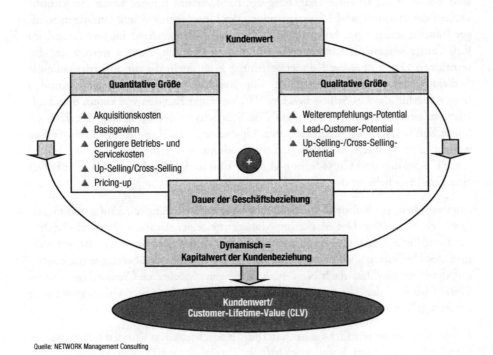

Abb. 3:   Bestimmungsgrößen des Kundenwertes/Customer-Lifetime-Value

Quantitative Bestimmungsgrößen des Customer-Lifetime-Value: Quantitative Bestimmungsgrößen des Customer-Lifetime-Value sind Ein- und Auszahlungen, die durch/für diesen Kunden getätigt werden. Zu Beginn einer Kundenbeziehung fallen Akquisitionskosten an, z.B. Kommunikationskosten und Vertriebsprovisionen. In der Telekommunikation sind bei der Akquisition eines Kunden über Direktmarketing für das Direct Mailing fixe Kreationskosten und variable Stückkosten zu verzeichnen, unter anderem für den Responsebrief. Bei einer angenommenen Rücklaufquote von 1,5 Prozent kostet ein Neukunde ohne Personalkosten dann ca. 250,– DM.[5] Die Akquisitionskosten stellen damit die Summe aller Investitionen in einen Neukunden dar. Im Verlaufe der Kundenbeziehung kann dann ein Basisgewinn erwirtschaftet werden. Dieser ermittelt sich aus der Differenz von Preis und Kosten der Produkte und Dienstleistungen, die ein Kunde bei einem Unternehmen kauft. Interessant ist, dass in den meisten Branchen der Basisgewinn mit zunehmender Dauer der Geschäftsbeziehung deutlich ansteigt.[6] Denn je länger diese dauert, desto mehr Umsätze tätigt der Kunde erfahrungsgemäß mit dem Unternehmen. Diese Umsatzsteigerung führt also zum Ansteigen des Basisgewinns. Hinzu kommt, dass im Verlaufe der Kundenbeziehung geringere Betriebs- und Servicekosten zu verzeichnen sind, die ebenfalls zu einer Steigerung des Basisgewinns führen. Denn die Kunden kennen die Produkte und Dienstleistungen des Unternehmens und benötigen weniger Informationen bzw. Anleitung zur Nutzung.[7] Weniger und kürzere Anrufe im Call-Center senken die Customer-Service-Kosten deutlich. Zudem werden im Unternehmen Daten über die Kundenbeziehung gesammelt, die die zufriedenstellende Bedienung des Kunden vereinfachen. Zur Steigerung des Umsatzes eines Kunden trägt weiterhin das Up-Selling bei. Der Wechsel eines Kunden von einem Standard-Paket zu einem Premium-Paket stellt eine Möglichkeit des Up-Selling dar. Eine erhöhte Kauffrequenz zählt ebenfalls zum Up-Selling.[8] Im Rahmen des Cross-Selling werden dem Kunden zusätzlich andere Produkte des Unternehmens angeboten. Auch Up-Selling- und Cross-Selling-Umsätze sind in der Regel umso höher, je länger eine Kundenbeziehung dauert.

Angenommen, ein Kunde fliegt im Rahmen seiner Berufstätigkeit häufig von Frankfurt nach New York. Der Marketing-Manager bei einer Airline stellt durch Analyse der Kundendaten fest, dass der Kunde Vielflieger in der Economy Class ist. Im Rahmen des Up-Selling wird er nun versuchen, den Kunden zu überzeugen, zukünftig mit der Business Class nach New York zu fliegen. Möchte er Cross-Selling durchführen, wird er dem Kunden günstige Preisangebote für seine Urlaubsgestaltung machen, z. B. für einen Flug auf die Bahamas.

Bei der Kundenwertermittlung ist weiterhin zu beachten, dass Kunden mit steigender Lebenszeit eine höhere Preisbereitschaft für Produkte und Dienstleistungen haben, mit denen sie bereits positive Erfahrungen gesammelt haben. Denn durch wiederholte Nutzung eines bekannten Angebotes verringert der Kunde sein Unzufriedenheitsrisiko mit dem Produkt bzw. der Dienstleistung eines unbekannten Anbieters.[9] Die langjährigen Bestandskunden bringen dem Unternehmen demnach einen Goodwill entgegen, der die Abschöpfung der Konsumentenrente ermöglicht. Dieser Goodwill wirkt sich ebenfalls in einer höheren Preisbereitschaft bei Einführung eines neuen Produktes, einer Dienstleistung oder eines Value-Added-Paketes aus.

Qualitative Bestimmungsgrößen des Customer-Lifetime-Value: Nicht nur in Zahlen ausdrückbare Größen bestimmen den Customer-Lifetime-Value. Es gibt auch qualitative Bestimmungsgrößen, die bei der Ermittlung herangezogen werden müssen. Angenommen, der Marketing-Manager bei einer Airline möchte für seine besonders wertvollen Vielflieger einen Vielflieger-Kundenclub gründen – z. B. analog zur Lufthansa-Senator-Card. Er tut dies nicht, weil diese Maßnahme direkt messbaren Mehrertrag erwirtschaftet, sondern weil er der Überzeugung ist, dass der Kundenclub Potential für Mehrumsatz durch Weiterempfehlung und Up-/Cross-Selling generiert. Denn im Kundenclub wird die Beziehung zum Kunden durch intensiven Dialog und bevorzugte Behandlung intensiviert. Der Kunde fühlt sich gewürdigt und wird die Airline mit einer höheren Wahrscheinlichkeit sowohl weiterempfehlen als auch weitere und höherwertige Produkte kaufen. Das antizipierte Weiterempfehlungspotential ist damit neben dem Up-Selling-/Cross-Selling-Potential wichtiger kundenwertbestimmender Faktor. Schließlich ist auch das Lead-Customer-Potential – das Meinungsbildungspotential – in die Berechnung des Kundenwertes miteinzubeziehen.

Berechnung des Customer-Lifetime-Value: Aus den dargestellten quantitativen und qualitativen Bestimmungsgrößen des Kundenwertes werden bei der Ermittlung des Customer-Lifetime-Value unternehmensspezifisch diejenigen Größen ausgewählt, die Relevanz besitzen und erfasst werden können. Die tatsächliche Berechnung des Kundenwertes kann anhand der Kapitalwertmethode erfolgen. Dabei werden bei Beginn der Kundenbeziehung alle zukünftigen Ein- und Auszahlungen durch/für einen Kunden geschätzt und aufsummiert. Die voraussichtliche Dauer der Kundenbeziehung wird prognostiziert, und alle Ertragsströme werden mit dem unternehmenseigenen Zinssatz auf das aktuelle Datum abgezinst. Die dynamische Betrachtung des Kundenwertes ist wichtig, da die Maßnahmen des CLV-M meist erst mittel- bis langfristig gewinnbringend sind. Die qualitativen Bestimmungsgrößen können ebenfalls in die Berechnung eingehen. Hierzu werden die potentiellen Ertragsströme mit ihren Eintrittswahrscheinlichkeiten multipliziert. Die Prognose der Länge einer Geschäftsbeziehung ist von entscheidender Bedeutung. Abwanderungswahrscheinlichkeiten und Kundengruppenszenarien finden hier ihren Ansatz. Die statische Betrachtung des Kundenwertes, z.B. durch einen Gewinnvergleich zu einem bestimmten Zeitpunkt, liefert zwar im Vergleich zur dynamischen Betrachtung nur einen Näherungswert, ist jedoch mit relativ wenig Aufwand ermittelbar.[10] Daher kann in der Praxis in einem ersten Schritt auch eine statische Betrachtungsweise gewählt werden, um zumindest einen Richtwert für den Kundenwert zu erhalten.

Bei der Einführung von CLV-M in der Praxis ist zunächst wichtig, dass der Gedanke der Wertorientierung im Unternehmen gelebt wird. Dies kann auch erreicht werden, wenn nicht sofort alle Unternehmensbereiche den Kundenwert verankern. Bereits eine schrittweise Einführung des Kundenwertes in den einzelnen Schlüsselprozessen des Unternehmens hilft. Darum kann auch bereits eine Unterscheidung nach niedrigem, mittlerem und hohem Kundenwert ausreichend sein. Eine branchen- und unternehmensspezifische Konkretisierung der ermittelten Kennzahl ist jedoch notwendig.[11]

In der Summe erzeugen Kosteneinsparungen und steigende Umsätze im Verlaufe einer Kundenbeziehung einen kontinuierlich wachsenden Gewinnstrom.[12] Der Customer-Lifetime-Value – der Kundenwert über die gesamte Kundenbeziehung hinweg – ist die Steuerungsgröße, die eine Relation zwischen Kundenbeziehung und Unternehmensgewinn herstellt. Denn durch die wertorientierte Steuerung aller Kundenbeziehungen kann letztlich der Unternehmensgewinn maximiert werden.

Kernelemente des CLV-M und Charakterisierung

CLV-M steuert die Schlüsselprozesse und Kernleistungen eines Unternehmens segmentspezifisch und am Kundenlebenszyklus orientiert; die Steuerungsgröße ist der Kundenwert. Dadurch ermöglicht CLV-M selektives Kundenmanagement (siehe Abbildung 4).

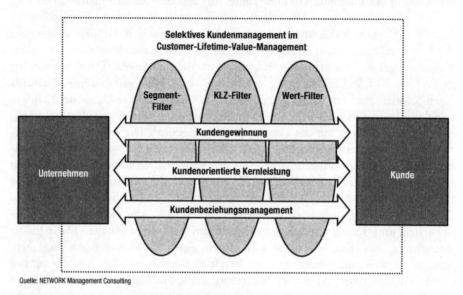

Quelle: NETWORK Management Consulting

Abb. 4:   Selektives Kundenmanagement mit CLV-M

Kundengewinnung, kundenorientierte Kernleistung, Kundenbeziehungsmanagement und Kundenmonitoring sind die relevanten Kernelemente des CLV-M, innerhalb derer die kundenorientierten Maßnahmen ausgestaltet werden.

Kundengewinnung: Im CLV-M ist es wichtig, dass schon bei der Kundengewinnung der Kundenwert-Gedanke umgesetzt wird. Das bedeutet bspw., dass der Vielflieger mit mehr Aufwand zu akquirieren ist als der Seltenflieger. Denn wer einen höheren potentiellen Kundenwert besitzt, rechtfertigt auch spezifischere und intensivere Maßnahmen als jemand, der einen niedrigeren potentiellen Kundenwert besitzt. Bei der Kundengewinnung wird demnach der Grundstock für ein wertoptimales Kundenportfolio gelegt. Attraktive Zielgruppen werden mit mehr Aufwand akquiriert als weniger attraktive Zielgruppen. Ziel der Kundengewinnung im Rahmen des CLV-M ist also die Identifikation, Auswahl, Überzeugung und Akquisition primär der attraktiven Zielgruppen. Dabei sind die attraktivsten, das heißt die langfristig profitabelsten Zielgruppen nicht notwendigerweise die mit dem größten Umsatz. Klassische

ABC-Analysen filtern diejenigen 20 Prozent der Kunden, die 80 Prozent des Umsatzes erwirtschaften.[13] Demnach werden im Rahmen der ABC-Analyse diese umsatzstarken 20 Prozent der Kunden zu den attraktivsten Kunden gezählt und deswegen besonders fokussiert akquiriert. Der „wahre Wert" dieser Kunden bleibt jedoch außer Acht. Denn die ABC-Analyse betrachtet ausschließlich den Umsatz eines Kunden, nicht den Gewinn; und sie ist eine statische Methode.[14] Der Customer-Lifetime-Value erfordert jedoch eine dynamische Betrachtung, denn Kunden können im Verlaufe ihres Lebenszyklus die Kundengruppen wechseln. Auch beinhaltet der Kundenwert, wie in Abbildung 3 dargestellt, verschiedene Bestimmungsgrößen, wie z. B. das Cross-Selling-Potential, die in der Summe über die Zuordnung eines Kunden zu einer Kundengruppe entscheiden. Die attraktivsten Zielgruppen sind folglich die Zielgruppen mit dem höchsten potentiellen Kundenwert. Bei der Kundengruppen-Bildung ergänzt man diese Zielgruppenattraktivität um die kundenbindungsorientierte Dimension Wechselwahrscheinlichkeit von der Konkurrenz.[15] Dadurch können für alle attraktiven Zielgruppen spezifische Marketing- und Vertriebsmaßnahmen definiert werden.

Für alle attraktiven Zielgruppen ist eine spezifische Angebotsgestaltung, Kommunikations- und Vertriebsstrategie zu entwickeln. Im Rahmen der Angebotsgestaltung wird die Positionierung auf die Bedürfnisse der attraktiven Zielgruppen ausgerichtet. Die Positionierung ist dabei der Vorteil eines Produktes bzw. einer Dienstleistung gegenüber der Konkurrenz, der in der Kommunikation mit einer bestimmten Zielgruppe in den Mittelpunkt gestellt wird.[16] Funktionale und emotionale Nutzen sind Bestandteil der Positionierung und werden gemeinsam mit der Markenwelt im Rahmen der Kommunikationsstrategie beworben. Klassische, direkte und One-to-one-Kommunikation werden eingesetzt, um die attraktiven Zielgruppen zu gewinnen. Dabei steigt die Relationship-Qualität mit zunehmender Dialogorientierung. Das bedeutet, je attraktiver die Zielgruppe ist, desto stärker ist die Dialogorientierung in der Kommunikation zu wählen.

Im Rahmen der Kundengewinnung ist schließlich festzulegen, über welche Vertriebswege ein Produkt oder eine Dienstleistung verkauft wird bzw. mit welchen Vertriebsaktivitäten die attraktiven Zielgruppen gewonnen werden. Die Vertriebswegestrategie bestimmt dabei den Anteil eines Vertriebsweges am Vertriebskanal-Mix. Sie legt fest, mit welchem Anteil direkt oder indirekt vertrieben wird.[17] Bei der Auswahl des Vertriebskanal-Mix werden verschiedene Zielgrößen eingesetzt, z. B. Marktausschöpfung, Kosten, Image oder Steuerbarkeit des Vertriebsweges. Dabei ist das „Customer Ownership" von zentraler Bedeutung – das Unternehmen, dem der Kunde in einer Wertschöpfungskette gehört, bezieht auch die Früchte aus der Kundenbeziehung. Im CLV-M ist insbesondere der Zielgruppenfit des ausgewählten Vertriebsweges zu beachten. Es ist also zu prüfen, ob die attraktiven Zielgruppen über diesen Vertriebsweg gewonnen werden können. Wenn diese Zielgruppen z. B. nicht zu den Internet-

Nutzern gehören, macht es keinen Sinn, den Internet-Vertrieb mit einem hohen Anteil im Vertriebskanal-Mix zu haben. Nach der Auswahl der Vertriebswege werden die Vertriebsaktivitäten den Anforderungen der attraktiven Zielgruppen entsprechend gestaltet. Für „wertvolle" Kunden kann der Fokus auf die persönliche Beratung beim Verkauf gelegt werden. Dies kann im Rahmen von Außendienstbesuchen oder Verkaufsförderungsmaßnahmen geschehen. Die hierzu einzusetzenden Vertriebsmitarbeiter werden über Entlohnung und Incentives motiviert.[18] Bei der Vertriebsstrategie im CLV-M ist insbesondere wichtig, dass sowohl Vertriebsweg als auch Vertriebsaktivitäten durch den Kundenwert gesteuert werden (siehe Abbildung 5).

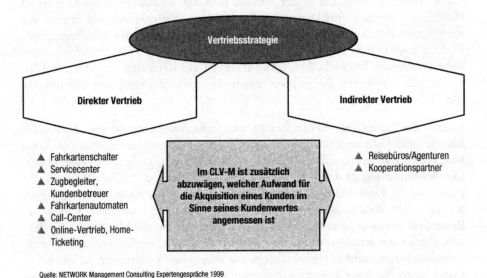

Quelle: NETWORK Management Consulting Expertengespräche 1999

Abb. 5:   Beispiel: Vertriebswege bei der Deutschen Bahn AG

Der Vertriebskanal ist damit nicht nur Instrument, um Massen von Kunden anzulocken, sondern um Massen richtiger Kunden zu akquirieren.[19] Wobei auch bei der Akquisition gilt: Die attraktiven Zielgruppen sind mit angemessenem Aufwand zu gewinnen. Im Rahmen der Kundengewinnung wird somit der gesamte Kaufprozess von der Vorkaufphase bis zur Kaufphase gestaltet. Die Nachkaufphase erfüllt das funktionale und das emotionale Kaufversprechen. Kundenorientierte Kernleistung und Beziehungs-Management setzen hier an, um die Kaufentscheidung des Kunden zu bestätigen und kognitive Dissonanzen abzubauen.

Kundenorientierte Kernleistung: Kundenzufriedenheit wird zunächst durch die Erfüllung von Erwartungen in Bezug auf die kundenorientierte Kernleistung geschaffen. Die Kernleistung stiftet den Grundnutzen für einen Kunden, wenn der „expected value" erfüllt wird. Wird gar der „unexpected value" durch einen Zusatznutzen geliefert, kann ein starker Zufriedenheitssprung erreicht werden. Deswegen stellt die kontinuierliche segmentspezifische und kundenlebenszyklusorientierte Weiterentwicklung der kundenorientierten Kernleistung im CLV-M einen wichtigen Bestandteil dar. Die kundenorientierte Kernleistung beinhaltet dabei neben dem Innovationsmanagement sowohl die Optimierung der Produkt- und Dienstegestaltung, die Preis- und Konditionengestaltung als auch die Steuerung der zu ihrer Realisierung notwendigen Prozesse. Die Gestaltung der Kernleistung ist dabei stets qualitätsorientiert – Qualität als Erfüllungsgrad eines Kundenbedürfnisses.[20]

Durch Innovationsmanagement kann ein Unternehmen „First-to-market-Effekte" erzielen. Diese auch „Pioniervorteile" genannten Effekte sind die Schaffung von Markteintrittsbarrieren durch Know-how-Vorsprung und positiven Imageaufbau bei den Kunden.[21] Neuproduktentwicklung im Rahmen des Innovationsmanagements ist stets bedürfnisorientiert und basiert auf lebenszyklusorientierten – und damit dynamischen – Kundendaten. Auch für die Produkt- und Dienstegestaltung liefert die Nutzung von Kundendaten Optimierungspotential. Die Basis für die Optimierung ist die Differenzierung der Kernleistung für verschiedene Segmente innerhalb unterschiedlicher Kundenlebenszyklus-Phasen: Neukunden, Bestandskunden oder Migrationskunden. Dabei liefert die differenzierte Kernleistung den Grundnutzen für ein Segment. Demnach stellen die verschiedenen Mercedes-Limousinen-Typen – S-, E-, C- und A-Klasse – für Mercedes-Kunden einen segmentspezifischen Grundnutzen dar. Die unterschiedlichen Ausstattungslinien (Elegance und Sport), Polster und Lackierungen sowie Sonderausstattungen schaffen Individualisierung – z.B. sportliches Fahren mit dem CLK Sport – und stellen hiermit einen Zusatznutzen bereit. Der Kunde kann sich sein Wunschfahrzeug direkt bei Mercedes-Benz .im Internet zusammenstellen.* Je mehr Differenzierung und Individualisierung geschaffen wird, desto intensiver wird die Beziehung zum Kunden. Neben der zielgruppenspezifischen Ausgestaltung von Produkten und Diensten liefert der Kundenlebenszyklus Ansätze zur Individualisierung. Neukunden haben andere Bedürfnisse als Bestands- und Migrationskunden. Für Neukunden steht im Rahmen der Kernleistung die Erbringung des funktionalen und emotionalen Kaufversprechens im Vordergrund. Zunehmend wird dann das Produkt- und Dienste-Angebot zur Wertsteigerung ausgebaut (CLV-Steigerung). Bestandskunden und Migrationskunden werden zielgruppenspezifische oder individuelle Produkte und Dienste angeboten, die auf Basis der bereits gesammelten Kundendaten customized sind (CLV-Optimierung/CLV-Sicherung).

Die Preis- und Konditionenoptimierung orientiert sich ebenfalls an Segmenten und Kundenlebenszyklusphasen und dient der Optimierung der Kundenorientierung und

---

*   Vgl. www.mercedes-benz.com.

damit der Kundenbindung. Eingesetzt werden folgende Preis- und Konditionen-instrumente[22]:

▲ mengenabhängiges Pricing, z.B. Volumenrabatte in der Telekommunikation,

▲ zeit- und loyalitätsabhängiges Pricing, z.B. Miles&More von Lufthansa,

▲ mehrproduktpricing, z.B. Preispakete für Festnetzanschluss und Mobil-funkanschluss,

▲ mehrpersonen-Pricing, z.B. Gruppentickets der Deutschen Bahn AG,

▲ verträge und Garantien, z.B. Serviceverträge bei Energiedienstleistern.

Die Kundenorientierung führt zur Kundenbindung, wenn über die Preis- und Konditioneninstrumente Preisvertrauen (emotionales Vertrauen in die Ehrlichkeit des Anbieters) und Preiszufriedenheit (funktionale Zufriedenheit mit dem Preis) geschaffen werden.[23] Im Verlaufe des Kundenlebenszyklus steigt auch das Maß an Individualisierung des Preis- und Konditionenangebotes. Dies kann in der Telekommunikation z.B. durch das Angebot von zielgruppenspezifischen Pricing-Paketen auf Basis eines Telefonieprofils realisiert werden.

Die Prozess-Steuerung ist ein weiterer Bestandteil des CLV-M-Elementes kundenori-entierte Kernleistung. Die Prozesse zur Ideenfindung, Planung, Entwicklung, Bereit-stellung/Erbringung und Abrechnung eines Produktes bzw. einer Dienstleistung wer-den innerhalb der Prozess-Steuerung kontinuierlich optimiert. Die Bereiche Kunden-gewinnung, Kundenbeziehungsmanagement sowie insbesondere das Kundenmoni-toring liefern die hierzu notwendigen Informationen. Angebotserstellung oder Beschwerdebearbeitung sind beispielhafte Quellen dieser Informationen. Dabei ermöglicht die Prozess-Steuerung eine laufende Optimierung aller Marketingmaß-nahmen, die eingesetzt werden, um die Erwartungen der attraktiven Zielgruppen bezüglich der Kernleistung zu erfüllen. Die Steuerung ist stets am Kundenwert zu orientieren. So ist es denkbar, dass ein Vielflieger bei einem Flug nach New York bevorzugt einen Platz im Flugzeug erhält, auch wenn er auf der Warteliste ganz hin-ten steht, womit seine Zufriedenheit deutlich gesteigert wird.

Differenzierung und Individualisierung sind nicht nur relevant für die Produkt- und Dienstleistungsgestaltung, sondern sind Bestandteil moderner Kundenbindung und werden im Kundenkontakt gemeinsam mit Value-Added-Services im Rahmen des Beziehungs-Managements gestaltet.

Kundenbeziehungsmanagement: Kundenbeziehungsmanagement im CLV-M um-fasst die wertorientierte Kundenbetreuung und Kundenbindung: Je nach Kunden-attraktivität wird die Kundenbeziehung intensiv oder weniger intensiv gestaltet. Das bedeutet, dass der Vielflieger gehegt und gepflegt wird und der Seltenflieger keine spezifischen Maßnahmen erhält. One-Way-Kommunikation, Two-Way-Kommunikation und Dialog werden eingesetzt, um eine Beziehung gemäß der Attraktivität des Kunden zu gestalten (siehe Abbildung 6).

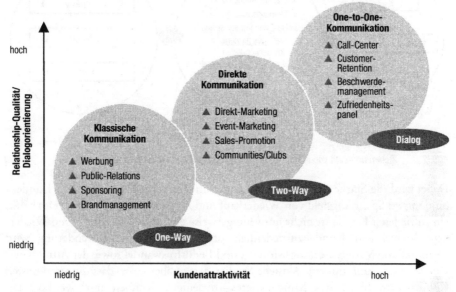

Quelle: NETWORK Management Consulting

Abb. 6:   Einsatz von Kundenbeziehungsmaßnahmen je nach Kundenattraktivität

Zentraler Bestandteil des Kundenbeziehungsmanagement sind Kundenbindungskonzepte. Der Einsatz von Kundenbindungsmaßnahmen steigert die Kundenzufriedenheit und führt zu Wiederkauf. Die Steigerung der Kundenbindung wiederum wirkt sich im ökonomischen Erfolg aus (siehe Abbildung 7).[24] Vor allem im Vergleich zur Neukundengewinnung ist die Kundenbindung häufig eine profitable Maßnahme. So sind bspw. in der Mobilfunkbranche Akquisitionskosten zwischen 450,– DM und 1.400,– DM zu verzeichnen.[25] Einen neuen Kunden zu gewinnen ist also sehr teuer. Gleichzeitig liegen die Abwanderungsraten in der Mobilfunkbranche bei durchschnittlich 30 Prozent pro Jahr. Damit ist klar, dass Kundenbindung dort ein zentrales Thema sein muss.[25] Werden Kundenbindungsmaßnahmen gezielt eingesetzt, ist es häufig günstiger, einen bestehenden Kunden zu halten, als neue Kunden zu gewinnen.

Quelle: NETWORK Management Consulting

Abb. 7:   Zusammenhang von Kundenzufriedenheit, Kundenbindung und Gewinn

Dabei wird die Stärke des Zusammenhangs von Kundenzufriedenheit und Kundenbindung im Spannungsfeld von Wiederkauf und Abwanderung bestimmt. Das heißt, ein zufriedener Kunde ist nicht notwendigerweise ein loyaler Kunde.[26] Den Wiederkauf beeinflussen Kundenzufriedenheit und Loyalität; die Abwanderung wird bestimmt von Variety-Seeking-Motiven und Bedürfniswandel sowie der Attraktivität von Konkurrenzprodukten. Aktuelle Studien zeigen aber auch, dass die attraktivsten Kunden – im Sinne des Kundenwertes – diejenigen Kunden mit der höchsten anhaltenden Kundenzufriedenheit sind.[27] Die Kundenbindung über Kundenzufriedenheit wird durch den integrierten Einsatz des gesamten klassischen und modernen Marketing-Mix-Instrumentariums erreicht.[28] Im Rahmen eines modernen Kundenbindungskonzeptes werden demnach Kundenbindungsmaßnahmen zur Differenzierung und Individualisierung eingesetzt, die bereits im Rahmen der Optimierung der Kernleistung dargestellt wurden. Hier sollen nun diejenigen Kundenbindungsmaßnahmen betrachtet werden, die innerhalb des Kundenbeziehungsmanagement einzuordnen sind.

Die Kundenbindung kann durch den gemeinsamen Einsatz von Kernleistung und Zusatzleistung gestärkt werden.[29] So setzen Telekommunikationsanbieter neben der Kernleistung Telefonieren verstärkt auf Beratungs- und Serviceleistungen sowie auf Value-Added-Services. Zur Kundenbindung zählt damit die Individualisierung der Kernleistung durch zusatznutzenstiftende Beratungs- und Serviceleistungen, z.B. Premium-Hotlines für A-Kunden. Weiterhin zählen zur Kundenbindung Value-Added-Maßnahmen, z.B. Miles&More der Lufthansa. Beide Arten von Kundenbindungsmaßnahmen können zudem kundenlebenszyklus-spezifisch individualisiert werden. So werden bereits für Neukunden erste Kundenbindungsmaßnahmen eingesetzt. Der Einsatz eines Welcome-Calls stellt eine Möglichkeit dar. Migrationskunden werden durch umfassenden Einsatz von Kundenbindungsprogrammen an der

Migration gehindert – sofern der Aufwand ihrem Kundenwert angemessen ist. In der Praxis können hierbei Communities und Clubs etabliert werden.

Im Rahmen des Customer-Care steht der kompetente und bedürfnisgerechte Umgang mit dem Kunden im Mittelpunkt. Die Basis für eine „wertvolle" Kundenbeziehung schafft unter anderem die Erbringung des emotionalen Kaufversprechens für Neukunden. Die One-Way-Kommunikation kann hierzu eingesetzt werden – z.B. in Form der Versendung eines Welcome-Package. Die Two-Way-Kommunikation entwickelt die „wertvolle" Kundenbeziehung und ist für Bestandskunden sowie Migrationskunden relevant; sie kann aber auch bereits in der Neukunden-Phase für besonders attraktive Segmente sinnvoll sein. Die Etablierung einer segmentspezifischen Dialog-Kommunikation kommt verstärkt für Bestandskunden und Migrationskunden in Betracht. Die Dialog-Kommunikation, z.B. Kundenzufriedenheitspanels, ist diejenige Kommunikation mit der höchsten Relationship-Qualität; sie ist aber auch die teuerste Form der Kommunikation und nur für die besonders attraktiven Kunden sinnvoll (siehe Abbildung 6). Die Kündigerrückgewinnung ist im Rahmen des Customer-Care das letzte Instrument, das zum Einsatz kommt, wenn alle anderen Maßnahmen nicht gewirkt haben. Sie senkt die Abwanderungsrate und liefert Informationen über Abwanderungsmotive.[30] Bei dem Mobilfunkbetreiber e-Plus wurde jeder vierte Kunde durch das hauseigene Kündigerrückgewinnungs-Konzept zurückgewonnen.[31] Wichtig ist wieder, dass nur die attraktiven Kunden zurückgewonnen werden. Damit erhält und sichert der Dialog die „wertvolle" Kundenbeziehung.

Das Beschwerdemanagement steuert die Aufnahme und Behandlung von Unzufriedenheit und Ansprüchen der Kunden auf Basis des Kundenwertes.[32] Je nach Kundenwert können beispielsweise verschiedene Kulanzregelungen festgelegt werden. Die positive Behandlung einer Beschwerde birgt das Potential für einen „Moment of Excellence" – einen Zeitpunkt in der Kundenbeziehung, zu dem das Unternehmen etwas für den Kunden Unerwartetes tut und dadurch einen Sprung in der Kundenzufriedenheit erreicht. Wird die Beschwerde eines Kunden positiv gelöst, so wird dieser Kunde häufig zufriedener sein als ein Kunde, der nie eine Beschwerde hatte.[33] Kundenbeschwerden – werden sie qualitätsorientiert bearbeitet – wirken sich damit nachweislich positiv auf die Kundenloyalität aus. Schließlich sind Beschwerden Anzeichen für Schwächen bei Kundengewinnung, -betreuung und Kundenbindung bzw. für Änderungen von Kundenpräferenzen oder der Wettbewerbssituation.[34] Deswegen sind die gesammelten Informationen im Kundenmonitoring einzustellen.

Kundenmonitoring: Wenn nun die Erbringung einer Dienstleistung oder die Herstellung eines Produktes nicht mehr auf anonyme Kunden zugeschnitten ist, sondern sich an spezifischen Zielgruppen bzw. jedem einzelnen Kunden individuell orientieren soll – und das auch noch gemessen an seinem Kundenwert –, so erfordert dies einen völlig neuen Anspruch an die Bereitstellung von Informationen. Denn es müssen sowohl Informationen über aktuelle und zukünftige Kundenbedürfnisse und -verhalten zur Verfügung gestellt werden als auch Informationen über die Entwicklung des Kundenwertes. Dieses entscheidungsrelevante Wissen über Kunden zu generieren und daraus Handlungsoptionen abzuleiten ist Hauptaufgabe des Kundenmonitoring im CLV-M.

In den meisten Unternehmen werden heute bereits vielfältige Daten gesammelt: Aussagen über Kaufverhalten, Kundenwünsche, Markttrends/Wettbewerb, Akquisitionskosten etc. Dabei sind Daten verschiedener Abteilungen jedoch häufig in unterschiedlichen Datenbanken gespeichert. Informationen können so nicht vernetzt werden. Angenommen, in einem Unternehmen gibt es eine Kontaktdatenbank. Diese dient dem Vertrieb zur Steuerung der Akquisition eines Kunden. Wenn das Marketing eine Direct-Mailing-Kampagne plant, muss die Datenbank des Marketing mit der Datenbank des Vertriebes und mit der Information über den potentiellen Kundenwert der anzusprechenden Kunden vernetzt werden. Nur so können die richtigen Kunden richtig angesprochen werden. Oder aber im Call-Center dieses Unternehmens wird gespeichert, wie häufig ein Kunde dort anruft, um sich zu beschweren. Diese Daten über Costs-to-serve müssen dann auch in die Ermittlung des Kundenwertes eingehen. Dies sind nur zwei Beispiele, wie aus verfügbaren Daten entscheidungsrelevante Informationen generiert werden können. Das geeignete Tool für die Sammlung, Transformation und Pflege von Daten und für die Generierung von entscheidungsrelevantem Wissen über Kunden ist ein Data-Warehouse. Es lässt sich mit einem Warenhaus vergleichen. Informationen liegen gut sortiert und schnell auffindbar auf Lager.[35] Das Data-Warehouse ist dann die Basis für die Generierung sowohl eines Marketing- und Vertriebs-Kennzahlen-Systems als auch eines Kennzahlen-Systems für CLV-M (siehe Abbildung 8).

Quelle: NETWORK Management Consulting

Abb. 8:   Kundenmonitoring

Das Marketing- und Vertriebskennzahlen-System liefert alle Informationen zur Steuerung der Marketing- und Vertriebsmaßnahmen. Hier werden z. B. Umsatzentwicklungen von bestimmten Produkten bereitgestellt. Das Kennzahlen-System CLV-M liefert zusätzlich alle Informationen, die den Kundenwert einbeziehen und zum wertorientierten Management des Kunden über den gesamten Lebenszyklus benötigt werden. Für jeden Kunden – oder für genau umschriebene Kundengruppen – werden die relevanten CLV-M-Kennzahlen in einem Kundenprofil zusammengefasst. Dieses sind Kundenbedürfnisse und -zufriedenheit, gegenwärtiges und zukünftiges Kaufverhalten sowie alle quantitativen und qualitativen Bestimmungsgrößen des Kundenwertes. Das Kundenprofil liefert dann die Entscheidungsgrundlage für den wertgesteuerten Maßnahmeneinsatz in Marketing und Vertrieb; es macht Abweichungen im Kundenverhalten erkennbar und Bedürfniswandel kann antizipiert werden. Das heißt, neben den quantitativen Kennzahlen werden auch qualitative Daten erhoben: Kundenzufriedenheit, Loyalitätsverhalten, Bedürfniswandel und Abweichungen im Kundenverhalten (Nutzung, Zahlung). Für ausgewählte Kennzahlen werden Benchmarks identifiziert, und in Soll-/Ist-Abgleichen wird der Maßnahmenerfolg kontrolliert.[36] Grundlegende Aufgabe des Kundenmonitoring ist damit die Ermittlung der Kundenbedürfnisse und Kundenprofile sowie der Fit mit dem unternehmerischen Angebot.

Die Praxis zeigt, dass Unternehmen bereits umfangreiche Kundendaten sammeln, ihr Potential aber noch nicht für den Quantensprung des CLV-M nutzen[37]: Die richtigen Marketing- und Vertriebsmaßnahmen werden zur richtigen Zeit in richtigem Umfang auf die richtigen Kunden gerichtet: „Know your Customer (-Value)“.

Zusammenfassung

Sich wandelnde Märkte im Hyperwettbewerb, die Entwicklung neuer Kommunikationstechnologien und dynamischer Bedürfniswandel der Kunden fordern die kontinuierliche Anpassung des Leistungsangebotes der Unternehmen. Im Vordergrund steht dabei meist die Maximierung des Unternehmensgewinns. Wenn jedoch Marketing- und Vertriebsmaßnahmen mit der Gießkanne verteilt werden, bleibt die gewünschte Wirkung aus. Die Kunst besteht darin, die richtige Maßnahme für den richtigen Kunden zur richtigen Zeit einzusetzen. Selektives Kundenmanagement durch CLV-M wird zum entscheidenden Wettbewerbsfaktor.

Durch konsequente Segment- und Lebenszyklus-Spezifizierung schafft CLV-M Kundenzufriedenheit und steigert die Kundenbindung. Gleichzeitig erweitert CLV-M Ihre Strategie der Kundenorientierung um die Wertkomponente. Der Customer-Lifetime-Value ist die Steuerungsgröße, die fokussierte Maßnamen für attraktive Kunden ermöglicht und Schluss macht mit Gießkanneneffekten. Schon bei der Kundengewinnung kommt diese Wertorientierung zum Einsatz, indem attraktive Zielgruppen mit spezifischen Maßnahmen akquiriert und weniger attraktive Zielgruppen mit standardisierten Maßnahmen bedacht werden. Durch die Erbringung der kundenorientierten Kernleistung wird dann die Basis für Kundenzufriedenheit und Kundenbindung geschaffen. Darauf aufbauend kann das Angebot von Beratungs- und Zusatzleistungen die „wertvollen" Kunden zu höherwertigen Produkten und Leistungen migrieren und damit den Kundenwert steigern. Hinzu kommen die Maßnahmen des Kundenbeziehungsmanagements, die der wertorientierten Kundenbetreuung dienen und damit insbesondere die besonders attraktiven Kunden noch intensiver an das Unternehmen binden. Das Kundenmonitoring unterstützt dabei Kundengewinnung, -betreuung und -bindung kontinuierlich durch relevante Informationen über Kundenverhalten und Kundenwert. Summa summarum entsteht ein Portfolio von höchst profitablen und langanhaltenden Kundenbeziehungen, die letztlich zur Maximierung des Unternehmensgewinns führen und damit auch ihren Beitrag zum Shareholder Value leisten.

Steigern Sie Ihren Unternehmensgewinn durch langanhaltende profitable Kundenbeziehungen. Steuern Sie Kundengewinnung, -betreuung und -bindung am Kundenwert orientiert. Erst die Integration einer übergreifenden Wertkomponente verschafft Ihnen einen langfristigen Wettbewerbsvorteil. Was passiert in Ihrem Unternehmen, wenn Sie den Wert Ihrer Kunden entdecken?

Literatur

1   Sommerlatte T./Mollenhauer, M.: Qualität, Kosten, Zeit – das magische Dreieck. In: Arthur D. Little (Hrsg.), Management von Spitzenqualität, 1992, S. 26-36.

2   Reichheld, F. F.: Der Loyalitäts-Effekt, 1997, S. 47.

3   Reichheld, F. F.: Der Loyalitäts-Effekt, 1997, S. 50.

4   Stahl, H. K.: Modernes Kundenmanagement, 1998, S. 5.

5   NETWORK Management Consulting, Expertengespräche, 1999.

6   Reichheld, F. F./Sasser, E. W.: Zero-Migration. In: Bruhn, M./Homburg, Ch. (Hrsg.), Handbuch des Kundenbindungsmanagements, 1999, S. 140.

7   Reichheld, F. F.: Der Loyalitäts-Effekt, 1997, S. 63.

8   Bruhn, M./Dominik, G.: Wirtschaftlichkeit des Kundenbindungsmanagements. In: Bruhn, M./Homburg, Ch. (Hrsg.), 1999, S. 421.

9   Reichheld, F. F./Sasser, E. W.: Zero-Migration. In: Bruhn, M./Homburg, Ch. (Hrsg.), 1999, S. 140.

10 Bruhn, M./Dominik, G.: Wirtschaftschlichkeit des Kundenbindungsmanagements. In: Bruhn, M./Homburg, Ch. (Hrsg.), 1999, S. 433.

11 NETWORK news, 1/1999, S. 4.

12 Reichheld, F. F./Sasser, E. W.: Zero-Migration. In: Bruhn, M./Homburg, Ch. (Hrsg.), 1999, S. 141.

13 Homburg, Ch./Daum, D.: Marktorientiertes Kostenmanagement, 1997, S. 59.

14 Köhler, R.: Kundenorientiertes Rechnungswesen als Voraussetzung des Kundenbindungsmanagements. In: Bruhn, M./Homburg, Ch. (Hrsg.), 1999, S. 336.

15 Schank, C.: Kundengewinnung, siehe Kapitel 2.1.1, S. 43.

16 Aaker, D. A.: Building Strong Brands, 1996, S. 176 ff.

17 Meffert, H.: Marketing, 1986, S. 426.

18 Becker, J.: Marketing-Konzeption, 1998, S. 549 ff.

19 Reichheld, F. F.: Der Loyalitäts-Effekt, 1997, S. 90.

20 Meffert, H.: Kundenbindung aus strategischer Perspektive. In: Bruhn, M./
   Homburg, Ch. (Hrsg.), 1999, S. 125.

21 Meffert, H.: Kundenbindung aus strategischer Perspektive. In: Bruhn, M./
   Homburg, Ch. (Hrsg.), 1999, S. 124.

22 Simon, H./Tacke, G./Woscidlo, B./Laker, M.: Kundenbindung durch Preispolitik. In: Bruhn, M./Homburg, Ch. (Hrsg.), 1999, S. 239 ff.

23 Stahl, H. K.: Modernes Kundenmanagement, 1998, S. 194.

24 Bruhn, M./Dominik, G.: Wirtschaftlichkeit des Kundenbindungsmanagements.
   In: Bruhn, M./Homburg, Ch., 1999, S. 413.

25 NETWORK Management Consulting, Expertengespräche, 1999.

26 Reichheld, F. F.: Loyalität und die Renaissance des Marketing. In: Payne, A./
   Rapp, R. (Hrsg.), Handbuch Relationship Marketing, 1999, S. 53.

27 Carr, N. G.: The Economics of Customer Satisfaction. In: Harvard Business
   Review March-April 1999, S. 18-15.

28 Meffert, H.: Kundenbindung aus strategischer Perspektive. In: Bruhn, M./
   Homburg, Ch. (Hrsg.), 1999, S. 128.

29 Meffert, H.: Kundenbindung aus strategischer Perspektive. In: Bruhn, M./
   Homburg, Ch. (Hrsg.), 1999, S. 128.

30 Schütz, P.: Manager Kündigerrückgewinnung. In: Absatzwirtschaft
   6/99, S. 78.

31 Kündigerrückgewinnung: Jeder Vierte kommt zurück. In: Sales Profi, 11/99,
   S. 18.

32 Diller, H.: Kundenmanagement. In: Köhler R. /Tietz, B./Zentes, J. (Hrsg.),
   Handwörterbuch des Marketing, 1995, Sp. 1367.

33 Stauss, B.: Beschwerdemanagement, 1996, S. 52 f.

34 Stauss, B.: Beschwerdemanagement, 1996, S. 66 f.

35 Integrierte Customer Relationship Management Lösungen, Studie von Oracle.

36 Winkelmann, P.: Benchmarking und CAS/CRM, Perfektes Frühwarnsystem. In: Sales Profi 6/99, S. 40-44.

37 NETWORK news, 1/1999, S. 4.

1.2 Kein Shareholder Value ohne Customer Value

Markus Hofmann/Oliver Baumann, NETWORK Management Consulting

Märkte im Umbruch – Globalisierung und Shareholder Value

Die Unternehmen, die heute schnellstmöglich neue Märkte erobern wollen, versuchen, attraktive Übernahmekandidaten im Zielmarkt zu identifizieren und diese aufzukaufen. Beginnend in der Automobilindustrie der 80er Jahre hat sich das ansteckende Fusionsfieber auch im liberalisierten Energiesektor, der forschungsintensiven Pharmaindustrie, bei den zunehmend automatisierten Finanzdienstleistern und nicht zuletzt im Handel ausgebreitet. Auslöser hierfür ist neben den erwarteten Skaleneffekten (Economies of scales) auch die zunehmende Globalisierung der Kapitalmärkte. Meinungsbildende Analysten und kapitalstarke Investorengruppen konzentrieren ihre Portfolios auf Wachstumsmärkte und fokussieren dort auf die Marktführer oder hochgehandelte Newcomer. Im Wettlauf um Kapital sind Größe und Geschwindigkeit zum Wettbewerbsvorteil geworden.

In der von Liberalisierung, Internationalisierung und ständiger Innovation getriebenen Telekommunikationsbranche ist das Kopf-an-Kopf-Rennen um Märkte, Marktanteile und neue Kunden besonders deutlich zu beobachten. Bei den Unternehmensübernahmen und -bewertungen werden in der Regel Kunden und Marktanteile addiert, um die Marktführerrolle zu beanspruchen. Hierbei stellt sich unmittelbar die Frage nach dem Zusammenhang zwischen Shareholder-Erwartungen und Kundenwert. Die Interdependenz und Gegensätze von Shareholder Value und Customer Value werden im folgenden Beitrag herausgearbeitet und anhand von Beispielen illustriert.

Im Sommer 1999 übernahm die Deutsche Telekom AG den viertgrößten englischen Mobilfunkanbieter One-2-One mit damals gut drei Millionen. Kunden für einen Kaufpreis von 24,7 Milliarden. DM. Nur wenige Wochen später erwarb die Mannesmann AG für 60 Milliarden Mark den zweitgrößten englischen Mobilfunkanbieter Orange, um ihre europäische Marktposition zu stärken.[1] Um die abstrakten Kaufpreise besser vergleichbar zu machen, wird von der Presse oft eine vereinfachte Überschlagsrechnung herangezogen. Hierbei wird die Zahl der erworbenen Kunden in das Verhältnis zum Kaufpreis gesetzt. Für die Telekom bedeutet das, dass jeder einzelne One-2-One Kunde mit etwa 8.000,– DM bezahlt wurde. Der Kauf von Orange brachte dem Düsseldorfer Wettbewerber etwa 3,5 Millionen neue Mobilfunkkunden. Für Mannesmann war demnach jeder einzelne Kunde mehr als doppelt soviel, nämlich rund 17.000,– DM wert.[2] Bei einem durchschnittlichen Mobilfunkumsatz von 1.500,– DM pro Kunde und Jahr, einer Endgerätesubvention von ca. 400,– DM je Neukunde und einer Kündigerquote von 15 bis 25 Prozent drängt sich die Frage auf: Wieviel muss ein Kunde telefonieren, um diese Investition zu rechtfertigen? Wie lange Mannesmann und Telekom brauchen werden, um diese Kaufpreise operativ zu erwirtschaften, ist noch offen. Das hängt maßgeblich von ihrer Fähigkeit ab, die Marktführerposition auszubauen, ihre Wertschöpfungsketten zu erweitern und damit den erworbenen Kundenwert systematisch zu steigern.

Der strategische Wettlauf um internationale Marktpositionen scheint zur Zeit fast jeden Kaufpreis für einen interessanten Übernahmekandidaten zu rechtfertigen. Dabei dient der Aktienmarkt als Orientierungsgröße zur Bestimmung des Firmenwerts. An der Börse stehen verständlicherweise die Interessen der Shareholder im Mittelpunkt. Zunehmend werden bei Großfusionen Aktien der Unternehmen zu Kurswerten getauscht, was die Gewinnerwartung für die Aktionäre in die Zukunft verschiebt. Dagegen wird der Aktienmarkt oft von kurzfristigen Ereignissen geprägt. Seit Beginn der Shareholder-Value-Diskussion sehen viele Manager Ihre Hauptaufgabe in der Vertretung der Interessen der Aktionäre, weniger im Aufbau und in der Führung eines soliden Unternehmens.

Um den Wert eines Unternehmens zu beurteilen, muss man sich von der ausschließlichen Betrachtung des Aktienkurses lösen. Die reine Betrachtung der am Aktienmarkt vertretenen Interessen der Shareholder greift zu kurz. Der Wert eines Unternehmens wird maßgeblich durch den Wert seiner Kundenbeziehungen bestimmt. Eine vitale Kundenbeziehung ist langfristig die beste Voraussetzung für hohe Unternehmensgewinne. Der Customer-Lifetime-Value-Management-Ansatz betrachtet den Wert eines Kunden über den gesamten Lebenszyklus einer Geschäftsbeziehung. Neben monetären Größen fließen auch nicht-monetäre Einflussgrößen und die Dauer der Geschäftsbeziehung in den Wert des Kunden mit ein.

Der Aktienkurs eines Unternehmens ist heute oft der dominierende Erfolgsmaßstab. Dabei kommt die Frage auf: Inwieweit werden Markt und Kunde im Rahmen des Shareholder Value überhaupt berücksichtigt? Ist der Wert eines Kunden im Rahmen des Shareholder-Value-Analyse überhaupt quantitativ erfassbar? Gibt es einen Maßstab, der den Wert eines Kunden unternehmensübergreifend vergleichbar und damit zu einer verlässlichen Steuerungsgröße macht?

Zielsetzung und Methodik des Shareholder-Values-Ansatzes

Das Shareholder-Value-Konzept von Alfred Rappaport ist seit seiner ersten Veröffentlichung 1981 im Havard Business Review auch in Deutschland ein bahnbrechender Ansatz, der den Fokus der getroffenen strategischen Entscheidungen in Unternehmen verstärkt auf die erzielbare Wertschöpfung für die Aktionäre ausrichtet. Der Grundgedanke beruht auf dem am ökonomischen Wert gemessenen Unternehmenserfolg, der für die Eigentümer geschaffen wird[3].

Zielsetzung der Shareholder-Value-Konzeption ist den Marktwert des Eigenkapitals zu steigern. Im Mittelpunkt der Konzeption stehen somit die Interessen der Eigenkapitalgeber[4]. Die Qualität von strategischen Management-Entscheidungen soll durch Veränderungen des Marktwerts des Eigenkapitals quantifizierbar gemacht werden. Die Shareholder-Value-Konzeption dient somit primär der langfristig orientierten Bewertung von alternativen Geschäftsstrategien und der Kontrolle des Managementerfolges. Maßstab für den Erfolg ist der börsennotierte Wert des Unternehmens. Rappaport benutzt sein Shareholder-Value-Verfahren zur Bewertung von Unternehmen und strategischen Geschäftsfeldern, zur Performance-Messung und zur Leistungsbewertung von Führungskräften[5]. Die Erkenntnisse von Rappaport waren nicht grundsätzlich neu, er konnte seine Ideen aber so gut kommunizieren, dass er zum „Klassiker der Wertsteigerungsanalyse"[6] avancierte.

Zur Ermittlung des Shareholder Values wird zunächst eine Wettbewerbsanalyse durchgeführt. Aufbauend auf die von Michael Porter definierten Wettbewerbskräfte[7] schlägt Rappaport drei Schritte zur Wettbewerbsanalyse des Unternehmens vor: „... Beurteilung der Branchenattraktivität, Bewertung der Wettbewerbsposition innerhalb seiner Branche und die Identifikation der Quellen von Wettbewerbsvorteilen."[8] Die Ergebnisse der Wettbewerbsanalyse werden dann durch Werttreiber in Zahlen, Cash-flows, gefasst, die schließlich zur Bewertung von Geschäftsstrategien herangezogen werden. Die Werttreiber geben den Führungskräften eines Unternehmens somit direkte Hinweise auf die zu beeinflussenden Parameter, die den Marktwert des Unternehmens erhöhen. Rappaport unterscheidet zwischen Operating-Werttreibern (Umsatzwachstumsrate, Umsatzrentabilität, Ertragsteuersatz auf der Unternehmensebene), Investment-Werttreibern (Nettoinvestitionsraten in das Anlage- und das Umlaufvermögen) und Finanzierungswerttreibern[9].

Für Laien, Meinungsbildner und zahlreiche Unternehmenslenker hat sich das Verständnis des Shareholder-Value-Ansatzes in der Praxis jedoch auf eine überdurchschnittliche Entwicklung des Aktienkurses verkürzt. Diese naheliegende, aber problematische Vereinfachung wird verstärkt durch Management-Vergütungssysteme, die nach amerikanischem Vorbild einerseits die Aktienentwicklung zum Erfolgsmaßstab machen und andererseits das Management in steigendem Maße mit Aktienoptionen vergüten.

Shareholder Value in der Management-Praxis

Rappaport hat vielen Managern das gesuchte Steuerungsinstrument schlechthin in die Hand gegeben. Das Shareholder-Value-Konzept lieferte Managern und Aufsichtsräten einfache, in Zahlen gefasste Argumente für ihre Entscheidungen. Sie waren in der Lage, künftige Investitionsvorhaben in Zahlen zu fassen und den Einfluss auf den Unternehmenswert direkt zu beobachten.

In der Praxis verkommen die Ideen Rappaports zu einer primär am Aktienkurs orientierten Geschäftspolitik. Die Aktienmärkte gebärden sich jedoch oft wie eine launische Diva. Die Nachricht, die gestern für Euphorie sorgte und zu Aktienkurssprüngen führte, interessiert morgen niemanden mehr. Nur so lässt es sich erklären, dass Veba Chef Ulrich Hartmann in der deutschen Wirtschaftspresse als „Mr. Shareholder-Value" gepriesen und wenige Wochen später in einem Unternehmensvergleich als Kapitalvernichter geschmäht wird.[10]

An der Börse dominieren neue Themen wie Moden den Verlauf von Aktienkursen. Lean-Production, Re-enginering oder Change-Management waren angesagt und sind verschwunden. Heute wirkt das Stichwort „Internet" elektrisierend auf fast jeden Aktienkurs. Seit den Börsenerfolgen der Silicon-Valley-Pioniere wie Netscape, Yahoo und Lycos oder e-commerce-Anbietern wie amazon.de und ebay schaffen innovative Unternehmen, die gestern noch keiner kannte, neue Trends und Börsenfakten. Die etablierten, oft vielfach größeren Unternehmen der Branche müssen diesen Markttrends folgen, um die wachstumsorientierten Anleger nicht zu verlieren. In diesen dynamischen Marktbewegungen zählt derzeit die Anlegerphantasie höher als operativ messbare Managementleistungen. Beflügelt wird diese Börseneuphorie von dem erwarteten Wert des elektronisch gewonnenen Kundenstamms.

Während sich kaum ein Unternehmen den externen Börseneinflüssen wie Notenbank-Entscheidungen, Arbeitsmarktzahlen und Weltkrisen entziehen kann, sind brancheninterne Erfolgsindikatoren durchaus beeinflussbar. Viele Anleger stellen zurecht die Frage nach dem Kundenwert der virtuellen Web-Kunden und der Nachhaltigkeit von extrapolierten Umsatzerwartungen. Diese kritischen Fragen sind insbesondere bei der steigenden Zahl von IPO-Unternehmen am neuen Markt berechtigt, die mit klangvollen Namen, exponentiellem Marktwachstum und anglizistischem High-Tech-Talk Anleger locken und den Eindruck erwecken, dass in diesen dynamischen TIMES- oder BioTech-Märkten die traditionellen Wertmaßstäbe von Ertrag und Kundenloyalität durch die Phantasie der Anleger auf Dauer außer Kraft gesetzt werden könnten. Für die Gründergeneration dieser Cyber-Trend-Unternehmen lohnt sich der Börsengang in jedem Fall, für deren Neuaktionäre ist der Rendite-Nachweis erst zu erbringen. Ausgestattet mit frischem Kapital und hinzugewonnener Managementkompetenz gelingt einigen dieser Hoffnungsträger tatsächlich der Markteintritt und mit ausreichender Kundenbasis auch der Sprung über die Gewinnschwelle.

Das Management von Großunternehmen kann sich aber nicht zurücklehnen und diesem Geschehen mit branchenerfahrener Abgeklärtheit entgegensehen. Die Vertreter der Kapitalmärkte üben täglich Druck auf die Verantwortlichen der Unternehmen aus. Extensive Aktienkurspflege ist notwendig geworden, um nicht zuletzt die eigene Karriere zu schützen und das Unternehmen vor unvorhergesehenen Übernahmen zu schützen.

Erschreckend viele Manager beschäftigen sich damit, medienträchtig „Plastikblumen zu pflanzen"*, anstelle die Produkte und Prozesse Ihrer Unternehmen konsequent auf die Markt- und Kundenbedürfnisse anzupassen.

Da Stimmung und Meinungen auf den Aktienmärkten sich schnell ändern können und der Spannungsbogen vieler Aktionäre subjektiv begrenzt ist, müssen kurzfristige Maßnahmen greifen, um den Aktienkurs zu stimulieren und die Finanzmärkte positiv zu stimmen. Ein nicht unumstrittenes Paradebeispiel für die rigorose Ausrichtung der Unternehmensaktivitäten auf die Shareholder-Interessen ist General Electric (GE). Jack Welch, langjähriger CEO von GE, verfolgte bedingungslos die Maximierung des Shareholder Value. GE kann seit Beginn der achtziger Jahre auf ununterbrochene Aktienkurssteigerungen verweisen, auf die andere Unternehmen nur mit Ehrfurcht blicken können. Das Ergebnis ist eine Börsenkapitalisierung von General Electric, die weltweit lediglich von Microsoft übertroffen wird. Bei solch einer Erfolgsstory werden allerdings vielfach Stimmen außer Acht gelassen, die darauf hinweisen, dass bei GE zunehmend die langfristig orientierten Investitionen vernachlässigt wurden. Konnte GE Mitte der achtziger Jahre noch auf deutlich mehr jährlich angemeldete Patente als Hitachi verweisen, hat sich dieses Bild in den Neunzigern umgekehrt. GE investierte in den letzten Jahren lediglich 1,9 Prozent des Umsatzes in F&E. Siemens und Hitachi, als größte Konkurrenten, setzten sieben bis acht Prozent ihres Umsatzes in diesen Bereich ein.[11] General Electric lebt also einerseits von der gewachsenen Substanz und andererseits wird diese Substanz, selektiv aufgefrischt, indem aufgrund der finanziellen Möglichkeiten attraktive Unternehmen übernommen werden.

Dieses Beispiel zeigt, dass die alleinige Ausrichtung auf die Interessen der Aktionäre auch ihre Schattenseiten hat. Der Shareholder-Value-Ansatz geht von einer vom Kapitalmarkt geforderten Mindestrendite für Investitionen aus. Investitionen, die diese Mindestrendite voraussichtlich nicht erzielen werden, erhöhen den Shareholder Value nicht und sind daher abzulehnen. Grundsätzlich ist diese Sichtweise richtig und vernünftig. Sie setzt allerdings voraus, dass das Management in der Lage ist, sämtliche Bestandteile eines Investitionsvorhabens quantifizierbar zu machen. Schwer quantifizierbare Faktoren erhalten bei dieser Betrachtungsweise oft nur geringe Priorität. Alle wissen um die Notwendigkeit und Vorteile dieser Investitionen, aber in einer vereinfachen Entscheidungsmatrix fehlen hierfür die erforderlichen Parameter. Hier wirkt der Grundsatz, den Aktienkurs als dominierenden Bewertungsmaßstab heranzuziehen, innovationshemmend und kundenfeindlich.

Ziel eines Unternehmens sollte die langfristige Sicherung der Unternehmensexistenz sein. Eine langfristige Sicherung setzt voraus, dass sie als Unternehmen über einen

---

* Zitat: NETWORK-Interview mit dem Vorstand eines deutschen Großkonzerns.

möglichst großen Kundenstamm verfügen. Dies erkennt auch Rappaport, wenn er feststellt: „Zufriedene Kunden sind die Quelle langfristiger Cash-flows eines Unternehmens."[12] und „Ohne Kundennutzen kann es kein Shareholder Value geben."[13] Für Rappaport ist eine Steigerung des Kundennutzens jedoch nicht primäres Unternehmensziel. Er sieht den Kunden mit seinen Wünschen primär als Kostenverursacher. „Die Lektion ist klar: Steht das Management vor einem Konflikt zwischen Wertschaffung für Kunden oder Eigentümer, sollte das Management diesen zugunsten der Eigentümer und der langfristigen Lebensfähigkeit des Geschäfts lösen."[14] Die Entscheidung kann nicht pro Kunde oder pro Eigentümer lauten, sondern beide Interessen müssen dem Management als Leitlinien für strategische Entscheidungen dienen. Denn Kundenwert begründet Unternehmenswert oder „Customer Value creates Shareholder Value".

Der Wert des Kunden wird daher künftig stärker in den Mittelpunkt von Managemententscheidungen gerückt werden. Dass Inhaberunternehmen diesen scheinbaren Zielkonflikt mit ihrer von langfristigen Kapitalinteressen geprägten Ertragsperspektive erfolgreich auflösen, beweist Michael Otto, Vorstandsvorsitzender des Otto-Versands, der sich vehement gegen die einseitige Ausrichtung auf den Shareholder Value wehrt und zufriedene Kunden und motivierte Mitarbeiter als Grundvoraussetzung zur Sicherung nachhaltiger Erträge in der Zukunft sieht, selbst wenn der Shareholder-Gewinn im Augenblick zurückgehen sollte. Otto zählt zu den Innovationsführern und ertragsstärksten Versendern in Europa.

Ob sich jedoch das angestellte Top-Management, das sich ungeachtet seiner eigenen Größe latent von einem Ausverkauf bedroht sieht, noch nach langfristig orientierten Strategien richten wird, ist ohne neue Steuerungsgrößen zu bezweifeln. Zukünftig wird deshalb der Wert der einzelnen Kunden im gesamten Kundenlebenszyklus als Kennzahl für die Unternehmensbewertung durch Management und Aktionäre eine wesentlich größere Rolle spielen.

Customer-Lifetime-Value-Management – Ein komplementäres Wertsteuerungsinstrument

Wer Kundenmanagement effizient betreiben will, benötigt Steuerungssysteme, die eine Relation zwischen Kundenbeziehung und Unternehmensertrag herstellen. Hier schließt Customer-Lifetime-Value-Management eine doppelte Lücke. Es ergänzt die vom Shareholer Value getriebenen Instrumente um die Dimension der Kundenorientierung, und es erweitert das kundenorientierte Management um die Wertkomponete. Die Integration der Kunden-Wertkomponente in ein übergreifendes Management-System unterstützt die Ausgestaltung kundengetriebener Steuerungsgrößen im gesamten Unternehmen.[15]

Ein solches übergeordnetes Management-Konzept, das sich bei der Umsetzung von markt- und kundenorientierten Prozessen bewährt hat, ist die Balanced Scorecard. Balanced Scorecards bieten Unternehmen die Möglichkeit, Zusammenhänge zwischen operativen Indikatoren und strategischen Aspekten herzustellen und Abweichungen frühzeitig zu erkennen.[16] Das Konzept führt eine Trennung von Kennzahlen- und Managementsystem durch.[17] Das Kennzahlensystem umfasst die Zielbereiche Finanzen, Kunden, Entwicklungsmöglichkeiten und Prozesse. Das Managementsystem unterstützt den strategischen Führungsprozess. Das Kennzahlensystem bildet dabei das bisher fehlende Bindeglied zwischen Strategie und Umsetzung. Balanced Scorecard ist mehr als ein Managementsystem denn als Kennzahlensystem zu verstehen.[18] Es beinhaltet folglich, wie das Shareholder-Value-Konzept, finanzielle Steuerungsgrößen, wird aber durch die strategische Kundenwertperspektive ergänzt.[19] Im Gegensatz zum Shareholder-Value-Ansatz besteht keine einseitige Dominanz finanzieller Steuerungsgrößen.

Für Automobilkonzerne und Airlines, Versicherungen und Telefongesellschaften lassen sich gleichermaßen branchentypische Kundenlebenszyklen ermitteln. Dabei werden für die Neukundengewinnung und die Produkt-Nutzungsphase vier Einflussfaktoren unterschieden:

▲ Soziodemografische Einflüsse (Ausbildung, Einkommen, Umzug etc.),

▲ Kundenbiografische Ereignisse (Lebensphase, Peers, Partner, Kinder etc.),

▲ Produktmarketing-Einflüsse (Varianten, Substitution, Preise, Kommunikation etc.),

▲ Nutzungsbedingte Ereignisse (Beschwerde, Kündigung, Panne, Unfall etc.).

Jedes Ereignis im Kundenlebenszyklus hat maßgebliche Auswirkungen auf den Informationsbedarf und das Nutzungsverhalten eines Kunden. Diese „neuralgischen Momente" im Nutzungszyklus eines Kunden stellen die Beziehung zum Unternehmen auf die Probe. Oft entscheiden diese „moments of truth" über die Fortsetzung der Kundenbeziehung und damit über den zukünftigen Kundenwert für das Unternehmen. Ein nicht unerheblicher Ertragseffekt wird zusätzlich durch die Standardisierung der Unternehmensreaktionen erzielt, die effiziente Abwicklungsprozesse ermöglichen. Bei Lufthansa z. B. wird der Kunde, am Boden wie an Bord, entsprechend seinem Status individuell behandelt. Effiziente Informationssysteme für Yieldmanagement ermöglichen quasi eine Real-Time-Steuerung von Kundenwert, z. B. bei der Sicherstellung von Anschlussflügen für Senator-Kunden oder Interkontinentalflüge.

Einführung von CLV-M – Individualisierung von Produkten und Maßnahmen

Grundlage für marktorientierte Unternehmensführung ist die Fähigkeit, seine Aktivitäten am Wert seiner Kundenpotentiale zu optimieren. Die Einführung von CLV-M erfolgt stufenweise (siehe Abbildung 9). In der ersten Phase, dem Goal Setting, werden die Zielgruppen und Kundenbedürfnisse sowie die Kernprodukte und die Rahmenbedingungen des Unternehmens analysiert. Eine auf Kundenprofilen und Umsatzauswertungen basierende Kundenportfolio-Analyse gibt Auskunft über die Attraktivität einzelner Kunden und die Wechselwahrscheinlichkeiten einzelner Segmente. Nach der Kundensegmentierung wird die Analyse der Kundenanforderungen vertieft, und die Wettbewerbsaktivitäten werden erfasst. Der nächste Schritt beinhaltet die Bewertung bestehender Kundenmaßnahmen und die Identifikation von Kompetenzlücken. Nachdem dieser Anforderungskatalog aufgestellt und ein Ziel- und Qualitäts-Check durchgeführt wurde, wird in der nächsten Stufe ein Maßnahmenkatalog erarbeitet und implementiert. In der folgenden Goal-Getting-Phase werden die beschlossenen Optimierungsmaßnahmen umgesetzt, hierfür wird ein Gesamt-Maßnahmenplan entwickelt und eine zielgruppenspezifische Priorisierung vorgenommen. Diese zweite Phase wird abschließend durch ein Monitoring der Zielgruppenakzeptanz und die laufende Erfolgskontrolle der Einzelmaßnahmen abgerundet.

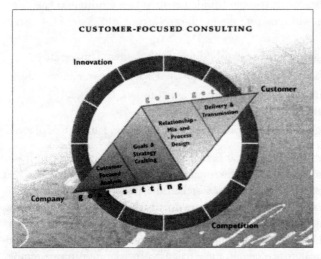

Goal-Setting

▲ individualisierte Situationsanalyse

▲ spezifische Anforderungsprofile

▲ gemeinsame Zielvision

Goal-Getting

▲ nachhaltige Maßnahmenoptimierung

▲ stufenweise Implementierung

▲ messbare Ergebnisse

Abb. 9:   Einführungsschritte CLV-M

CLV-M unterstützt auch unternehmensstrategische Entscheidungen, die auf Basis der identifizierten Kundenbedürfnisse und Kernkompetenzen eine Verlängerung der Wertschöpfungskette ermöglichen. Bei der Analyse der eigenen Wettbewerbsposition ist es dabei nicht mehr ausreichend, sich an den direkten Konkurrenten und deren Verhalten zu orientieren. Erst die Kundenperspektive, mit Kundenbedürfnissen und Kundenwert im Zentrum und allen substituierenden Angeboten zur Befriedigung seiner Bedürfnisse auf dem „Radarschirm", zeichnet das umfassende strategische Bild.[20]

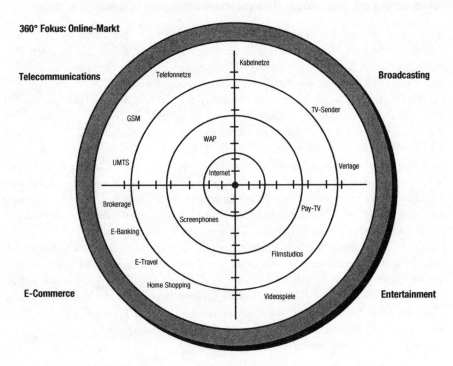

Abb. 10:   *Konvergenz von Technologien und Märkten verändert Kundenbedürfnisse und*
            Wertschöpfungsketten

Ein erfolgreicher Internet-Provider, wie z.B. T-Online mit heute ca. vier Millionen Kunden, darf seinen Fokus nicht ausschließlich auf die unmittelbare Konkurrenz richten. Wer sich so in die Wahlsituation seines Kunden versetzt, erkennt, welchen Wert er seinen Kunden bieten muss, um den gewünschten Gegenwert zu erhalten. Dieser Wettbewerb handelt primär von Aufmerksamkeit und Loyalität, erst sekundär lässt sich dieser Effekt in Umsatz und Ertrag messen. Jeder Kunde verfügt täglich nur über ein bestimmtes Maß an Freizeit und über ein begrenztes freies Einkommen. Individuell entscheidet er sich, ob er z.B. am Abend im Internet surfen, einen Spielfilm im Pay-TV anschauen oder eventuell ein Computerspiel auf seiner Playstation vorziehen wird. Natürlich kann er sich auch eine Kinokarte reservieren oder ein Restaurant aufsuchen. Jede Entscheidung bedingt eine andere Art der Mediennutzung und damit eine andere Wertschöpfung für den Anbieter. Der Online-Dienst konkurriert hier direkt mit einer Reihe von Anbietern aus völlig anderen Branchen um die knappe freie Zeit des Nutzers bzw. seine begrenzte Aufmerksamkeit.

Fokussierung auf Zielkunden – Unternehmensstrategien und Markenbildung

In einem zunehmenden Wettbewerb um Kundenloyalität und Kundenwert kommt der Markenbildung eine wachsende Bedeutung zu, Marken geben den Kunden Orientierung und schaffen durch positive Nutzungserfahrungen Vertrauen. Durchgängige Qualität, Ubiquität des Angebotes und ein angemessenes Preis-Leistungs-Verhältnis sichern eine hohe Akzeptanz. Häufig erlebt der Kunde die Identifikation mit der Marke als persönliche Aufwertung und ist bereit, dafür eine Preisprämie zu akzeptieren. Dieser Trend zur Marke lässt sich in Consumermärkten ebenso beobachten wie im Business-to-Business-Bereich. Dabei ist bemerkenswert, dass auch die modernen Internetunternehmen mit traditionellen Methoden Markenaufbau betreiben, ihre Kunden zunehmend über klassische Kommunikationskanäle ansprechen und ihre Marken emotional aufladen. Markenpräferenz führt zu intensiver Nutzung und damit erhöhter Wertschöpfung. Während Markenwert und Kundenloyalität beim Shareholder-Value-Verfahren kaum berücksichtigt werden, ermittelt der Customer Value diese Werte nicht nur statisch, sondern betrachtet auch ihre Dynamik. So kann entsprechend der identifizierten Kundenbedürfnisse und Kompetenzen die Wertschöpfungskette gezielt erweitert und der Kundenwert systematisch gesteigert werden. Wo eigene Kernkompetenzen nicht ausreichen, können strategische Allianzen oder Akquisitionen die Kundenbindung an das Unternehmen erhöhen. Strategisches Customer-Lifetime-Value-Management bedeutet eine Wandlung vom Zielgruppenmarketing zum Zielkundenmarketing.

Viele Produkte sind austauschbar, viele Kundenbeziehungen leider auch. Der Marken- und Beziehungsaufbau ist deshalb die wertvollste Investition in den Kundenwert. Der Konsumgüterbereich kennt schon lange den Begriff der Trademark-Extension, kurz: der Übertragung von gewachsener Markenloyalität auf andere Produktgruppen. Was Nivea, Milka und Boss erfolgreich vormachen, funktioniert auch in anderen Märkten. Wieso sollte also die Marke Mercedes, die weltweit mit Zuverlässigkeit und technischer Innovationskraft verbunden wird, nicht für die Kunden zur Dienstleistungsmarke für individuelle Mobilitätsdienstleistungen ausgebaut werden. Es ist durchaus denkbar, dass ein Konzern wie DaimlerChrysler die starke Marke Mercedes für seine Kunden weiter ausbaut. MercedesCard, Mercedes LeaseFinanz und die MercedesCollection existieren bereits. Im Automobilmarkt lässt sich nachweisen, dass sich Markenpräferenzen bei Kindern früh bilden lassen. Wer kennt nicht die Fünfjährigen, die ihre Lieblingsmarken auf der Straße begeistert begrüßen und Wettbewerber mit einer deutlichen emotionalen Abwertung versehen. Mit dem Markenbewusstsein beginnt der Kunden-Lebenszyklus oft lange vor dem Produkt-Nutzungszyklus. Die Herstellerindustrie hat dieses Kundenbindungspotential inzwischen erkannt und bietet seit einigen Jahren im Autohaus zwischen glänzenden Karossen gebrandete Bobbycars für die Kunden von morgen. Mit der Modemarke Swatch wurde von Mercedes ein zielkundenspezifischer Markenimagetransfer auf den Smart realisiert. Der Vorstoß bei der Bundesregierung, diesen Kleinwagen schon für 16-jährige zuzulassen, würde nicht nur die Absatzzahlen deutlich steigern, im Erfolgsfall würde der automobile Nutzungszyklus um zwei komplette Jahrgänge erweitert. Der Smart dient Mercedes auch in anderer Hinsicht als Versuchsträger. Mit dem Mobilitätspaket hat der Smart einen Markttest für integrierte Dienstleistungspakete gestartet. Berater prognostizieren der Automobilindustrie ein zusätzliches Umsatzpotential im Dienstleistungssektor von über 20 Milliarden DM.[21] In naher Zukunft werden hier neue Leistungsallianzen entstehen, um den Automobilkunden umfassend zu betreuen und den Kundenwert zu maximieren.

Der Kunde darf künftig erwarten, dass er von einem Anbieter umfassende, individuell geschnürte Leistungspakete angeboten bekommt. Kundenbindung wird allerdings nicht allein durch den Ausbau der bisher angebotenen Kernleistungen erreicht. Der Kunde wird seine Bedürfnisse bei wenigen, ihm vertrauten Anbietern stillen wollen. Dabei sind Kunden auch bereit, für mehr Komfort einen höheren Preis zu entrichten. Grundsätzlich ist jedoch zu erwarten, dass die Mehrzahl der Kunden die Individualisierung von Produkt und Betreuung als Standardleistung erwartet. Es ist daher Aufgabe der Unternehmen, ihren Kundenwert zu erkennen und auszubauen.

Fazit/Ausblick

Im Spannungsfeld zwischen Aktionären und Kundenorientierung wird sich das Management für Fragen nach dem Ausschöpfungsgrad des Customer-Value-Potentials wappnen müssen. Hierfür sind verbindliche Kriterien erforderlich, mit denen der realisierte Kundenwert kontinuierlich gemessen und zwischen Unternehmen und Branchen verglichen werden kann. Indexverfahren, wie sie heute regelmäßig für Shareholder-Value-Vergleiche Anwendung finden, sind zukünftig auch für Customer-Value-Benchmarking von Bedeutung. Kein ertragsorientiert rechnender Shareholder wird sich die kundengetriebene Wertsteigerung entgehen lassen.

Literatur

1 Focus, 43/1999, S. 339 ff.

2 Focus, 43/1999, S. 342 ff.

3 Rappaport, A.: Shareholder, 1994, S. XIII.

4 Gomez, P.: Shareholder, 1994, Sp. 1720 ff., der sich dazu kritisch äußert.

5 Drukarczyk, J.: ZBB 1997, S. 223.

6 Hachtmeister, D.: DBW 1997, S. 830.

7   Porter, M. E.: Wettbewerbsvorteile, 1989, S. 26.

8   Rappaport, A.: Shareholder, 1994, S. 91.

9   Rappaport, A.: Shareholder, 1998, S. 32 ff.

10 Markus Voss: Capital 9/99, S. 38 ff.

11 Kieser, Alfred: Neutron Jack, S. 11 f.

12 Rappaport, A.: Shareholder Value, 1999, S. 9.

13 Rappaport, A.: Shareholder Value, 1999, S. 90.

14 Rappaport, A.: Shareholder Value, 1999, S. 9.

15 NETWORK news, 1/1999, S. 4.

16 „Forum zu BS", 1999, S. 2.

17 Weber, J./Schäffer, U.: Management Berater 11/98, S. 12 ff.

18 Weber, J.: Manager-Magazin 12/1998, S.184 ff.

19 Weber, J./Schäffer, U.: Management Berater 11/98, S. 12 ff.

20 Slywotzky, A.: Value Migration, 1995, S. 61 ff.

21 Mercer Studie: Focus 21/1999.

2

Die Elemente des CLV-Management

2.1 Kundengewinnung

2.1.1 Kundengewinnung als Startpunkt des CLV-M

Cecilie Schank, NETWORK Management Consulting

Einleitung

Ist es nicht verlockend, über ein Instrument zu verfügen, das bereits in der Akquisitionsphase die wirklich attraktiven und wertschaffenden Kunden herausfiltert? Obwohl so gut wie jeder nach Erfolg strebende Vertriebschef versucht, seine Ressourcen auf eben diese Kunden zu konzentrieren, scheitert er zumeist in der letzten konsequenten Realisierung. Grund dafür ist, dass ihm ein geeignetes Instrumentarium zur vorausschauenden Kundenanalyse fehlt. Ergebnis einer ausschließlich abschlussbezogenen Kundenstruktur bedeutet, im ungünstigsten Fall, eine hohe Anzahl unattraktiver und zugleich betreuungsintensiver Kunden. Die wirtschaftlichen Konsequenzen liegen dabei auf der Hand. Wie kann aber ein ausgewogenes Kundenportfolio aufgebaut werden?

Hier setzt das Konzept des Customer-Lifetime-Value-Managements (CLV-M) an. Der Prozess der Kundengewinnung repräsentiert den Startpunkt. In dieser Phase werden attraktive Zielgruppen identifiziert, ausgewählt, überzeugt und akquiriert. Ergebnis ist eine zielgruppenspezifische Angebotspositionierung, die adäquate Kommunikationsstrategie sowie eine spezifische Vertriebsstrategie. Damit wird der Grundstock für ein künftig wertoptimales Kundenportfolio gelegt, was zugleich auch den Abschied von der Gleichbehandlung potentieller Kunden bedeutet. Doch wer sind überhaupt die unternehmensspezifisch-attraktiven Zielgruppen, für die derartige Maßnahmen zu gestalten sind? Diese Fragestellung ist nicht neu – bisher wurde sie jedoch nur selten in einem wertorientierten Kontext gestellt. Insbesondere in Märkten mit hoher „Time-to-

Market"-Relevanz wie z.B. in der Telekommunikation standen in der Vergangenheit quantitative Akquisitionsziele im Vordergrund. Das absatzzahlen-getriebene Denken in den Vertriebsorganisationen von D1 und D2 ist hierfür nur ein Beispiel.

Eine Mitte 1999 von NETWORK durchgeführte Befragung ausgewählter deutscher Unternehmen über Customer-Relationship-Management-Aktivitäten (CRM) zeigte erste Ergebnisse über den Status einer wertorientierten Kundenakquisition. 61 Prozent der befragten Unternehmen erkennen die Notwendigkeit einer kunden-prozessorientierten Ausrichtung aller Unternehmensbereiche und benutzen CRM als Schlagwort. Jedoch bestehen insbesondere im Bereich der Kundengewinnung Defi-zite einer wertorientierteren Ausgestaltung. In den nächsten Jahren wird sich aber in Marketing und Vertrieb ein deutlicher Wandel vollziehen, um diese bisher ungenutz-ten Produktivitätssteigerungspotentiale auszuschöpfen.[1]

Segmentierung und Bewertung von Ziel- und Kundengruppen

Die Segmentierung von Ziel- und Kundengruppen zählt zu den traditionellen Mar-keting-Standards. In der Philosophie des Customer-Lifetime-Value-Managements vollzieht sich jedoch ein fundamentaler Perspektivenwechsel. Denn selektives Kun-denmanagement kann ggf. auch bedeuten, auf (potentielle) Kunden zu verzichten. Beispielsweise generieren einzelne Privatkundensegmente für die Mobilfunk-Betrei-ber derartig niedrige monatliche Umsätze, dass der Aktivierungs-, Einbuchungs- und Betreuungsaufwand und insbesondere die Quersubvention der Endgeräte die kriti-sche Frage nach der Gewinnwirksamkeit einzelner Kunden aufwirft. Anstelle einer zunehmenden Bindung über die Vertragslaufzeiten setzt die Orientierung an der Wertattraktivität einzelner Kunden/Kundengruppen den Fokus auf eine zielgerich-tete Bewertung und Segmentierung bereits in der Kundengewinnungsphase.

Der Wechsel von einem transaktionsgetriebenen Marketing hin zu einem Bezie-hungsmarketing führt direkt zu der zentralen Fragestellung der Kundengewinnung: „Welches sind profitable Beziehungen für das Unternehmen, und wie können beste-hende Beziehungen bewertet werden?" Diese Frage – so zeigt die genannte Studie von NETWORK – stellen sich jedoch nur 30 Prozent der befragten Unternehmen. „CRM-Profis" wie z.B. TelDaFax zeigen die Richtung eines neuen Trends auf. Im Marketing existieren verschiedene Ansätze zur Bewertung bestehender Geschäftbe-ziehungen.*

---

*   Zum Beispiel umsatz- oder gewinnbasierte ABC-Analysen, Kundenkapitalwertanalysen, Kundenlebenszyklusanalysen etc. Einen Überblick geben Stahl, H.[2] und Henning-Thurau, H.[3]

Ohne die Stärken und Schwächen einzelner Ansätze zu vertiefen, soll im Folgenden ein Bewertungsraster dargestellt werden. In der Praxis hat sich die Mehrdimensionalität von Kundenportfolioanalysen* bewährt.

Als relevante Dimensionen werden die Attraktivität des Kunden (d.h. sein ökonomischer Wert, ggf. ausschließlich sein Kundenwert) sowie das Kräfteverhältnis zwischen Kunde und Unternehmen (d.h. die Beziehungsstärke oder Lieferantenposition) einander gegenübergestellt. Die Vielzahl veröffentlichter Varianten dieses grundsätzlichen Beziehungszusammenhangs betonen i.d.R. einen spezifischen Teilaspekt, unterscheiden sich aber nicht in der Grundaussage.

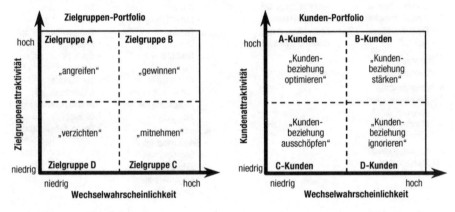

Quelle: NETWORK Management Consulting, 1999

Abb. 11:   *Grundaufbau eines Zielgruppen-/Kunden-Portfolios mit ersten Handlungsoptionen*

Hinter den Dimensionen „Kunden- bzw. Zielgruppenattraktivität" und „Wechselwahrscheinlichkeit" stehen verschiedene Konstrukte, die in der Summe erst eine Messung ermöglichen. So setzt sich die Dimension „Attraktivität" aus Merkmalen zusammen, die neben einer direkten Messung des Erfolgspotentials über Umsatz, Preisbewusstsein u.ä. auch Aspekte wie das Referenz-, Synergie- oder Innovationspotential einer Kundenbeziehung erfassen. Die Dimension „Wechselwahrscheinlichkeit" beschreibt die Beziehungsstärke zwischen der Position des Unternehmens und

---

*   Auch wenn Kundenportfolioanalysen sich auf „Kunden" beziehen, stellen sie einen entscheidenden Teil des Prozesses „Kundengewinnung" dar und sind direkt auf „Zielgruppen" übertragbar. Zum einen herrscht i.d.R. ein hohes Informationsdefizit über die Attraktivität einzelner Kunden(-gruppen) und damit auch über die Attraktivität einzelner Zielgruppen. Zum anderen sind Segmentierungsmerkmale attraktiver Gruppen detaillierter aus eigenen Kundenportfolios mit Hilfe moderner IT ableitbar als über standardisierte Marktforschung. Somit umfasst die Herleitung sowohl Kunden- als auch Zielgruppenportfolios.

dem Kunden. Dies wird durch die Erfassung der Machtkomponente über Marktanteile, Vertragsdauer, aber auch über die emotionale Ebene der Beziehung ausgedrückt. Einen zusammenfassenden Überblick gibt Abbildung 12.

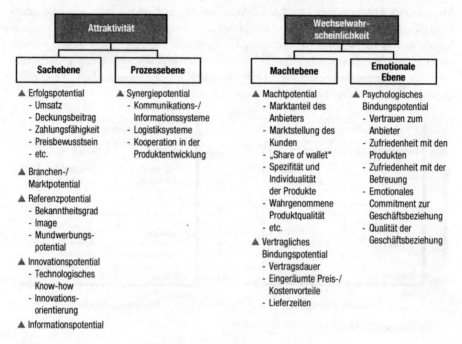

Quelle: In Anlehnung an Henning-Thurau, T. In: Payne/Rapp, Handbuch Relationship Marketing, 1999

Abb. 12:   Konkretisierung der Portfolio-Dimensionen[4]

Bei der Erstellung des Kundenportfolios sollten nicht alle Merkmale gleichermaßen Berücksichtigung finden. Vielmehr erfordert die Erstellung eines derartigen Portfolios eine unternehmensspezifische Anpassung: Wie sind die konkreten Rahmenbedingungen, welche branchenspezifischen Besonderheiten sind zu beachten, welche Daten sind verfügbar etc.? Alle diese Fragen zeigen bereits die Notwendigkeit einer individuellen Anpassung auf. Historisch bedingt wird die Mobilfunkbranche auf Prozessebene ein besonderes Augenmerk auf die Zahlungsfähigkeit ihrer Kunden richten. Für eine Airline dagegen wird die Quantifizierbarkeit des Referenzpotentials eine wesentlich höhere Bedeutung annehmen. Gründe für verschiedene Schwerpunkte liegen sowohl in geschäftsbedingten Prozessen als auch in vergangenen Erfahrungen.

Sind die relevanten Merkmale identifiziert, müssen jedoch weitere Schritte durchgeführt werden, um das Kunden-/Zielgruppen-Portfolio mit Leben zu füllen, d.h. eine

eindeutige Positionsbestimmung vornehmen zu können. Wenn z. B. der Umsatz als
relevanter, messbarer Indikator identifiziert wurde, ist eindeutig für alle Kunden fest-
zuschreiben, welche Kennzahl die Messlatte darstellen soll: das Umsatzwachstum der
vergangenen fünf Jahre, der Umsatz des laufenden Geschäftsjahres, der relative
Umsatz von Kunde A zu dem umsatzstärksten Kunden u. ä. Es geht also um die Festlegung, welche Größen die ausgewählten Merkmale beschreiben. Einen beispielhaf-
ten Überblick gibt hierzu Abbildung 13.

Dimension	Merkmale	Mögliche Indikatoren
Attrak-tivität **Sachebene/ Erfolgspotential**	Umsatz/rel. Umsatz Zahlungsfähigkeit etc.	Umsatz 1999/Umsatz Kunde A zu B Anzahl Mahnungen etc.
Sachebene/ Referenz- potential	Bekanntheitsgrad des Kunden Image des Kunden	Größe/Marktanteil des Kunden Außenbild, Einschätzung Experten
etc.	⋮	⋮
Wechsel- wahr- schein- lichkeit **Machtebene**	eigener Marktanteil Wechselkosten für den Kunden	direkter Marktanteil Gerätekosten, Suchkosten, Einmalkosten etc.
Emotionale Ebene	Produktzufriedenheit Intensität Kundenbetreuung	Problemhäufigkeit, Beschwerdeverhalten etc. Erreichbarkeit, After-Sales-Service etc.
etc.	⋮	⋮

Quelle: In Anlehnung an Henning-Thurau, T. In: Payne/Rapp, Handbuch Relationship Marketing, 1999

Abb. 13:   Konkretisierung der Portfolio-Merkmale[4]

Spätestens an diesem Punkt stellt sich die Frage, wie die festgelegten Kennzahlen
ermittelt werden können. Aus der Projektpraxis sind verschiedene Instrumente zu
empfehlen. Verabschieden Sie sich von der Vorstellung, dass in Ihrem Unternehmen
keine relevanten Daten existieren. Vielfach müssen diese lediglich systematisch
zusammengetragen und verknüpft werden. In jedem Unternehmen existieren Datenbanken, die über Auswertungen, Reports oder Erweiterungen Informationen zur
Datenbeschaffung bereithalten. Weitergehende IT-Plattformen fehlen jedoch in den
meisten Unternehmen. Die Schlagworte CRM-Software, Data-Warehouse, Data-
Mining etc. beschreiben eine Entwicklung, die erst am Anfang steht. Experten rechnen mit einer schnellen Verbreitung von CRM-Lösungen, so dass differenzierte
Informationsanalysen eine neue Dimension erreichen werden.*

---

*   Einen guten Überblick über Anforderungen an die IT im Rahmen eines umfassenden
       Beziehungsmanagements (CRM, CLV-M) geben: Rosemann, M./Rochefort, M./
       Behnck, W.[5] und Göbbel, K.[6]

Als weitere Methoden zur Datenbeschaffung haben sich Kunden- und Interessentenbefragungen – auch als Expertengespräche oder Fokusgruppen – bewährt. Nicht zuletzt ist das interne Management-Know-how eine häufig vernachlässigte Informationsquelle.

Nachdem die Datenerhebung abgeschlossen ist, beginnt die Phase der Datenverdichtung. Das bedeutet, eine Gewichtung einzelner Daten für die Gesamtposition vorzunehmen und eine Entscheidung über die Form der Aggregation (Punktbewertungsmodelle u. ä.) zu fällen. Erst dann liegen für einzelne Kunden bzw. Zielgruppen eindeutige Werte hinsichtlich der Dimensionen „Attraktivität" und „Wechselwahrscheinlichkeit" vor. Die Abbildung aller Kundendaten in dem Portfolio gibt einen Überblick über die Kundenstruktur des betrachteten Unternehmens (siehe Abbildung 14).

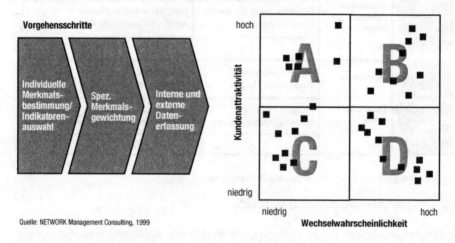

Quelle: NETWORK Management Consulting, 1999

Abb. 14:   Beispiel Kundenportfolio

Kundengewinnung im CLV-Management erweitert somit die Akquisition um die bisher vernachlässigte Betrachtung einer konsequenten Kunden-/Zielgruppenbewertung. Mit der Kundenportfolioanalyse werden attraktive Beziehungen für das Unternehmen visualisiert. Für jede der Zielgruppen können Marketing- und Vertriebsmaßnahmen definiert werden. Die zielgruppenspezifische Angebotspositionierung ist hierbei der nächste Schritt.

Zielgruppenspezifische Angebotspositionierung

Auch CLV-M verändert die Strategie der Differenzierung und Positionierung nicht. Im Gegensatz zur verbreiteten wettbewerberorientierten Perspektive betont CLV-M jedoch den Kundenfokus. Der Kunde mit seinen Bedürfnissen steht im Mittelpunkt unternehmerischen Handelns.

Für den Prozess der Kundengewinnung bedeutet das die konsequente Fokussierung auf attraktive Zielgruppen und damit eine abgestuftere und adäquate Angebotspositionierung. Betrachtet man die ständig neuen, häufig an den Aktivitäten der Wettbewerber ausgerichteten Angebote im Mobilfunkmarkt, so muss durchaus berechtigt die Frage nach dem Kundenfokus gestellt werden. Solange die eigene Angebotspositionierung im Markt wie eine „Me-too"-Strategie wahrgenommen wird, sind Argumente für die eigene Kundenorientierung unglaubwürdig. Die Ausrichtung an den Bedürfnissen wertattraktiver Zielgruppen bedeutet zugleich auch eine wahrnehmbare Differenzierung in der Kundenorientierung.

Mit welchen Angeboten sind also diese Zielgruppen künftig zu gewinnen? Hierbei hilft die beschriebene Portfolio-Technik: Die vier Quadranten in Abbildung 14 verdeutlichen unterschiedliche Prioritäten. Hohe Attraktivität besitzen die Kunden/ Zielgruppen in den Quadranten A und B. Entscheidend ist, wie sich das Unternehmen bei diesen Gruppen positionieren kann. Schlüsselfragen sind hier: Was sind ihre Anforderungen an das Produkt? Welche Ausstattungselemente sind für diese Gruppe attraktiv? Welche Markenwelten sprechen an? Eine differenzierte Bedürfnis- und Nutzenanalyse der Gruppen C und D dagegen wäre nicht zielführend im Sinne eines CLV-Managements. Hier sollten nur wenig Ressourcen eingesetzt werden.

Zum Beispiel könnte ein Mobilfunk-Anbieter auf Basis der Wertattraktivität seine Kunden in A-/B-/C- und D-Cluster einordnen. Dabei erhält er über sozio-demographische Merkmale relevante Segmentierungsansätze für seine Zielgruppen und über Fokusgruppen-Interviews relevante Nutzenanforderungen der attraktiven Zielgruppe. Hieraus gestaltet dieser Mobilfunk-Anbieter neue spezifische Angebotspakete:

▲ A-Kunden: individuelle Zusammenstellung der Leistungsmerkmale; Einbeziehung in die Diensteentwicklung,

▲ B-Kunden: maßgeschneiderte Lösungen mit individueller Rabattierung,

▲ C-Kunden: standardisiertes Leistungsspektrum über Angebotspakete,

▲ D-Kunden: standardisiertes Leistungsspektrum über Angebotspakete.

Insgesamt steht die zielgruppenspezifische Angebotspositionierung in engem Zusammenhang mit der kundenorientierten Produkt- und Dienstegestaltung (siehe hierzu Kapitel 2.2).

Kommunikationsstrategie

In der Phase der Kundengewinnung fehlt jedem Interessenten das konkrete Produkterlebnis. Es ist die Zeit der Marken- und Imagebildung sowie einer ersten Bestätigung seiner Vorstellungen bzw. Vorurteile. Verkauft werden zu diesem Zeitpunkt Erwartungen, keine Produkte[7]. Im Mobilfunk-Markt ist das tatsächliche Kommunikationsbedürfnis im Privatkundensegment häufig nicht das entscheidende Kaufkriterium. Die individuelle Erreichbarkeit über ein Trend-Produkt in das tägliche Lebensumfeld als Notwendigkeit zu integrieren war und ist der große Erfolg aller Anbieter und hat nachhaltig für die Verbreitung des Funktelefons gesorgt. Ebenso ist die Entwicklung einer Pre-Paid-Card als Antwort auf die fehlende Bonität insbesondere junger Zielgruppen sowie ihre positive Kommunikation als besseres Instrument der persönlichen Zahlungskontrolle ein Beispiel für erfolgreiche Kommunikation in der Kundengewinnungsphase.

Da es sich um Initialkontakte und nicht um die Regelkommunikation einer etablierten Kundenbeziehung (siehe hierzu Kapitel 2.3) handelt, sind Besonderheiten zu berücksichtigen. Ziel dieser Phase ist es, profitable Zielgruppen mit adäquatem Aufwand als Kunden zu gewinnen. Daher kann sich die Kommunikationsstrategie nicht auf Imagebildung beschränken. Der Ansatz zielgerichteter Dialogorientierung mit attraktiven Zielgruppen ermöglicht die Fortsetzung der Maßnahmen-Individualisierung. Interaktive Dialogkonzepte existieren in der Praxis ausreichend, darin liegt nicht die Besonderheit des CLV-M-Konzeptes. Die bereits in der Angebotspositionierung aufgezeigte Kundenfokussierung muss sich entsprechend in der Kommunikationsstrategie fortsetzen: Wie kann mit attraktiven Zielgruppen ein Dialog aufgebaut werden? Was ist zu diesem Kontaktzeitpunkt das Kommunikationsbedürfnis der attraktiven Zielgruppe? Welches Verhalten wird erwartet?

In der Ausgestaltung steht die gesamte Bandbreite möglicher Kommunikationsmittel zur Verfügung. Häufig erfolgt die erste Ansprache über anonymisierte Kanäle mit schrittweiser Einführung persönlicher, interaktiver Elemente (siehe hierzu auch Kapitel 2.3). Die Qualität der Kommunikation steigt mit optimiertem Einsatz von Dialoginstrumenten. Hierbei gilt es in der Konzeptionsphase zu bedenken, dass in dieser Kontaktphase über den einzelnen Interessenten keine individualisierten Informationen vorliegen. Marktforschungsdaten oder aus Kundendaten abgeleitete Informationen können nur erste Anhaltspunkte bieten. Somit erweitern alle direkt gewonnenen Daten erheblich die Qualität in der Akquisitionsphase.

Dennoch soll an dieser Stelle vor einem zu euphorischen Einsatz der direkten Kommunikation gewarnt werden: Klassische Werbung bleibt auch im CLV-Management eine wichtige Komponente, die nicht durch One-to-One-Kommunikation ersetzt werden kann. Die Forderung geht lediglich in die Richtung einer Verschiebung traditioneller Schwerpunkte. Ohne qualitative Vorauswahl der Daten bleibt der Ansatz des Dialogmarketings zur Kundengewinnung unzweckmäßig. Weiterhin muss der erwartete Kundenwert als relevante Größe zur Steuerung der Dialogintensität berücksichtigt werden.

Ein aktueller Aspekt in der Kommunikationsgestaltung ist der Einsatz der Neuen Medien im Rahmen der Kundengewinnung. Im Marketing als neue Wunderwaffe für Effizienz und Kostensenkung gefeiert, bleibt oft der wirkliche Nutzen ungeprüft. Natürlich ist die Vorstellung verlockend: Senkung der Personalkosten, Vermeidung von Reisezeiten, Verringerung der Bearbeitungszeiten etc. Interaktiver Direktkontakt über Online-Zugriff auf Call-Center, virtuelle Marktplätze, simulierte Verkaufssituationen im Internet u. ä. werden sich einen festen Platz in den Formen des Interessenten- bzw. Kundenkontaktes schaffen. Hinsichtlich ihres Streuungsgrades, ihrer Zielgenauigkeit sowie ihres Übermittlungsaufwandes sind Online-Medien bisherigen Kommunikationsmitteln deutlich überlegen.

Doch was helfen Neue Medien, wenn die Zielgruppe sie nicht nutzt? Die Frage nach der Erreichbarkeit betrachteter Zielgruppen muss gestellt werden. So konnte die Lufthansa beispielsweise die Kommunikation mit der Zielgruppe „Studenten" zu 100 Prozent auf das Internet verlagern: Die hohe Affinität der Zielgruppe erlaubte diese konsequente Umstellung. Eine ausschließliche Nutzung dieses Kommunikationskanals für die Vielflieger-Gruppe „Senator" dürfte dagegen zu einer Störung der Kommunikationströme führen.

Der Einsatz Neuer Medien bringt ebenfalls eine Veränderung interner Prozesse mit sich, die bei der Ausgestaltung des Kundenkontaktes zu beachten sind. Die Erwartungshaltung der Zielgruppen ändert sich in Bezug auf die Reaktionszeiten (E-Mail-Response, Rückruf u. ä.) sowie hinsichtlich des Informationsgrades ihrer Ansprechpartner (Kontakte mit verschiedenen Call-Center-Agents u. ä.) Somit muss ein Einsatz der Neuen Medien unternehmensspezifisch erfolgen, die Anwendung von pauschalen, schnellen „Patent-Rezepten" erfüllt nicht die Erwartungshaltungen attraktiver Zielgruppensegmente.

Vertriebsstrategie/-prozess-Steuerung

Drittes wichtiges Element im Bereich der Kundengewinnung ist die Konkretisierung der Vertriebsstrategie und die Vertriebsprozessgestaltung. Dabei werden nach den Grundsätzen des Customer-Lifetime-Value-Management die Vertriebskanäle ausgewählt und bearbeitet. Auch hier bildet der Portfolio-Ansatz die Basis für weitergehende Differenzierung. Schlüsselfrage ist hierbei: „Über welche Vertriebskanäle werden wertattraktive Zielgruppen/Kunden erreicht?"

Eine differenzierte Bedürfnisanalyse der attraktiven Ziel-/Kundengruppen, also der im Portfolio gekennzeichneten Quadranten A und B, ist notwendig und identifiziert Anforderungen hinsichtlich Beratungsbedarf, Kaufprozess, Kontaktart etc. Diese Vorgehensweise hat sich in der Beratungspraxis nicht nur bei der Auswahl neuer Vertriebskanäle bewährt. Auch eine wertorientierte Analyse bestehender Vertriebswege wird zur kontinuierlichen Optimierung im CLV-Management eingesetzt. Es ist nachweisbar, dass nicht nur etablierte Wege einer Branche erfolgreich sind. Häufig können durch eine derartige Vorgehensweise lukrative Lücken entdeckt werden.

Betrachtet man so dynamische Märkte wie den der Telekommunikation, ist zu erkennen, dass der Faktor Zeit – also die Fähigkeit, schnell am Markt präsent zu sein – vielfach keinen Raum für derartige Fragestellungen lässt. Je nach Marktphase kann „Time-to-Market" eine notwendige Handlungsmaxime sein. Ist dagegen die Vertriebsorganisation inkl. Partner und Händler aufgebaut, werden häufig im Nachhinein tiefergehende Korrekturen erforderlich. Verfügt beispielsweise ein Mobilfunk-Betreiber über ca. 1.500 Vertragshändler, die sogar entsprechend klassifiziert sind, so wird die Abgrenzung i.d.R. auf Absatzzahlen, z.B. der Anzahl eingebuchter Endgeräte, basieren. Der über den Händler generierte Umsatz oder – noch besser – akquirierte Kundenwert wird selten herangezogen. Das absatzorientierte Denken ist noch weit verbreitet. Hier ermöglicht das Customer-Lifetime-Value-Konzept eine nachhaltige Fokussierung der Ressourcen auf wirklich relevante Vertriebskanäle sowie eine Konzentration auf Schlüsselpartner bzw. -händler.

Neben traditionellen Vertriebswegen ist auch den Online-Medien besondere Aufmerksamkeit zu widmen. Die Nutzung des Internet als Vertriebskanal ist unter dem Schlagwort „e-commerce" überall präsent. Wie im Kapitel „Kommunikationsstrategie" angesprochen, sind die großen Vorteile der digitalen, interaktiven Kommunikation anzuführen, aber auch die Notwendigkeit einer zielgruppenspezifischen Nutzen- und Involvementanalyse. Wenn die ausgewählten Zielgruppen diesen Vertriebskanal nicht nutzen wollen, ist für das Unternehmen jede Maßnahme in diese Richtung unsinnig.

Die Ausrichtung am Kundenwert bedeutet aber nicht nur Änderungen der Vertriebsorganisation oder der Vertriebswegewahl. CLV-M greift tiefer: Es stellt das bisher traditionell umsatz-/absatzorientierte Denken im Vertrieb in Frage und damit auch die entsprechend aufgebauten Vergütungs- und Prämiensysteme. Erst die Einbeziehung des „wahren" Kundenwertes ermöglicht eine Aktivitätenplanung des Vertriebes im Sinne des CLV-Managements. Dann wird den Ziel- und Kundengruppen die Aufmerksamkeit geschenkt, die ihrem Beitrag zum Ergebnis des Unternehmens entspricht. In Folge entwickelt der Vertrieb die Eigendynamik und Erkenntnis, wertattraktive Kunden nicht mit den umsatzstärksten Kunden gleichzusetzen.

Für die Einführung eines selektiven Beziehungsmanagements ist daher nicht nur eine Überprüfung bestehender Vertriebskanäle erforderlich, CLV-Management greift nachhaltig verändernd in existierende Verhaltensweisen und interne Prozesse ein. Der Vertrieb lernt, den Kunden, den Vertriebskanal und die einzelnen Vertriebspartner differenzierter zu bewerten.

Schlussbemerkung

Kundengewinnung ist der zwingende Startpunkt für die Einführung eines erfolgreichen Customer-Lifetime-Value-Management. Grundlage dabei ist die systematische Bewertung und Segmentierung von Ziel- und Kundengruppen. Diese Ergebnisse gestalten in Folge Angebotspositionierung, Kommunikationsstrategie sowie Vertriebsstrategie. CLV-M-Kundengewinnung bildet damit die Basis für eine nachhaltige Individualisierung der aufzubauenden Kundenbeziehung mit den wertattraktiven Kunden.

Literatur

1 Homburg, Ch./Schnurr, P.: Was ist Kundenwert?, 1999, S. 1 f.

2 Stahl, H.: Modernes Kundenmanagement – Wenn der Kunde im Mittelpunkt steht, 1998, S. 189 ff.

3 Henning-Thurau, T.: Die Klassifikation von Geschäftsbeziehungen mittels Kundenportfolios. In: Payne, A./Rapp, R. (Hrsg.), Handbuch Relationship Marketing – Konzeption und erfolgreiche Umsetzung, 1999, S. 92 ff.

4 Henning-Thurau, T.: Die Klassifikation von Geschäftsbeziehungen mittels Kundenportfolios. In: Payne, A./Rapp, R., 1999, S. 99.

5 Rosemann, M./Rochefort, M./Behnck, W.: Praxis der Wirtschaftsinformatik, Heft 208, 1999, S. 105 ff.

6 Göbbel, K.: Haltet den Kunden. In: IT Services, 7/1999, S. 50 ff.

7 Levitt, T.: Der Verkaufsabschluß ist erst am Anfang. In: Payne, A./Rapp, R. (Hrsg.), 1999, S. 21.

2.1.2 Limitierte Aufmerksamkeit

Matthias Hohensee, Wirtschaftswoche

Der Name sollte abschreckend wirken. Englische Krankheit wurde sie gescholten – die Sitte britischer Mobiltelefongesellschaften, Neukunden mit einem subventionierten Mobiltelefon zu ködern. Keiner wollte sie bewusst eingeschleppt haben, als die Seuche 1993 auf Deutschland übergriff und flugs den hiesigen Mobilfunkmarkt infizierte. Ob Netzbetreiber oder Service-Provider, alle mischten mehr oder weniger willig im Gruppenzwang mit. Denn trotz allerlei Betrügereien, hoher Churnraten und Vorfinanzierungskosten für die schicken Handys zum symbolischen Preis von einer Mark schoben die subventionierten Gaben den deutschen Mobilfunkmarkt kräftig an. Vom Marktstart 1992 bis Ende 1999 wuchs die Zahl der Mobilfunkteilnehmer in Deutschland von null auf 19,5 Millionen. Und obwohl die Umsätze pro Kunde durch fallende Gesprächspreise und passive Nutzung sinken, werden langfristige Handy-Verträge noch immer mit 150 bis 260 Euro bezuschusst.

Mindestens sechs Milliarden Mark haben die Mobiltelefongesellschaften seit 1993 für solche Subventionen ausgegeben, hat der Münchner Mobilfunk-Marktforscher Mathias Plica errechnet. Verpulvertes Kapital oder Investition? Die Frage ist geklärt. Die Milliarden teure Saat hat einen blühenden Mobilfunkmarkt hervorgebracht und das ehemalige Statussymbol Mobiltelefon zum Alltagsgegenstand gemacht. So populär ist ein mobiler Telefonanschluss, dass er zum Selbstläufer wird. In einer Art Dominoeffekt sehen sich Freunde und Bekannte eines Handy-Nutzers in der sozialen Pflicht, sich ebenfalls einen mobilen Telefonanschluss zuzulegen. Mitte 2001 werden voraussichtlich 30 Millionen Nutzer über die Netze von T-Mobilnet (D1), Mannesmann Mobilfunk (D2), E-Plus Mobilfunk und Viag Interkom telefonieren.

Rein akademisch ist die Frage, ob das finnische Modell (die Subventionierung von Mobiltelefonen ist in Finnland verboten, die finnischen Netzbetreiber erreichten mit niedrigen Gesprächspreisen die international beste Marktpenetration) den deutschen Markt noch schneller angekurbelt hätte.

Das schärft das Bewusstsein, was Kundenwert bedeutet. Mehr noch: Firmen wie Mobiltelefongesellschaften, die das Verständnis über den Wert von Kunden fest in ihrer Unternehmenskultur verankert haben, verfügen über einen ganz wichtigen Wettbewerbsvorteil im Mega-Markt der nächsten Dekade – nämlich den Handel über das Internet. Im kollektiven Jubel über das Potential des E-Commerce geht oft unter, dass es sich um ein knallhartes Schlachtfeld handelt. Internet-Kunden fallen einem nicht in den Schoß. Im Gegenteil – auf einem virtuellen Marktplatz, wo der Wettbewerber nur einen Mausklick entfernt ist, wo Preise und Dienstleistungen gnadenlos transparent scheinen, nimmt durch die Vielzahl der Alternativen die Loyalität des Kunden drastisch ab. Noch mehr untergraben wird sie durch Auktionsmodelle. Künftig werden Unternehmen Aufträge an Zulieferer via Internet ausschreiben. Ob SAP, Oracle, People soft oder Baan – alle Anbieter von Software für die Unternehmensplanung und -steuerung bauen solche Internet-Börsen auf, die allen Firmen offenstehen sollen. Schmälert das Internet also den Wert eines Kunden, weil der stets auf den Seitensprung per Mausklick lauert, immer auf der Suche nach dem besten Deal?

Im Gegenteil – das Internet erhöht sogar den Kundenwert. Die Bereitschaft zum Seitensprung endet dann, wenn der Nutzen in keinem Aufwand mehr zum Verhältnis steht. Wozu soll man stundenlang im Internet alle virtuellen Buchläden durchsuchen, wenn man möglichst schnell das neueste Werk seines Lieblingsschriftstellers erstehen möchte? Und Preisvergleichsmaschinen, die automatisch alle populären Internet-Händler durchkämmen, nennen zwar den Preis, sagen aber wenig über Lieferkosten und erst recht nichts über die Zuverlässigkeit des Geschäftspartners aus. Liefert er wirklich die Ware wie versprochen am nächsten Werktag? Ähnlich verhält es sich mit Unternehmen. Internet-Börsen sind schön und gut, aber wollen die Einkäufer es wirklich mit einer Vielzahl von Zulieferern zu tun haben, über deren Hintergrund und Liefertreue sie wenig oder gar nichts wissen, von Mengenrabatten für langjährige Geschäftsbeziehungen ganz zu schweigen?

Es sieht ganz danach aus, als ob Internet-Kunden sich nach einer Phase der Entdeckungslust auf bestimmte Anbieter ihres Vertrauens festlegen. Denn glücklicherweise bildet Bequemlichkeit ein starkes Gegengewicht zu der Illoyalität, die das Internet zu provozieren scheint. Was macht den Unternehmenswert von Amazon.com – dem virtuellen Wal-Mart – aus? Es sind die Kunden des Internet-Händlers. Wer öfters Waren per Internet kauft, wird schnell auf ein paar Mark Preisunterschied verzichten, wenn der Einkaufsvorgang bequem ist. Es ist mühselig, bei einem alternativen Anbieter immer wieder das Formular mit Lieferanschrift und Kreditkartendaten auszufüllen. Kein Wunder, dass Amazon.com den Konkurrenten barnesandnoble.com verklagte, weil der Wettbewerber angeblich die 1-Klick-Shopping-Funktion von Amazon.com – die den Einkaufsvorgang auf wenige Mausklicks verkürzt – kopiert haben soll. Ergo: Wer Internet-Kunden frühzeitig an sich bindet, hat einen mächtigen Wettbewerbsvorteil.

Untermauert wird diese These durch Forschungsergebnisse des US-amerikanischen Wissenschaftlers Bernardo Huberman. Der Forscher, der am renommierten Xerox-Parc-Forschungsinstitut in Palo Alto arbeitet, versucht, Gesetzmäßigkeiten im Verhalten von Internet-Surfern festzustellen. Er fand heraus, dass Internet-Nutzer sich beim Surfen relativ schnell auf einige wenige Anbieter konzentrieren – selbst wenn sie über einen schnellen Zugang zum weltweiten Datennetz verfügen. Hubermans Erkenntnis: Die Aufmerksamkeit der Internet-Kunden ist limitiert und deshalb äußerst wertvoll. In dem so vielfältigen Informationsangebot des Internets gibt es nur eine kleine Oberliga, die ihre Beliebtheit ständig verteidigen muss.

Parallel zu der Schlacht um die wichtigsten virtuellen Grundstücke auf dem Marktplatz Internet ist deshalb der Kampf um den Kunden ausgebrochen oder, wie es
schon vor Jahren der einstige Intel-Chef Andy Grove formulierte, die „Schlacht um
die Augäpfel" entbrannt. Aufmerksamkeit ist wertvoll, also wird sie belohnt. Gelockt
wird mit allerlei kostenlosen Gaben wie Flugmeilen, freiem Internet-Zugang oder
Gratis-Computern.

So katapultierte sich das Internet-Suchportal Iwon.com innerhalb weniger Wochen
in die Spitzenliga der am meisten aufgerufenen Internet-Seiten. Wie konnte das klap-
pen, wo Iwon nur ein Suchportal von vielen in einer äußerst wettbewerbsintensiven
Kategorie des Internet ist? Iwon.com, an dem das amerikanische Medienunterneh-
men CBS beteiligt ist, veranstaltete eine Lotterie. Wer sich beim Suchportal anmel-
dete, konnte täglich zehntausend Dollar gewinnen. Monatlich wurden gar eine Million Dollar ausgeschüttet. Steigern konnten Iwon.com Nutzer ihre Chancen, indem
sie kräftig die Angebote des Suchportals nutzten. Für jeden Klick gab es eine
bestimmte Punktzahl, die die Chancen auf den Gewinn – inklusive dem Superjack-
pot im Wert von zehn Millionen Dollar – erhöhte. Eigentlich nichts Neues
– sogenannte Sweepstakes werden seit Jahren von amerikanischen Unternehmen als
Marketinginstrument genutzt. Die Strategen von Iwon.com waren nur die ersten, die
es im großen Stil einsetzen. Ihr Kalkül: Wenn sich die Nutzer von Iwon.com erst einmal an das Portal gewöhnt und sich die Adresse eingeprägt haben, werden sie
wiederkommen – vielleicht auch ohne Chance auf einen Geldgewinn.

Iwon.com ist es so gelungen, aus dem großen Hintergrundrauschen des Internets
hervorzutreten. Das ist die eigentliche Herausforderung für Unternehmen, die Kunden via Internet gewinnen wollen. Das Internet, so scheint es, ist der Traum des
Direktmarketiers. Erstmals können Hersteller direkt mit dem Verbraucher kommunizieren, können Händler ihrer Kundschaft maßgeschneiderte Angebote unterbrei-
ten. Das Problem ist nur, dass diese Möglichkeit allen offensteht. Schon heute sind
die Verbraucher mit einer Werbeflut konfrontiert. Sie wird weiter anschwellen. Argu-
mentiert wird oft, dass durch die direkte Ansprache des Kunden eine gezielte Werbung möglich ist, die – weil sie Nutzen verspricht – sein Interesse weckt. Doch wieviel direkte Ansprachen kann der Verbraucher verkraften?

Für Bill Gross ist deshalb klar, dass der Konsument für seine Aufmerksamkeit
belohnt werden muss. Der Multiunternehmer aus dem kalifornischen Pasadena, der
mit seinem Unternehmen idealab über rund zwanzig Startup-Unternehmen gebietet,
verschenkt komplette Multimedia-Computer der Marke Compaq inklusive kostenlo-
sem Internet-Zugang sowie Büro- und Finanzsoftware für den Heimgebrauch. Rund
zwanzigtausend Computer hat Gross bereits über die idealab-Firma Free-PC an amerikanische Haushalte verteilt. Im Handel kosten die Komplettrechner mindestens
500 Dollar. Doch Gross, den Compaq-Aufsichtsratschef Ben Rosen als „scharfsinni-
gen Vordenker" lobt, ist kein Wohltäter. Wer einen Rechner bei Free-PC beantragt,

muss erst allerhand Fragen zu Alter, Einkommen, Wohnsitz und persönlichen Interessen beantworten. Und wer einen Free-PC erhält, muss sich mit auf ihn maßgeschneiderten Werbebannern von Online-Brokern, Medienfirmen und Internet-Händlern berieseln lassen. Ein cleveres Angebot: Denn Free-PC entschied anhand des Fragebogens, wer einen Rechner erhalten sollte. Ganz nebenbei sammelte Free PC so wertvolle Daten über Internet-Nutzer. Als Gross das Angebot im Frühjahr 1999 startete, wurde die Firma von Bewerbern belagert. Die Telefonanlage der Firma brach zusammen, die Internet-Seite konnte den Ansturm der virtuellen Bewerbungen kaum verkraften.

Im Dezember 1999 kaufte der Computerhersteller Emachines Free-PC auf. Mit superbilligen Rechnern, die gegen Abschluss eines Internet-Vertrages dem Käufer für den symbolischen Preis von einem Dollar überlassen worden waren, hatte Emachines-Chef Stephen Dukker sein Unternehmen innerhalb von acht Monaten aus dem Nichts zu einem der größten US-Computerhersteller gemacht.

Dukkers Interesse an Free-PC galt vor allem den rund eine Million Kundenanfragen, die das Unternehmen gesammelt hatte, sowie der Free-PC-Software, die maßgeschneiderte Anzeigen zusammenstellt.

Was hat das alles mit Telefongesellschaften zu tun? Wenn die Aufmerksamkeit der Kunden limitiert ist; in zunehmenden Maße sogar erkauft werden muss, dann verfügen die Telekommunikationsanbieter über einen Wert, der völlig unterschätzt ist – einen gewachsenen Kundenstamm und die ungeteilte Aufmerksamkeit ihrer Kunden. Die zu erregen ist problemlos – in regelmäßigem Turnus schicken die Telefongesellschaften Rechnungen heraus, die in der Regel sehr sorgfältig studiert werden – selbst wenn die Papierform durch eine elektronische Version ersetzt wird. Und höchstens Kreditinstitute sind in der Lage, so viele Informationen über ihre Kunden zu sammeln wie Telefongesellschaften. Ob Adresse, Wohngebiet, monatlichen Umsatz, Anteil der internationalen Telefonate oder Zahlungsmoral – das ist mehr als genug, um ein genaues Kundenprofil zu erstellen. Es ist absehbar, dass Kreditinstitute – aufgeschreckt durch aggressive Direktbanken – in Kooperation mit Internet-Providern ihren Kunden kostenlose Zugänge zum Internet anbieten werden, wenn sie bei ihnen ein Konto eröffnen. Die Telefongesellschaften – vor allem die mit direktem Zugang zum Kunden – können viel mehr, als ihre Adressdatenbanken für die Akquise von Internet-Kunden zu nutzen. Ihre sogenannte *last mile* – die Strecke von der Vermittlungsstelle zum Kunden – avanciert in der Internet-Economy zur *first mile*, der Auffahrt zum Internet.

Egal, ob es sich dabei dank ADSL oder Fernsehkabel um Autobahnen oder eine normale Telefonleitung zum Internet handelt – das letzte Verbindungsstück zum Kunden ist eine der wichtigsten Weichen im Internet-Geschäft. Bis heute ist beispielsweise eines der wichtigsten Kernprobleme im Internet-Handel mit Privatkunden nicht geklärt – die sichere und nachvollziehbare Zahlungsabwicklung. Im Gegensatz zu den USA verwenden die europäischen Internet-Kunden nur ungern ihre Kreditkarte für Einkäufe im Internet. Auch wenn Internet-Händler gern darauf verweisen, dass es sich um ein psychologisches Problem handelt und die Haftung bei Betrug ohnehin beschränkt ist, zögern europäische Internet-Nutzer, ihre Kreditkartendaten online zu enthüllen. Das Problem der Kreditkartenfirmen – und die Chance für Telefongesellschaften.

Die Technik, um Einkäufe im Internet via Telefonrechnung abzuwickeln, existiert bereits. So hat beispielsweise die finnische Firma More Magic eine Technologie entwickelt, die den Kunden anhand seiner Telefonnummer identifiziert. Wichtigster Investor von More Magic ist der Risikokapitalarm von Siemens. Die Deutsche Telekom AG arbeitet mit der Mönchengladbacher Firma In Medias Res zusammen. Sie hat eine Software entwickelt, die bei der Auswahl bestimmter Angebote die Internet-Verbindung des Kunden unterbricht und über eine kostenpflichtige Nummer neu herstellt, die auf diese Weise wie Telefonauskunftsdienste berechnet werden können.

Gelingt es den Telefongesellschaften Einkäufe über Telefonrechnung abzuwickeln, würden sie sich an einer der wichtigsten und lukrativsten Schaltstellen des Internet-Handels positionieren. Für den Kunden hätte das den Vorteil, dass er keine lästigen Lieferformulare mehr ausfüllen müsste; für den Händler würde es mehr Sicherheit bedeuten, wenn sein Geschäftspartner eindeutig identifiziert werden könnte. Abrechnen ließen sich auch Eurocent-Beträge, ganz abgesehen davon, dass der Kauf von Online-Musik oder via Kabel beziehungsweise ADSL gelieferten Videos mit einem Klick mit der Maus oder der Fernsehfernbedienung vorgenommen werden könnte.

Am schnellsten in der Lage, dieses Szenario umzusetzen, sind Mobiltelefongesellschaften. Bereits 1997 hat der finnische Mobiltelefonhersteller Nokia den Prototyp eines Cola-Automaten entwickelt, der per Handy-Anruf Büchsen mit dem süßen Brausewasser freigibt. Abgerechnet wird über die Mobiltelefonrechnung. Der Kunde kann eindeutig identifiziert werden, für sichere Verschlüsselung sorgt das GSM-Protokoll und als zusätzliche Bestätigung dient der vierstellige persönliche Geheimcode des Handy-Besitzers.

Diese Möglichkeit der drahtlosen Bezahlung wird umso interessanter, je stärker Mobiltelefon und Internet miteinander vermählt werden. In Deutschland sind bereits die ersten sogenannten WAP-Dienste gestartet. WAP steht für Wireless Application Protocol und sorgt dafür, dass Informationen und Dienste aus dem Internet auch per Handy abgerufen werden können. Besitzer eines WAP-fähigen Handys können so beispielsweise Schlagzeilen, Wirtschafts- und Finanznachrichten, Börsenkurse, Wetter, Stadtführer, den Fahrplan der Bahn oder den Flugplan der Lufthansa abrufen.

Vergeben sind bereits Lizenzen für die Mobilfunknetze der dritten Generation, die voraussichtlich 2002 starten werden. Diese G3-Netze werden das Übertragen großer Datenmengen (bis hin zu Videos) erlauben und könnten mit neuartigen Mobiltelefonen (sogenannten Smartphones) die Vision vom persönlichen Kommunikator ermöglichen, den jeder mit sich herumträgt – und der überall Informationen liefert, die nach einem Sprachbefehl des Nutzers von digitalen Agenten zusammengetragen werden. Aber schon die schmalbandigen drahtlosen Internet-Dienste – wegen der geringen Zugangskosten vor allem für Privatkunden interessant – bergen ein großes Umsatzpotential. Sinnvolle Dienste sind drahtlose E-Mails, die Kalkulation von Wegbeschreibungen via Handy, Restaurantführer, der Kauf von Kinokarten, der Zugriff auf den Service von Reiseanbietern mit Buchungsfunktion von Hotelzimmern, Mietwagen oder Flügen. Die Softwarefirma Microstrategy hat ein System entwickelt, bei dem Reisende per Handyanruf über Verspätung oder Streichung ihres Fluges benachrichtigt werden. Das geschieht automatisch – eine Computerstimme teilt die Veränderungen mit und schlägt Alternativen vor. Der Benachrichtigte kann dann durch Drücken der entsprechenden Tasten auf dem Mobiltelefon die Vorschläge annehmen, verwerfen oder direkt mit einem Agenten der Fluggesellschaft sprechen.

Für die Mobiltelefongesellschaften eröffnet sich mit den drahtlosen Internet-Diensten nicht nur ein interessantes neues Umsatzpotential, sie sind mit ihrem direkten Zugang zum Verbraucher auch an einer lukrativen Schaltstelle des Internet-Handels positioniert. Eifrig haben insbesondere die Deutsche Telekom und der Mannesmann-Konzern ihre Mobilfunkbeteiligungen im Ausland erweitert. Wegen der Höhe der Kaufsummen hat es Kritik gehagelt. Zu Unrecht – wenn man einkalkuliert, dass man als Mobilfunkanbieter auf alle Fälle Platz in der limitierten Aufmerksamkeit der Kunden hat und das Potential für drahtlose Internet-Dienste betrachtet. Ein Markt mit einer im Gegensatz zum drahtgebundenen Internet hohen Eintrittshürde – Mobilfunkfrequenzen sind ein knappes Gut. Die sechs Milliarden Mark Investitionen in den Wert der deutschen Mobilfunkkunden sind gut angelegt.

2.1.3 Integriertes Customer-Relationship-Management am Beispiel der DaimlerChrysler AG

Stephan Altrichter/Alexandra Keck, DaimlerChrysler AG

Customer-Relationship-Management als Trend in allen Branchen

Customer-Relationship-Management (CRM) ist Anfang der 90er Jahre in den USA entstanden. Was ursprünglich mit datenbankunterstützten Call-Centern angefangen hatte, wurde in den Folgejahren sukzessiv und konsequent weiterentwickelt. Die grundlegende Fragestellung war dabei: „Was kann man noch an zusätzlicher Dienstleistung bieten auf der Basis dessen, was man bereits über den einzelnen Kunden weiß?"

Der größte Bedarf an derartigen Überlegungen ging von Branchen aus, die aufgrund ihrer Geschäftstätigkeit bereits beste Informationen über Kunden und deren Profil besaß, also beispielsweise Banken und Telekommunikationsanbieter.

Inzwischen ist CRM, in unterschiedlichen Ausprägungen, ein „Buzzword" in nahezu allen Branchen geworden: vom schnelllebigen bis zum langlebigen Konsumgut, von der Jeans bis hin zum Automobil. Eines haben jedoch alle Ansätze gemeinsam: Technologie macht es möglich, Eins-zu-Eins Marketing, wie es früher im „Tante Emma"-Laden gelebt wurde, auf breiter Basis zu realisieren und die Kundenbeziehung mit der Marke zu intensivieren, um eine höhere Loyalität und Kundenzufriedenheit zu erzielen.

Was in den USA bereits in sämtlichen Entwicklungsstufen vorhanden ist und aus Kundensicht erlebt werden kann, steht in Europa in weiten Teilen noch am Anfang und ist in Asien nur schwer zu finden. Der konsequente Ansatz trägt der zunehmenden Globalisierung Rechnung und ist nicht auf einzelne Regionen begrenzt. Das gleiche gilt für den Kontaktkanal. Ob „Above-the-Line"- oder „Below-the-Line"-Kommunikation, ob Call-Center, Internet oder Händler, alle Informations- und Kontaktkanäle müssen aufeinander abgestimmt sein. Sie müssen dem Kunden gegenüber ein Sprachrohr bilden entsprechend dem Grundsatz „One Voice to the Customer"!

Rahmenbedingungen der Automobilindustrie in Europa

a. Gesellschaft und Politik: Wie in den meisten Regionen der Welt verändert sich auch in Europa das gesellschaftliche und politische Umfeld rapide. Es wäre vermessen, dieses Kapitel in einem Paragraphen abzuhandeln, weshalb hier nur auf die am wichtigsten erscheinenden Einflussfaktoren der vergangenen Jahre und der absehbaren Zukunft eingegangen wird.

Zwei Ereignisse des letzten Jahrzehnts nehmen dabei einen besonderen Stellenwert ein: Die Öffnung des Europäischen Binnenmarktes und der Fall der Berliner Mauer. Beide hatten in den vergangenen Jahren starken Einfluss auf die politischen Machtstrukturen in Europa, das soziale Gefüge, die europäische Wirtschaftskraft und damit auf das Verhalten jedes Einzelnen. Der Wettbewerb hat sich auf allen Ebenen intensiviert.

Verstärkt wird diese Entwicklung zukünftig durch die Europäische Währungsunion und den angekündigten Fall der Gruppenfreistellungsverordnung. Transparenz und leichte Vergleichbarkeit von Produkten und Preisen machen es heute jedem Kunden möglich, sich gut informiert auf dem Angebotsmarkt zu bewegen. Dies stellt eine Herausforderung für jeden Anbieter von Konsumgütern in Europa dar.

b. Kundenbedürfnisse: Wie unter a. angesprochen reagieren Kunden auf sich verändernde politische und gesellschaftliche Rahmenbedingungen. Konkret sind zwei Trends zu beobachten:

▲ steigende Mobilitätskosten im Verhältnis zum Nettoeinkommen,

▲ eine zunehmende Polarisierung der Einkommensverteilung.

Die Folgen sind höhere Differenzierung und Atomisierung der Kundensegmente, was auf einem vielfältigeren Mobilitätsbedarf beruht (z. B. Kilometer-Leasing, Fahrzeugpool-Management etc.). Der eigentlichen Kaufentscheidung fällt eine größere Bedeutung zu, was sich wesentlich auf die einzelnen Haushaltskassen auswirkt. Dabei geht der Bedarf weit über das eigentliche Produkt „Fahrzeug" hinaus. Der Kunde sucht heute ein Paket, das aus Fahrzeug, Dienstleistungen und vor allem „angenehmem Erlebnis" besteht.

Das wiederum heißt für die Automobilhersteller, dass Prozesse entwickelt und etabliert werden müssen, um dem Kunden in allen Phasen der Beziehung mit der Marke nicht nur relevante Produkte und Dienstleistungen anzubieten, sondern diese in möglichst unverwechselbarer und faszinierender Form individuell erlebbar zu machen.

Kundenzufriedenheit kann in diesem Zusammenhang allerdings nicht als Maß aller Dinge gelten. Beobachtungen zeigen, dass ein Großteil der Kunden, die die Marke wechseln, kurz zuvor noch zufrieden oder sogar hoch zufrieden mit ihrer bisherigen Situation waren. Dies sind deutliche Anzeichen dafür, dass die Schlussfolgerung, zufriedene Kunden seien gleichzeitig loyale Kunden, nicht gezogen werden kann.

Von besonderer Bedeutung ist es daher auch, die Gründe für einen Markenwechsel von angeblich zufriedenen Kunden herauszufinden und zu analysieren. Dieser neue Blickwinkel wird zukünftig in der Beziehung zwischen Kunden und Marke eine größere Rolle spielen und sollte im CRM-Ansatz berücksichtigt werden.

c. Kommunikation: Die Verbreitung von 50 Millionen Radios hat rund 35 Jahre gedauert. Die Ausbreitung von 50 Millionen Fernsehgeräten bedurfte weniger als die Hälfte dieser Zeit und die von 50 Millionen Internetanschlüssen sogar weniger als drei Jahre. Technologiezyklen werden immer kürzer, und die Verbreitung neuer Technologien verläuft immer schneller.

Technologie als „Enabler" von Kommunikation: Was früher noch durch Telegramme und Briefe übermittelt wurde, ersetzten Telex und Telefax. Von Telex ist heute nicht mehr die Rede, und zunehmend wird auch das Telefax durch E-Mail verdrängt. Das Fernsehen trägt dieser Entwicklung ebenfalls Rechnung: Zu Beginn schwarzweiß, dann farbig, heute TV-Text und bald schon interaktiv für jedermann. Web-TV und Breitbandkommunikation sind interaktive Kommunikationskanäle, mit denen ein Ende der Entwicklung noch lange nicht erreicht ist.

Die Reihe der Beispiele ließe sich beliebig fortsetzen, und alle haben eine Gemeinsamkeit: Je besser die Technologie ist, desto schneller fließt Information und desto vergleichbarer werden Produkte und Prozesse.

Hinzu kommt, dass sich der Verkaufsprozess immer komplexer gestaltet. Kunden haben unterschiedlichste Bedürfnisse in den einzelnen Kaufphasen, welche über die verschiedensten Kommunikationskanäle befriedigt werden müssen. Dabei ist es möglich, dass der Kunde seine automobilen Informationswünsche durch eine Kombination der verschiedenen Kanäle erfüllt, beispielsweise erfolgt Schritt 1 über einen Dialogmarketing-Kontakt, Schritt 2 im Internet, Schritt 3 durch einen Anruf im Kundenkontaktzentrum und Schritt 4 beim Händler. Ebenso ist aber auch jede andere Kombination der Kommunikationskanäle denkbar. Der Kunde bestimmt und sucht sich das Medium aus, das ihm im jeweiligen Moment angenehm ist.

Für Fahrzeuganbieter bedeutet dies zum einen, dass es global und regional integrierte Kommunikationsstrategien geben muss, die alle diese Kanäle vereinen und einen konsistenten Auftritt gegenüber dem Kunden gewährleisten. Die Vergleichbarkeit von Produkten, Preisen und Dienstleistungsangeboten machen es unabdingbar, dass die Marketingstrategie und hier ganz besonders die Kommunikation überregional, je nach Unternehmensituation auch global, abgestimmt ist.

Zum anderen heißt dies aber auch, dass die Lücke zwischen Massenkommunikation und der persönlichen Beziehung zum Händler geschlossen werden kann. Technologie ermöglicht es heute, trotz der großen Menge von Kunden mit jedem eine Eins-zu-Eins-Beziehung aufzubauen. Somit ist es wieder möglich, einen interaktiven Dialog zu führen. Dieser Umstand wurde vor vielen Jahren bei „Tante Emma" als normal empfunden, ging durch Massenmarketing zum großen Teil verloren und wird heute wieder neu entdeckt.

d. Vertrieb: Der traditionelle Vertrieb vom Hersteller zum Importeur bzw. zum Händler wird durch mehrere Umstände beeinflusst. Zum einen wird die Beziehung durch rechtliche Rahmenbedingungen verändert, wie zum Beispiel dem bevorstehenden Abbau der Gruppenfreistellungsverordnung (GVO). Zum anderen ist ein Trend zur Trennung von Verkauf und Servicelokalitäten erkennbar wie auch zum Angebot von automobilen Dienstleistungen durch Dritte. So kann heute ein Kundendienst von einem nicht autorisierten Service-Händler oder ein Finanzierungs- oder Leasingvertrag von einem Fahrzeughändler angeboten werden. Allgemein gesprochen etablieren sich größere Unternehmensverbunde, die sich auf das markenübergreifende Angebot von Dienstleistungen oder Produkten spezialisieren.

Der traditionelle Vertrieb stellt sich darauf ein, dass die Verbindung Händler – Hersteller enger zusammenrückt und dass Händler versuchen, mehrere Marken unter einem Dach zu verkaufen. Entscheidend wird sein, wie profitabel Hersteller und Händler sich gemeinsam aufstellen können, um den Kundenerwartungen auch in der Zukunft gerecht zu werden und ob die GVO in 2002 erneuert wird oder nicht.

Der Kunde wird derjenige sein, der von dieser Veränderung profitieren wird. Denn durch zunehmend härteren Wettbewerb werden sich Dienstleistungen und deren Preis-Leistungs-Verhältnis verbessern. Ein integrierter CRM-Ansatz kann dabei helfen, den Kunden an die Gemeinschaft Hersteller/Händler zu binden, indem neben der rationellen Beziehung die emotionale, zwischenmenschliche Beziehung hergestellt bzw. verstärkt wird.

Integriertes Customer-Relationship-Management für die Marke Mercedes-Benz in Europa

Wie im Abschnitt „Rahmenbedingungen der Automobilindustrie in Europa" auf Seite 61 erläutert, verändern sich diese Rahmenbedingungen rapide, während die Differenzierungsmöglichkeiten über technische Produkteigenschaften abnehmen. Demzufolge stehen die Vertriebsorganisationen unter enormen Wettbewerbsdruck. Gleichzeitig ist der Vertrieb für den Unternehmenserfolg entscheidender denn je.

Vor diesem Hintergrund hat DaimlerChrysler eine neue Kernkompetenz aufgebaut, um die Marke Mercedes-Benz von seinen Wettbewerbern weiter zu differenzieren: Das Managen der Beziehungen zu seinen Kunden – kurz: Customer-Relationship-Management (CRM).

a. Definition : Customer-Relationship-Management heißt, eine intensive und individuelle Beziehung zu Interessenten und Kunden aufzubauen und diese entsprechend ihrer Bedürfnisse in jeder Phase des Beziehungskreislaufes vom Moment der Meinungsbildung bis hin zur Ersatzbeschaffung individuell zu betreuen.

Voraussetzung für eine erfolgreiche Ausgestaltung von CRM für die Marke Mercedes-Benz ist es, die einzelnen Phasen des Beziehungskreislaufes sowie die relevanten Entscheidungsmomente frühzeitig zu identifizieren und die eigenen Instrumente, Prozesse und Fähigkeiten logistisch und kommunikativ darauf auszurichten.

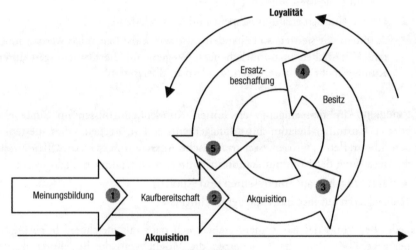

Abb. 15:   Die einzelnen Phasen des Beziehungskreislaufes

Vorrangige Ziele des Customer-Relationship-Managements sind die Neukundengewinnung sowie die Förderung der Kundenbindung und der Kundenzufriedenheit. Um die Erwartungen von Kunden und Interessenten jederzeit zu erfüllen, im besten Fall zu übertreffen, ist es erforderlich, dass individuelle Kundenbedürfnisse und -wünsche zunächst identifiziert und verstanden werden, um dann alle unternehmerischen Aktivitäten konsequent und kompromisslos darauf auszurichten.

Durch die Zusammenarbeit auf allen Vertriebsebenen wird ein einheitlicher Markenauftritt gegenüber dem Konsumenten gewährleistet, was sich positiv auf das Markenimage und letzlich auf die Sicherung der Umsatz- und Absatzziele auswirkt.

Die Umsetzung des integrierten Customer-Relationship-Managements für die Marke Mercedes-Benz baut auf folgenden Prinzipien auf:

▲ Wir behandeln unsere Kunden als Individuen,

... indem wir ihnen zuhören, sie besser kennen und verstehen lernen. Wir lassen sie jederzeit selbst entscheiden, was sie über Mercedes-Benz wissen wollen. Beispiel: Über den Erhalt bestimmter Mailings entscheidet der Kunde selbst. Er definiert, ob er weitere Informationen über neue Ausstattungsmerkmale oder technische Innovationen bekommen möchte.

▲ Wir machen unsere Kunden zu Insidern,

... die besser und schneller informiert werden als die Öffentlichkeit. Beispiel: Bevor ein neues Produkt offiziell am Markt eingeführt wird, zeigen wir unseren Kunden bereits Produktfotos und informieren sie über die Produkteigenschaften. Oder ist ein Kunde passionierter Motorsport-Fan, erhält er von uns automatisch – früher als die breite Öffentlichkeit – Insider-Informationen zum nächsten Formel-1-Rennen.

▲ Unsere Kunden erfahren Respekt und Wertschätzung,

... indem wir sie stets so behandeln, wie wir selbst behandelt werden möchten. Wir suchen unaufhörlich nach Wegen, um die Erwartungen unserer Kunden nicht nur zu erfüllen, sondern zu übertreffen.

b. Strategien : Um den eingangs erwähnten Kundenbedürfnissen im Sinne eines integrierten Customer-Relationship-Managements zu entsprechen – diese bestenfalls sogar zu übertreffen –, werden zwei strategische Ansätze unterschieden. Beide zielen auf die Gestaltung der Kommunikation in Form eines interaktiven Dialoges ab:

▲ aktiv zugehen auf Interessenten und Kunden,

▲ reagieren auf ihre individuellen Bedürfnisse.

Mercedes-Benz und der Konsument stehen sich dabei als gleichberechtige Dialogpartner gegenüber. Beide haben jederzeit die Möglichkeit, die Beziehung aktiv zu gestalten.

Grundsätzlich sollen dabei Mercedes-Benz-Kunden und -Interessenten sowohl die Marke als auch das Unternehmen immer und überall einheitlich und positiv erleben.

Mercedes-Benz als aktiver Dialogpartner: Mercedes-Benz baut gezielt einen individualisierten und kontinuierlichen Dialog auf, der den Bedürfnissen von Kunden und Interessenten entspricht. Dabei werden ihnen relevante Produkt- und Dienstleistungen angeboten und diese in Form von Lebensstil- und Leistungserlebnissen vermittelt:

In der Phase der Meinungsbildung „erlebt" der Interessent die „Welt der Marke Mercedes-Benz". Die Markenwerte stehen im Vordergrund, und der Ansprechpartner erhält Informationen, die seinem vorher identifizierten Anforderungsprofil und seinen Interessen entsprechen.

Damit es in der wichtigen Phase der Kontaktaufnahme nicht zu Streuverlusten kommt, werden die im Vorfeld extern zugekauften Adressen vorqualifiziert, mit bestehenden Datenbeständen abgeglichen und erneut durch ein aufwendiges Qualifizierungsprogramm aufgearbeitet.

CRM wirkt also frühzeitig auf die Meinungsbildung ein und führt Interessenten konsequent an die Marke Mercedes-Benz heran. Am erfolgreichen Ende des maßgeschneiderten Akquisitionsdialoges steht die Kaufbereitschaft des Interessenten.

Dabei ist gewährleistet, dass nur die Interessenten dabei sind, die eindeutig Interesse an der Fortführung des Dialoges mit Mercedes-Benz bekundet und erste Informationen erhalten haben.

Der Kauf wird durch den CRM-Dialog dahingehend unterstützt, dass CRM das Verkaufsgespräch mit vorbereitet. Dadurch entstehen zusätzliche Chancen, um den Interessenten für die Marke Mercedes-Benz zu gewinnen, die es zu nutzen gilt. Das Verkaufsgespräch sowie der Abschluss werden weiterhin im Rahmen der persönlichen Kundenbetreuung vom Vertriebspartner vor Ort durchgeführt.

Während der Besitzphase wird der Loyalitätsdialog mit dem Kunden durch das Mercedes-Magazin, Marken- und Dienstleistungsangebote, Serviceaktionen, Betreuung bei Wartung und Zubehörkauf etc. sowie Produktinformationen fortgesetzt, die speziell auf die Wünsche der Kunden ausgerichtet sind.

Der Kunde wird in der Phase der Ersatzbeschaffung wieder gezielt mit Informationen versorgt, die seinem Anforderungsprofil entsprechen. So wird gesichert, dass der Kunde nur die Informationen erhält, die auch wirklich wertvoll für ihn sind.

Mercedes-Benz als Ansprechpartner für individuelle Kundenbedürfnisse: Als Ergänzung zur persönlichen Kontaktmöglichkeit mit dem Vertriebspartner wurde das Customer-Assistance-Center (CAC) für Kunden und Interessenten eingerichtet. Ganz gleich, welches Anliegen ein Kunde oder Interessent hat, ob Pannenfall, Anfrage oder Reklamation: Im CAC stehen 365 Tage im Jahr rund um die Uhr Ansprechpartner von Mercedes-Benz in zwölf westeuropäischen Sprachen zur Verfügung. Als Kommunikationskanäle können Telefon, Fax, Brief, E-Mail oder Internet genutzt werden. Das CAC ist also kein Call-Center – es ist ein multimediales Kundenkontaktzentrum.

Das CAC wurde im Oktober 1998 eröffnet und steht sukzessive den Anrufern aus nahezu allen westeuropäischen Ländern unter einer einheitlichen kostenlosen Telefonnummer (+800 17 777 777) zur Verfügung.

Fünfhundert mehrsprachig ausgebildete Mitarbeiterinnen und Mitarbeiter, die nicht nur fachlich, sondern auch in puncto Kundenorientierung und Service intensiv geschult werden, gewährleisten eine optimale Kundenbetreuung. In vielen Fällen werden die CAC-Mitarbeiter persönlich helfen können. Wenn nicht, koordinieren sie schnellstmöglich die benötigten Hilfeleistungen. Neben technischer Pannenhilfe und der Benachrichtigung des nächstgelegenen Mercedes-Benz-Vertriebspartners gilt es als oberstes Gebot, dem Kunden zuzuhören, seine wirklichen Bedürfnisse zu identifizieren, darauf einzugehen und seine Erwartungen im Idealfall zu übertreffen.

Ein Beispiel: Die Mutter einer sechsjährigen Tochter ist unterwegs zur Schule um die Kleine abzuholen. Unterwegs ereilt sie eine Panne an ihrem Fahrzeug, die sie am Weiterfahren hindert. Unterdessen steht die Tochter am Straßenrand vor der Schule und wartet auf ihre Mutter. Diese ruft sofort im CAC an, schildert ihrem Gesprächspartner – hörbar aufgeregt – die Sachlage. Die erste und wichtigste Frage des CAC-Mitarbeiters lautet:

„Wie heißt die Schule, die Ihre Tochter besucht?"

Diese Beispiel zeigt, dass die Bedürfnisse der Kundin für die CAC-Mitarbeiter im Mittelpunkt stehen. Dass die Tochter alleine am Straßenrand wartet, ist das eigentliche Problem der Frau in diesem Moment, nicht die Panne. Und um das wirkliche Problem der Kundin kümmern sich die CAC-Mitarbeiter zuerst.

Technologie als „Enabler" : Für ein erfolgreiches Customer-Relationship-Management sind umfassende und korrekte Daten notwendig. Die zahlreichen wertvollen Informationen über Wünsche und Interessen von Konsumenten, die im Lauf des Dialoges gewonnen werden, müssen in einer strukturierten Datenbank erfasst, verarbeitet und zwischen den CRM-Beteiligten ausgetauscht werden. Je mehr Daimler-Chrysler über seine Interessenten und bestehenden Kunden weiß, desto besser können Produkte und Dienstleistungen entwickelt werden, die Mercedes-Benz-Kunden zufriedenstellen, was wiederum zu erhöhter Loyalität und letztlich Profitabilität führt.

Die in der Kundendatenbank enthaltenen Informationen stehen der Vertriebsorganisation auf nationaler Ebene zur Verfügung und stellen das Datenzentrum dar, mit dem die Kunden- und Interessentenbetreuung erheblich verbessert werden kann. Die Bearbeitung von Anfragen, Reklamationen und Pannenfällen im Customer Assistance Center ist somit äußerst kundenorientiert und zügig möglich. Durch die Integration von aufwendigen Auswahlmechanismen, Kampagnenmanagement, Kontakthistorie und Rücklaufverfolgung im Laufe von Marketingkampagnen kann zudem eine gezielte Segmentierung und Analyse von Kunden- und Interessentengruppen sowie eine effiziente Durchführung dieser Kampagnen erfolgen.

Die technologische Infrastruktur, deren Integration in die Geschäftsprozesse und die Aktualität der enthaltenen Informationen sind wesentliche Faktoren für ein erfolgreiches Customer-Relationship-Management für die Marke Mercedes-Benz.

Einbindung der Vertriebsorganisation: Die frühzeitige, einvernehmliche Einbindung der gesamten westeuropäischen Vertriebsorganisation ermöglicht erst den Erfolg von CRM als Ganzem. Nach wie vor ist und bleibt der Vertriebspartner der Ort, an dem der tatsächliche und persönliche Kundenkontakt, das Verkaufsgespräch und der Kauf stattfinden. CRM unterstützt die Vertriebspartner darin, neue Kunden zu gewinnen und bestehende Kundenbeziehungen zu intensivieren: Erhebliche Zeitaufwände, die gerade kleinere Vertriebsstützpunkte für Recherche und Datenpflege aufwenden mussten, verringern sich. Der Partner kann sich verstärkt auf den Aufbau und die Pflege persönlicher Kundenbeziehungen konzentrieren.

Im Laufe des Dialogs zwischen Zentrale, Customer Assistance Center und Kaufinter-essenten werden die Vertriebspartner ständig mit den neu gewonnenen Daten versorgt. Bevor eine Kaufentscheidung endgültig fällt, werden sie an den Vertriebspart-ner zur persönlichen Betreuung übergeben. Der bereits begonnene Dialog kann nun von einer „One-voice-to-the-Customer"- zur „One-face-to-the-Customer"-Philoso-phie fortgesetzt werden.

Erfolgsfaktoren für die Umsetzung : Wie eingangs erläutert, kann sich ein moderner Automobilhersteller zukünftig nicht mehr ausschließlich über die Produkttechnik und -vielfalt differenzieren. Obigen Ausführungen liegt die Annahme zugrunde, dass DaimlerChrylser die vielfältigen Herausforderungen der Automobilindustrie nur durch die Umsetzung eines integrierten Customer-Relationship-Management-Ansat-zes bewältigen kann. Die bisher vorliegenden Ergebnisse der DaimlerChrysler AG bestätigen diese Annahme. Es hat sich gezeigt, dass eine klare CRM-Vision und -Strategie sowie die Integration aller oben angeführten Elemente dabei wesentliche Faktoren für den Erfolg von Customer-Relationship-Management darstellen.

Für die Zukunft gilt es, die CRM-Philosophie auf weitere Produkte und Märkte aus-zuweiten sowie neue Dienstleistungen und Technologien zu integrieren. Auf dieser Basis ist es möglich, eine individuelle Beziehung zum Interessenten und Kunden auf-zubauen, die ihn lebenslang an die Marke Mercedes-Benz bindet und für das Unter-nehmen schließlich zu einem nachhaltigen Wettbewerbsvorteil führt.

2.2 Kundenorientierte Produkte und Services

2.2.1 Kundenorientierte Kernleistung

Holger Essig/Michael Eidel, NETWORK Management Consulting

Einleitung

Stellen Sie sich vor, Ihr Mobiltelefon zeichnet sich durch häufige Gesprächsabbrüche und schlechte Verbindungsqualität aus. Oder manchmal wäre sogar die Leitung überlastet, und Ihr Telefon teilt Ihnen mit: „Bitte versuchen Sie es später noch einmal". Würden Sie ernsthaft die Nutzung von Mobile-Internet-Services bei diesem Provider in Betracht ziehen? Oder stellen Sie sich vor, Sie sind auf die Bahn als tägliches Transportmittel zur Arbeit angewiesen, und sie kommt häufig zu spät. Und wenn sie pünktlich kommt, ärgern Sie sich, dass die Abteile überfüllt sind. Werden für Sie diese Mängel dadurch aufgehoben, dass Sie im ICE jetzt auch das Handy nutzen können?

Die Erbringung der kundenorientierten Kernleistung ist die Basis für jede Kundenbeziehung. Kernleistungsfähigkeit ist Daseinsberechtigung jedes Anbieters. Ist das Produkterlebnis aus Kundensicht unbefriedigend oder geht eine Dienstleistung an den Kundenbedürfnissen vorbei, so sollte der Anbieter zunächst auf die Optimierung der Kernleistung fokussieren. Erst dann ist es sinnvoll, verstärkt in Kundenbindungsmaßnahmen zu investieren oder Cross-Selling-Potentiale zu eröffnen.

Die ständige Aktualität und Attraktivität des Leistungsangebotes und, insbesondere in Dienstleistungsmärkten, die Steuerung des Leistungserstellungsprozesses werden damit zu Schlüsselerfolgsfaktoren. Sie bilden die Basis für Kundenbindung und gezielte Leistungsausweitung. Immer mit Blick auf die Bedürfnisse der relevanten Zielgruppensegmente müssen die Produkt- und Dienstegestaltung kontinuierlich aktualisiert, Preise und Konditionen optimiert und der Leistungserstellungsprozess gesteuert werden. Gespeist werden diese Prozess-Schritte aus einem Innovationsmanagement, das systematisch aus Kundenpräferenzen lernt sowie strukturiert Ideen generiert und auf Kundenbedürfnisse hin überprüft.

In Massenmärkten ist Time-to-Market meist entscheidend für einen Wettbewerbsvorsprung und die frühzeitige Bindung der Zielgruppen. So war die Einführung des Funkrufdienstes Scall in Zusammenarbeit von T-Mobil und NETWORK im Dezember 1994, ein halbes Jahr vor dem Wettbewerb, erfolgsentscheidend für die Marktführerschaft. Die Deutsche Lufthansa beispielsweise generiert alle zwei Wochen einen optimierten Flugplan, der an den aktuellen Nutzungszahlen ausgerichtet ist.

Die Erbringung der kundenorientierten Kernleistung umfasst im CLV-M folgende Hauptprozesse, die eingebettet in ein integriertes Gesamtsystem von Neukundengewinnung bis hin zum Controlling eine zentrale Position einnehmen und die ständige Aktualität und Attraktivität des Leistungsangebotes sicherstellen:

▲ Innovationsmanagement,

▲ Produkt-/Dienstegestaltung,

▲ Preis-/Konditionenoptimierung,

▲ Prozess-Steuerung.

Innovationsmanagement

Die Basis für Kundenbindung wird bereits im Innovationsmanagement gelegt. Das Verständnis dieses Begriffes hat sich in den letzten Jahren dramatisch gewandelt. Traditionell wird, insbesondere im produzierenden Gewerbe, unter einer Innovation ein neues Produkt oder eine neue Serie verstanden, durch die ein bestehendes Angebot substituiert oder auf eine höhere Qualitäts-/Funktionalitätsstufe gehoben wird. Die Innovationszyklen sind in unterschiedlichen Branchen unterschiedlich lang, liegen jedoch oftmals bei einigen Jahren.

Verschiedene Innovationstreiber haben zuletzt vor allem Dienstleistungsmärkte revolutioniert. Die Deregulierung und Liberalisierung verändert das Selbstverständnis und die Branchenstruktur von Telekommunikation oder Energie. Technische Entwicklungen verschmelzen die Märkte von Information und Kommunikation. Das Internet schafft vollständig transparente Märkte und definiert Kundenbeziehungen neu. Neue Crossmedia-Plattformen wie beispielsweise die Einführung von WAP*-Mobiltelefonen, Screenphones oder Enhanced TV** machen Internetapplikationen und -transaktionen nahezu überall einsetzbar. Die Transaktions- und Reaktionszeiten auf Kundenwünsche sinken bei internetbasierten Leistungen in den Bereich von Minuten.

Time-to-Market und Leistungsindividualisierung werden zu den entscheidenden Erfolgsfaktoren: Gegenüber der Konkurrenz schaffen sie „first-mover advantages" und bauen Markteintrittsbarrieren auf. Aus der kundenbezogenen Perspektive führen Zeitvorteile im Zusammenhang mit der Qualität von Produkten oder Dienstleistungen zu einer erhöhten Bereitschaft der Kunden, sich langfristig an einen Anbieter zu binden. So können insbesondere attraktive Zielgruppen wie „early adopter" oder „Innovatoren" frühzeitig gebunden und als Multiplikatoren genutzt werden.

---

*   Wireless Application Protocol.

**   Internet-Zugang via TV.

Um in den dynamischen Dienstleistungsmärkten erfolgreich zu sein und Kundenbedürfnisse schnell aufzugreifen und zu befriedigen, ist ein systematisches und struk-
turiertes Innovationsmanagement lebensnotwendig. Das NETWORK-Innovations-
management-Tool synchronisiert die beiden erfolgsentscheidenden Treiber: Markt-
und Technologieentwicklung.

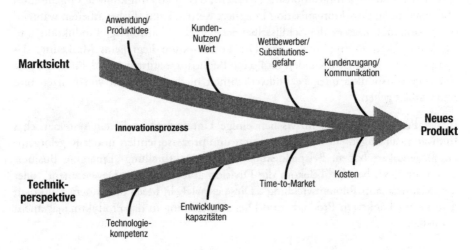

Abb. 16: *Schematische Darstellung NETWORK-Innovationsmanagement-Tools – Synchronisation von*
Marktsicht und Technikperspektive

Der erste Schritt im Innovationsprozess führt zur Erkennung der Chancen, die sich
verändernde Märkte, Technologien und Konsumgewohnheiten in sich bergen. Konti-
nuierliches Trend-Screening oder Consumer-Panels helfen, den notwendigen Überblick über externe Marktthemen zu gewinnen. Intern verfügbare Innovationspotentiale
werden aus F&E-Projekten sowie über Kreativitätstechniken und Qualitätszirkel aus-
geschöpft. Das Ergebnis ist zunächst ein bunter Strauß an neuen Ideen. Diese Ansatzpunkte für neue Geschäftsfelder, Produktvarianten oder Serviceinnovationen werden
im zweiten Schritt mit standardisierten Tools hinsichtlich Kundennutzen/-potential
und erforderlicher Entwicklungskapazitäten bewertet und erstmals priorisiert. Auf dieser Basis wird dann entschieden, eine Idee weiterzuverfolgen oder ad acta zu legen.

Im dritten und vierten Schritt wird dann ein konkreter Business-Plan erarbeitet. Im
einzelnen müssen insbesondere Nutzen- und Wertanalysen konkretisiert, Wett-
bewerbsszenarien entwickelt, technische Spezifikation ausgearbeitet und ein Einfüh-
rungs-Roadmap erstellt werden. Die Einführungsentscheidung kann dann von der
Geschäftsführung bzw. dem Vorstand auf qualifizierter Basis getroffen werden.

Klassisch ist in der Produktionsgüterindustrie die Forschungsabteilung für die Forschung und Entwicklung neuer Produkte und die Marketingabteilung für die

Vermarktung zuständig. In den Unternehmen manifestiert sich diese Arbeitsteilung in einer organisatorischen Trennung in Funktionsbereiche. Die Forscher und Entwickler produzieren in ihren Labors und Werkstätten Ideen am Fließband, jedoch zu viele ohne Aussicht auf Markterfolg, weil das Verständnis für den Kunden fehlt. Häufige Folgeerscheinung ist Overengineering statt Kundenorientierung. Abhilfe schafft ein modernes Innovationsmanagement, das in eine funktionale Organisation über eine starke Projektorganisation integriert werden kann. Dabei arbeiten während des gesamten Prozesses die Schlüsselbereiche F&E, Controlling, Produktion und Marketing/Vertrieb eng zusammen. Die Leadfunktion liegt beim Marketing, das quasi als Anwalt für den Kunden und seine Bedürfnisse auftritt und dafür sorgt, dass Kostengesichtspunkte oder Technikverliebtheit nicht auf Kosten von Nutzen und Nutzbarkeit gehen.

In der Praxis finden sich inzwischen einige Unternehmen, die ein systematisches Innovationsmanagement institutionalisiert und prozessorientiert in der Regelorganisation verankert haben. Beispiele sind die Siemens-Abteilung „Emerging Business Opportunities", bei der Telekom die Division „New Business Development" oder die „Mannesmann-Pilotentwicklung". Diese entwickeln Ideen bis zu dem Punkt, an dem sie zur konkreten Produkt- und Dienstegestaltung in das Produktmanagement einfließen.

Produkt- und Dienstegestaltung

Bezugspunkt für das Kaufversprechen und damit Zielgröße jeder Bewährung eines Anbieters gegenüber seinen Kunden ist seine Kernleistung. Grundsätzlich muss die originäre Leistung eines Anbieters den Kundenerwartungen entsprechen – im Nutzen wie in der Nutzung. Zudem muss sich ein Anbieter, will er nicht einer unter vielen mit vergleichbarem Angebot sein („me too"), vom Wettbewerb faktisch (USP*) oder emotional (UAP**) differenzieren.

Der entscheidende Erfolgsfaktor und die große Herausforderung liegen für den Anbieter darin, die Erwartungen des Kunden dauerhaft zu erfüllen. Allerdings ist die Erwartungshaltung eines Kunden eine sehr facettenreiche Größe, in der Funktionalität, Preis, Qualität, Service und Image eng miteinander verwoben sind. Nur wenn es gelingt, auf Dauer nicht nur das funktionale, sondern auch das emotionale Kaufversprechen zu erfüllen, kann der Anbieter einen einmaligen Kundenkontakt zu einer langdauernden Kundenbeziehung wandeln: denn nur ein begeisterter Kunde nimmt die Leistung eines Anbieters immer wieder in Anspruch.

---

*   unique selling proposition.

**   unique advertising proposition.

Die Erfüllung der Kernleistung ist eine notwendige, nicht jedoch eine hinreichende Bedingung für Kundenbindung.[1] Die Kohäsionskraft zwischen Kunden und Unternehmen steigt, wenn zu der Erfüllung des Grundnutzens ein Zusatznutzen geschaffen wird. Beispiel Energie: Das Versprechen, dass die Lichter angehen, wenn man den Schalter umlegt, erfüllen alle Anbieter im kürzlich liberalisierten Energiemarkt. Wer jedoch den Preiskampf vermeiden will, muss sich dem Preislegitimationskampf stellen. Nur so kann verhindert werden, dass attraktive Kundensegmente zum Wettbewerb abwandern, bzw. nur so können neue Kundensegmente erschlossen werden. Die Erfahrung aus dem Telekommunikationsmarkt zeigt: Die attraktivsten Kundensegmente wechseln zuerst.

Eine rein faktische Differenzierung ist im Energiemarkt insbesondere im Privatkundengeschäft nur eingeschränkt möglich. So lässt sich zwar beispielsweise die Art der Stromgewinnung zur faktischen Differenzierung nutzen: Strom aus regenerativen Energiequellen wird als „grüner Strom" positioniert oder Zusatzleistungen wie Voice-over-Powerline* werden angeboten – das Marktpotential und die Uniqueness dieser Angebote sind jedoch begrenzt. Die emotionale Bindung an eine Marke bekommt im aktuellen Verdrängungswettbewerb eine besondere Bedeutung. Markenkommunikation schafft einen Vertrauensanker und Orientierungspunkt und führt zu emotionaler Differenzierung. Die emotionale Markenpositionierung sollte jedoch von den EVU** glaubwürdig mit Leistung hinterlegt werden. Wie der Erfolg regionaler TK-Anbieter wie Netcologne oder ISIS zeigt, kann der „Lokalpatriotismus" von den regionalen Versorgern zum emotionalen Markenaufbau genutzt und parallel mit konkreten Leistungen für die Region, z.B. Sicherung von Arbeitsplätzen/Investition in der Region oder Erziehung von Kindern und Jugendlichen zu verantwortungsbewusstem Umgang mit Energie, hinterlegt werden. So entsteht Kundenbindung und Potential zum Cross-Selling komplementärer Leistungen.

Bei Geschäftskunden hingegen ist im Energiemarkt die emotionale Aufladung einer Marke zweitrangig. Die EVU bieten Ihren wertvollen Kunden, also denen, deren Bindung lohnt, beispielsweise ein umfassendes Energiemanagement: Lastmanagement, Energieberatung und -controlling werden individuell auf die Bedürfnisse z.B. von mittelständischen Unternehmen zugeschnitten. Ziel ist es, dass für den Kunden die Kosten seines Wechsels zu einem anderen Anbieter – Opportunitätskosten – höher werden als der Aufpreis, den er für die Zusatzleistung „Energiemanagement" bezahlen muss. In diesem Maße erhöht sich die Profitabilität des Kunden für den Anbieter. Er nimmt individuelle Zusatzleistungen in Anspruch, die einen Preisaufschlag rechtfertigen, und im besten Falle kann ihn der Anbieter von weiteren Leistungen überzeugen.

---

*   Telefonie über das Stromnetz.

**   Energieversorgungsunternehmen.

Im Idealfall deckt ein Anbieter die gesamte Bedürfnispyramide seiner Kunden ab: Der „expected value" des Grundnutzens einer Leistung führt zur Zufriedenheit eines Kunden. Kundenbindung durch einen Zufriedenheitssprung entsteht oftmals erst durch den „unexpected value" einer individualisierten Zusatzleistung, mit der der Kunde nicht unmittelbar rechnet. Die Spitze der Bedürfnisbefriedigung ist dann erreicht, wenn neben „expected" und „unexpected values" auch „sensational values" befriedigt werden. Sie geben dem Kunden das Gefühl, etwas Besonderes zu sein und für das Unternehmen einen hohen Stellenwert zu haben.

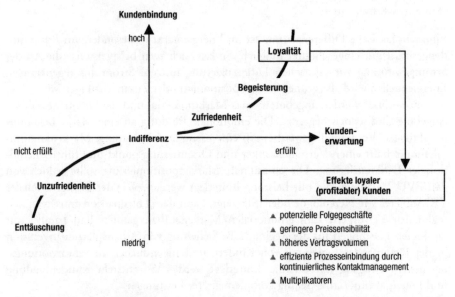

Abb. 17: Der Erfüllungsgrad der Kundenerwartung beeinflusst die Kundenbindung[2]

Preis-/Konditionenoptimierung

In den Produkt- und Dienstleistungsmärkten hat das Internet zu einer enormen Transparenz der Angebote und ihrer Preise geführt. Über die Homepage „billiger-telefonieren.de" können in Sekundenschnelle die Gebühren für Ferngespräche in allen Zeit- und Tarifzonen sämtlicher Telekommunikationsanbieter aufgerufen und verglichen werden. „Stromtarife.de" bietet dasselbe im liberalisierten Energiemarkt. Die gestiegene Macht der Abnehmer hat in beiden Branchen eine Preislawine losgetreten, die im Telefonmarkt aktuell bei einem Minutenpreis von nur noch drei Pfennigen zum Stehen gekommen ist. Internet-Provider locken ihre Kunden zum Teil schon mit Free-Internet ins Netz.

Die Anbieter spüren zum einen den massiven Verfall ihrer Margen, sehen zum anderen jedoch auch die Chance, sich durch innovative Pricing-Strategien vom Wettbewerb zu differenzieren und Kunden zu binden. Eine Möglichkeit, der hohen Markttransparenz entgegen zu wirken und die Anforderung nach Preisgünstigkeit zu erfüllen, ist die Preisverschleierung durch Bundling: Die Telekom beispielsweise wirbt in ihrem Tarifangebot „Aktiv Plus" insbesondere mit dem Ortsgesprächstarif zu Nebenzeiten von drei Pfennigen/Minute. Der Preis, den der Nutzer hierfür bezahlt, ist eine Grundgebühr von 9,90 DM im Monat. „Aktiv Plus" soll Telefonierern den Anreiz nehmen, ständig Tarife zu vergleichen und Call-by-call zu betreiben.

Ein völlig neuartiges Preiskonzept übertrug NETWORK für den Funkrufdienst Scall von T-Mobil aus den skandinavischen Märkten nach Deutschland. „Calling party pays" – nicht der Pagernutzer, dem eine Nachricht übermittelt wird, sondern der Absender kommt für die Kosten des Funkrufs auf. Das Preiskonzept und seine Durchsetzung bei der Regulierungsbehörde waren neben der emotionalen Positionierung als Lifestyle-Produkt die entscheidenden Erfolgsfaktoren zur Erschließung eines neuen Marktsegmentes.

Durch das Angebot digitalisierbarer Produkte und Dienste im Internet kann die Preisakzeptanz der Kunden hingegen äußerst seismographisch aufgenommen und behandelt werden. Das Verhältnis aus Anzahl der Klicks und Bestellung gibt direkten Aufschluss über die Preisakzeptanz. Durch sehr zeitnahe Preisänderungen kann in einem mehrfachen Trial-and-error der optimale Preis ermittelt werden.

Wie muss ein Preissystem eines Unternehmens für sein Leistungsangebot beschaffen sein, damit es zur Kundenbindung beitragen kann? Die wichtigsten Elemente sind Preisvertrauen und Preiszufriedenheit.[3]

Im Einzelhandel wird traditionell stark mit dem Anspruch des Preisvertrauens gearbeitet, um sich vom Wettbewerb abzusetzen und Kunden dauerhaft zu binden. Ein wesentlicher Bestandteil ist Preistransparenz. Sie widerspricht auf den ersten Blick der Zielsetzung eines Anbieters, beim Kunden möglichst hohe Preise durchzusetzen, um Umsatz und Gewinn zu steigern. Allerdings macht gerade der explizite Preisvergleich auf einer einheitlichen Mengenbasis an den Verkaufsregalen von Aldi aus vielen Gelegenheitskäufern Stammkunden. Auch Preissicherheit wird im Einzelhandel praktiziert: Der Hinweis darauf, dass der Preis für Lachs seit eineinhalb Jahren derselbe ist, vermittelt ein gutes und sicheres Gefühl, dass das Preisetikett auch beim nächsten Einkauf denselben Preis zeigt.

Preiszufriedenheit als weiteres Element eines kundenorientierten Pricings resultiert vor allem aus Preisgünstigkeit und Preiswürdigkeit. Der Vergleich mit dem Wettbewerbsangebot zeigt die Preisgünstigkeit einer Leistung. Da hier aufgrund enger Margen in vielen Branchen wenig Gestaltungsmöglichkeiten zur Differenzierung bestehen, müssen Rabatte etc. zielgerichtet für werthaltige Kunden eingesetzt und entsprechend „individuell" kommuniziert werden. Im Internet ist durch die totale Transparenz Preisgünstigkeit zentrale Anforderung an E-Commmerce-Angebote.

Die Preiswürdigkeit einer Leistung erfordert insbesondere bei komplexen Angeboten den Dialog mit dem Kunden. Er legt die Präferenzen des Kunden offen und ermöglicht es dem Unternehmen, ein entsprechend kundenspezifisches Leistungspaket zu schnüren. AT&T hat in seinem Telefonie-Leistungsbündel „personal network" einen Preis-Baukasten umgesetzt. Im Internet kann sich der Telefonkunde verschiedenste Servicekombinationen nach seinem individuellen Bedarf zusammenstellen. Die Gebühren für Telefongespräche liegen, unabhängig von Distanz und Zeit, bei zehn Cent pro Minute und sind damit günstig und transparent. Der Preis für das persönliche Leistungspaket addiert sich aus den Preisen für die individuellen Leistungsmodule. Der Kunde hat das Gefühl, dass er keinen Pfennig zuviel und nur für Leistungen bezahlt, die er braucht.

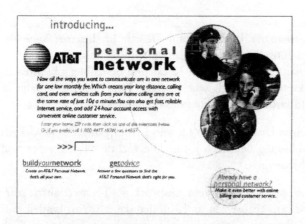

Abb. 18:   Der individuelle Preis für das „persönliche Netzwerk" von AT&T*

Auch die Deutsche Telekom setzt in der ISDN-Vermarktung bisher auf ein solches Baukastensystem. Mit dem neuen Angebot T-ISDN 300 wurden aktuell die beliebtesten ISDN-Leistungsmerkmale gebündelt, mit einem Anschluss-Grundpreis versehen und sogar mit dem Gesprächstarif AktivPlus gekoppelt. Damit sollen die Komplexität der Beratung im Handel reduziert und der Durchschnittspreis je verkauftem ISDN-Anschluss erhöht werden. Zukünftig sollen zielgruppenspezifische Leistungsbündel für den ISDN-Anschluss kreiert werden, um die Komplexität der Kaufentscheidung weiter zu reduzieren.

---

*   Vgl. www.AT&T.com.

Sowohl der Ansatz von AT&T als auch der der Deutschen Telekom sind logisch nachvollziehbar, ihr Erfolg ist jedoch abhängig vom Umfeld im jeweiligen Vertriebskanal. Im Telekommunikationsmarkt findet eine Vielzahl unterschiedlicher Preismodelle Anwendung. Beispiele sind *pay per use, flat rates,* Calling-Party-Pays, zeitabhängige Tarifierung, entfernungsabhängige Tarifierung oder Best-Price durch Least-Cost-Routing, um nur einige zu nennen. Die Preis- und Konditionengestaltung nicht nach der Preishöhe, sondern im Sinne der Art und Weise der Preisermittlung bietet enormes Potential zur Leistungsindividualisierung in Dienstleistungsmärkten. Sie erfordert die Kreativität der Anbieter sowie ein tiefes Verständnis der Kundenbedürfnisse, aber auch die Fähigkeit, differenzierende Preismodelle in den Billing- und Controllingsystemen abzubilden.

Prozess-Steuerung

Traditionell kommt in den modernen Dienstleistungsbranchen dem Prozess der Leistungserstellung eine ungleich höhere Bedeutung zu als im produzierenden Gewerbe. War beispielsweise in der Konsumgüterindustrie der Produktionsprozess von der eigentlichen Vermarktung lange Zeit weitgehend getrennt, so sind im Dienstleistungsgewerbe diese Wertschöpfungsstufen naturgemäß identisch.

Mit dem Zusammenwachsen von Technologien, Branchen und Märkten durch das Internet ist eine starke Komplexitätszunahme des Leistungserstellungsprozesses verbunden, die Produzenten und Dienstleister gleichermaßen betrifft. Mit der Komplexität steigen die Anforderungen an Organisationen und Abläufe, die eine leistungsstarke und kundenorientierte Prozess-Steuerung nicht nur erforderlich, sondern entscheidend für einen dauerhaften Markterfolg machen.

Ein großer Schritt zur Institutionalisierung der Kundenorientierung von Leistungen sind Operating Standards, die die Qualität standardisierbar, messbar und steuerbar machen. Ein klassisches Beispiel für eine Maßgröße für Servicequalität ist die Reaktionsgeschwindigkeit auf Kundenanfragen oder -beschwerden. Ein Kunde, auf dessen Beschwerde der Anbieter schnell, persönlich und kompetent geantwortet hat, ist zufriedener als ein Kunde, der in der Anonymität des Konsums geblieben ist. Zur Lösung des Kundenproblems kann der 24-Stunden-Service eines Call-Centers beitragen. Verstärkt wird dessen Wirksamkeit, wenn der Kunde seinen persönlichen Ansprechpartner hat und es gelingt, ein persönliches Verhältnis aufzubauen.

Prozesse, die auf den Kunden ausgerichtet sind, sind jedoch nicht nur unternehmensintern, sondern auch unternehmensübergreifend notwendig. Eine neue Form der Kundenorientierung ist das von Procter&Gamble initiierte Efficient-Consumer-Response (ECR). Efficient-Consumer-Response bedeutet die effiziente Reaktion auf die Kundennachfrage.* Ziel von ECR ist es, Ineffizienzen entlang der Wertschöpfungskette unter Berücksichtigung der Verbraucherbedürfnisse zu beseitigen und die Kundenzufriedenheit zu optimieren. Durch die Integration der Systeme entlang der Versorgungskette können Hersteller und Handel auf Veränderungen des Kundenverhaltens deutlich schneller reagieren und Sortimente, Warenbeschaffung und Bestandsführung, aber auch Werbung und Produkteinführung firmenübergreifend optimieren. Mit dieser Neuausrichtung des Distributionskanals lassen sich eine deutliche Steigerung des Lieferservices erzielen sowie die Kosten senken. Der administrative Aufwand wird verringert und mehr Marktnähe erreicht.**

In den USA hat Levis ein vertikales Wertschöpfungsverbundsystem zwischen Zulieferern und Abnehmern etabliert, um über eine Kommunikationskette zeitnah Kundenreaktionen berücksichtigen und darauf die Wertschöpfungskette optimieren zu können. Vom Handelspartner Sears über den Gewebelieferanten Milliken bis zum Faserproduzenten DuPont besteht ein durchgehender Informationsfluss über Abverkäufe, um die Produktion dem Kundenbedarf optimal anzupassen.

Das Internet bietet die ideale technologische Plattform, um Kunden mit Herstellern zu vernetzen und eine echte Interaktion herzustellen, in der der Kunde direkt in die Wertschöpfung eingebunden wird. Internetbasierte Systeme vereinfachen die schnelle und individuelle Reaktion auf veränderte Kundenpräferenzen und deren Befriedigung, bevor der Kunde zu einem anderen Anbieter abwandert.

Zusammenfassung

Die größte Herausforderung für Unternehmen in den modernen Produktions- und Dienstleistungsbranchen besteht in der Neuorganisation der Kundenbeziehung mit dem Ziel, einen Kunden dauerhaft an das Unternehmen zu binden und ihn über die gesamte Lebensdauer der Kundenbeziehung immer da abholen zu können, wo seine Bedürfnisse liegen.

Die Erbringung der kundenorientierten Kernleistung ist die zentrale Anforderung für Kundenzufriedenheit und -bindung. Bereits der Innovationsprozess muss systematisch auf Kundenbedürfnisse ausgerichtet sein, um im Hyperwettbewerb des E-Commerce und der liberalisierten Telekommunikations- und Energiemärkte bestehen zu

---

*   „ECR is a process of moving from an order-driven system to a consumer-demand-driven system" (Sherman, 1995).

**   Einen umfassenden Überblick über ECR-Basisstrategien (Efficient Replenishment, Efficient Store Assortment, Efficient Promotion und Efficient Product Introduction) sowie elementare ECR-Grundtechniken (Electronic Data Interchange, Space Management, Vendor Managed Inventory, Activity Based Costing etc.) bietet von der Heydt, Andreas.[4]

können. Durch Dialog und Interaktion wird der Kunde immer mehr in die Leistungserstellung mit einbezogen. Auf seine veränderten Präferenzen kann schnell und individuell reagiert werden. Stimmt die Kernleistung, kann der Kunde schrittweise zu werthaltigeren persönlichen Zusatzleistungen migriert und fester an das Unternehmen gebunden werden. Wesentliche Voraussetzung ist ein kundenorientiertes Preismodell, das sich flexibel an die maximale Zahlungsbereitschaft anpasst, über die Art der Preisermittlung Kundenbedürfnisse abbildet und in einem gesunden Verhältnis zur Leistung und zum Wettbewerb steht. Die kundenorientierte Leistungserbringung steht und fällt mit Prozessen, die die Qualität messbar und steuerbar machen, im Unternehmen selbst und über die gesamte Wertschöpfungskette hinweg. Sie sind es, die die gute Verbindungsqualität eines Mobiltelefons gewährleisten und den Anbieter für zusätzliche Leistungen wie Mobile-Internet-Services qualifizieren, mit denen der Umsatz ausgeweitet und Kunden gebunden werden können.

Literatur

1   Reichheld, F. F.: Der Loyalitäts-Effekt, 1997, S. 302.

2   Scherf, P./Möller, A.: Konzepte zur professionellen Kundenintegration. In: Call Center Profi 5/99, S. 22–25.

3   Stahl, H. K.: Modernes Kundenmanagement, 1998, S. 94–95.

4   von der Heydt, A.: Efficient Consumer Response (ECR). Basisstrategien und Grundtechniken, zentrale Erfolgsfaktoren sowie globaler Implementierungsplan, 1999.

2.2.2 Koevolutionäres Innovationsmanagement im Telekommunikationsmarkt

Marcus Hoffmann, TelDaFax

Customer-Care-Strategien im Telekommunikationsmarkt

Customer-Lifetime-Value-Management – das Management des Kundenwertes – ist die zentrale Aufgabe aller Marketing- und Vertriebsverantwortlichen der alternativen Festnetz-Carrier. Diese Aufgabe unterliegt seit der Öffnung des Marktes zum 01.01.1998 einem dramatischen Wandel. Dies spiegelt sich vor allem in den veränderten Customer-Care-Strategien sowie deren operativer Umsetzung wider.

Strategische Ausrichtung der Customer-Care-Konzepte

Erste Wettbewerbsphase – BIG BANG verursacht Preiswettbewerb: Die bisherige Entwicklung des Festnetzmarktes kann in zwei maßgebliche Wettbewerbsphasen unterschieden werden, in denen jeweils andere Strategien dominierten.

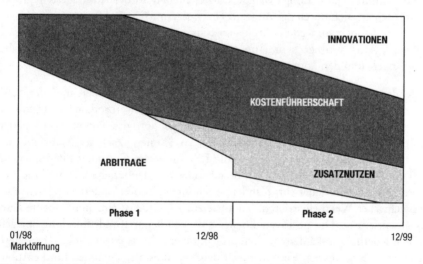

Abb. 19: *Dominierende Strategien alternativer Festnetz-Carrier 1998-1999*

Der dem Big Bang der Liberalisierung folgende Preiswettbewerb kennzeichnete die erste Wettbewerbsphase. Da die marktbeherrschende Deutsche Telekom AG zunächst ihre ehemalige Monopolmarge verteidigte, eröffnete sich ein hohes Arbitragepotential für die alternativen Carrier. Zugleich verursachten die absehbare

Notwendigkeit kostengünstiger Produktionskosten für das Überleben im späteren Wettbewerbsumfeld und die dazu notwendige Erreichung ausreichender „economies of scale" einen hohen Markterschließungsdruck. Primärziel aller Carrier war daher die Marktanteilsgewinnung. Die Kundenakquise mittels attraktiver Angebotsgestaltung – vor allem über den Preis –, jedoch nicht die Kundenbindung, stand dabei im Mittelpunkt. Klassische Kundenbindungsmaßnahmen erwiesen sich in dieser ersten Phase als (noch) ungeeignete Instrumente. Gründe hierfür waren die z.T. noch störungsanfälligen Produktportfolios der Carrier, relativ hohe Kosten klassischer Kundenbindungsinstrumente und der Umstand, dass einmal aufgelegte Kundenbindungsprogramme nicht ohne nachhaltige Schäden von heute auf morgen vom Markt genommen werden können. Sieger der ersten Wettbewerbsphase waren die Preisarbitrageure. Durch den eineinhalb Jahre währenden Preiskampf wurden jedoch Preisreduktionen um bis zu 84 Prozent erreicht, die dem Preis als zentralen Aktionsparameter seine Bedeutung raubten. Bereits in dieser ersten Wettbewerbsphase wurden vorausschauend die heute etablierten Kundenbindungsprogramme vorbereitet.

Zweite Wettbewerbsphase – TERRA HORRIBILIS? In der zweiten Phase des Wettbewerbs (Konsolidierungsphase) war das Arbitragepotential weitgehend erschöpft. Die Mehrzahl der Carrier unternahm einen Strategiewechsel und zielte auf die Erlangung der Kostenführerschaft. Einige wenige Carrier hielten an der Arbitragestrategie fest oder versuchten, sich durch das Angebot von Zusatznutzen zu differenzieren. Zunehmend findet jedoch ein weiterer Strategiewechsel der Carrier statt. Eine zunehmende Zahl der Carrier verfolgt heute Innovationsstrategien. Diese werden das Wettbewerbsgeschehen in den kommenden Jahren nachhaltig prägen.

Die tendenziell abnehmenden Akquisitionserfolge bei Neukunden und der Sättigungseffekt der Nachfrage erzwang in der zweiten Wettbewerbsphase bei vielen Carriern eine Intensivierung der Kundenbeziehungen, um das Potential der bereits gewonnenen Kundschaft besser ausschöpfen zu können. Ziel der Mehrzahl aller Customer-Care-Aktionen ist bis heute die Erhöhung des Customer-Lifetime-Value durch die Steigerung der Rentabilität bestehender Kundenbeziehungen und die Verlängerung der Lebensdauer von Kundenbeziehungen, insbesondere durch den Aufbau psychischer Wechselbarrieren. Voraussetzung hierfür ist eine konsequente Kundensegmentierung. Die positiven Effekte einer stärkeren Kundenbindung spiegeln sich in Wiederholungskäufen, Weiterempfehlungen, Kosteneinsparungen, geringerer Preissensibilität, größerem Vertrauen, vermehrten Aktionsspielräumen für die Anbieter sowie Cross-Selling-Effekten wider.

Die neue strategische Ausrichtung bedeutet vielfach eine Abkehr von der Abschlussmaximierung und eine Hinwendung zum Aufbau dauerhafter Geschäftsbeziehungen. Dies zeigt sich auch im Wandel des massenorientierten Marketings der ersten Wettbewerbsphase zum Beziehungsmarketing. Angestrebt wird insbesondere eine Minimierung der Churn-Raten. Als churn-bestimmende Faktoren wurden im Festnetzge-schäft Preise, Laufzeiten, Abrechnungstakt, Rechnungsstellung, Produktportfolio, Kundenservice, Verfügbarkeit, Zuverlässigkeit, Störungsbeseitigung, Installationszei-ten, Image und die Beratungsleistung des Vertriebs identifiziert. Die diese Faktoren berücksichtigenden Verfahren zur Churn-Prognose werden gegenwärtig weiterent-wickelt.

Innovationsorientierte Customer-Care-Konzepte

TelDaFax entwickelte im Rahmen des Beziehungsmarketings das mit dem TelcoNet Award 99 ausgezeichnete TelDaCare-Konzept, welches die Nutzung der Kundenbe-ziehung im Innovationswettbewerb zum Ziel hat. Die Kundenbeziehung kann wert-volle Ansatzpunkte sowohl für Produkt-, wie auch für Prozess-, Beschaffungs-, Absatz- und Organisationsinnovationen liefern. Die mit solchen Innovationen ver-bundenen Wettbewerbsvorteile bieten im Gegensatz zum Preiswettbewerb den Vor-teil, dass sie eine geringere Aktions-Reaktionsverbundenheit im Wettbewerb aufwei-sen und von Wettbewerbern schwieriger zu imitieren sind. Die in diesem Sinne inno-vationsorientierten Customer-Care-Konzepte erhalten damit die Bedeutung eines strategischen Erfolgsfaktors. Wichtig ist in diesem Zusammenhang, dass Innovatio-nen subjektiv neu für den Innovator, aber nicht notwendigerweise objektiv neu für den Markt sein müssen. Die Kundenbeziehungen sind in einem Trial-and-Error-Pro-zess zur Ideengenerierung und Fehlerkorrektur im Innovationsprozess zu nutzen. Die von einigen Carriern angestrebte Verwirklichung von Absolute-Customer-Care-Kon-zepten ist hierbei hinderlich. Ein innovationsorientiertes Customer-Care-Konzept erfordert die Gestaltung des interorganisatorischen Wissensaustauschs mit einer Viel-zahl von Kunden. Da ein „miteinander Lernen" angestrebt wird, wird mit einem sol-chen Konzept eine langfristig koevolutionäre Zielsetzung verfolgt. Aus dieser Sicht ist die Zukunft der Kundenbeziehung wichtiger als die Kundenhistorie.

Die Implementierung innovationsorientierter Customer-Care-Konzepte

Voraussetzungen und To-dos der Implementierung: Eine wesentliche Voraussetzung für innovationsorientierte Customer-Care-Konzepte ist eine Kundensegmentierung mittels personen- und vertragsbezogener Segmentierungsverfahren. Dies ermöglicht die Priorisierung ausgewählter Zielgruppen mit geringem Churn-Risiko. Weiterhin ist die bestehende Customer-Care-Wertschöpfungskette des jeweiligen Unterneh-mens abzubilden. Auf Grund von Marktforschungsdaten und Wettbewerbsanalysen sind zudem Customer-Care-bezogene SWOT-Profile der wettbewerbsrelevanten An-bieter zu erstellen. Ein erster Meilenstein sollte aufbauend auf diesen Grundlagen die Erstellung eines Basiskonzepts sein, welches alle relevanten Aspekte der Schlüsselfak-

toren Arbeitsprozesse, Organisation, Mitarbeiter und Technologie beinhaltet. Die
Effizienz aller Customer-Care-Maßnahmen ist dabei ein unzweckmäßiges Gestal-
tungsziel. Das entscheidende Gütekriterium dieses Basiskonzepts ist vielmehr in der
Effektivität der Maßnahmen zu sehen. Voraussetzung für den Erfolg eines solchen
Konzepts ist die einhellige Zustimmung und Unterstützung bei der Umsetzung
durch das gesamte Top-Management.

Folgende fünf Punkte stellen die maßgeblichen To-dos der Implementierung innova-
tionsorientierter Customer-Care-Konzepte dar: Zunächst ist es wichtig, das beschlos-
sene Konzept rechtzeitig und breit zu kommunizieren sowie die notwendigen Veränderungen mit Feingefühl zu gestalten. Zweitens bedarf der Aufbau bzw. die Anpassung der Infrastruktur (Data-Warehouse etc.) besonderer Planung. Am wichtigsten
ist es jedoch, Beziehungspromotoren zu finden, zu fördern und zu binden. Beziehungspromotoren steigern den Beziehungserfolg u. a. dadurch, dass sie Mitstreiter in
den Partnerunternehmen finden und die Zusammenarbeit mit diesen als Träger des
Netzwerks zwischen den Unternehmen gestalten. Es sind die in Teams einzubinden-
den Beziehungspromotoren, die Innovationsmöglichkeiten als erste erkennen können. Zur Prüfung und Bewertung der Innovationsmöglichkeiten ist eine dialog-
fördernde, vernetzte, flexible und Schnelligkeit ermöglichende Organisationsstruktur
notwendig.

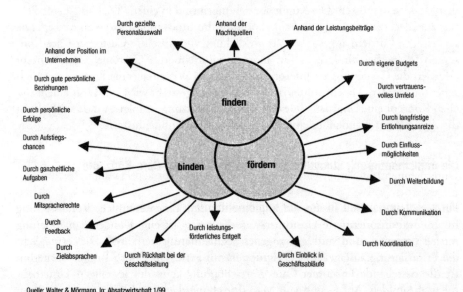

Quelle: Walter & Mörmann, In: Absatzwirtschaft 1/99

Abb. 20:   Beziehungspromotoren finden, fördern, binden!

Viertens sind die alten und neuen Customer-Care-Prozesse sowie die notwendigen Eskalationsprozeduren zu definieren und Verantwortliche hierfür zu bestimmen. Die Prozesse und die Kontrolle der Ergebnisse erfordern die Einrichtung eines Kundenbindungs-Controllings mit differenziertem Kennzahlensystem, um Erfolge und Fehler rechtzeitig erkennen zu können.

Innovationsorientierte Customer-Care-Lösungen als sich selbst steuernde Trial-and-Error-Verfahren: Wie häufig sind innovationsorientierte Customer-Care-Prozesse neu zu gestalten? Ein zeitpunktbezogenes, zumeist reaktives Reengineering kann evolutionären Innovationsprozessen nicht gerecht werden. Es gilt vielmehr, einen sich selbst steuernden Trial-and-Error-Prozess zu etablieren, der eine dezentrale Entscheidungsfindung und das ständige Einbringen innovativer Veränderungen durch alle beteiligten Mitarbeiter erlaubt. Notwendige Veränderungen müssen prozessorientiert, d.h. abteilungsübergreifend diskutiert, festgelegt und realisiert werden. Ziel ist es, die Erfahrung möglichst vieler Mitarbeiter in dem Veränderungsprozess zu nutzen. Besonderer Wert ist auf das Schnittstellenmanagement der Prozesse zu legen. Abzusichern sind solche innovationsorientierten Prozesse durch eine möglichst vollständige Kopie des auf alle Mitarbeiter verstreuten kundenbezogenen Wissens in einer zentralen Wissensdatenbank. Alle am Customer-Care-Prozess beteiligten Mitabeiter sollten diese Wissensdatenbank nutzen können. Wichtig ist u.a., dass alle Veränderungen darin zeitnah dokumentiert werden.

Handlungsrechte, Fähigkeiten und Intrapreneurship als Kontextfaktoren: In innovationsorientierten Customer-Care-Prozessen werden die Mitarbeiter zu Mitunternehmern. Daher müssen Bedingungen geschaffen werden, die unternehmeninternes Unternehmertum – Intrapreneurship – ermöglichen. Innovationsfördernde Handlungsrechte sind zu definieren, die Fähigkeiten der Prozessbeteiligten sind oftmals weiterzuentwickeln und Neuerungsverhalten muss angeregt werden.

Oft stellen die formellen und informellen Normen der internen Organisation von Unternehmen Innovationsbarrieren dar. Da mit den Normen Handlungsrechte definiert werden, müssen innovationsfördernde Handlungsfreiräume häufig erst geschaffen werden. Handlungsrechte müssen den Wandel stimulieren, d.h. eine ausreichende Internalisierung des Innovationserfolges ermöglichen. Dazu ist die aus erfolgreichem innovativen Handeln hervorgehende private Ertragslage (des Mitarbeiters) an die soziale Ertragslage (des Unternehmens) anzugleichen.

Der zweite wesentliche Bestimmungsfaktor für die Innovationstätigkeit der Prozessbeteiligten ist deren kognitive und prozessrelevante Fähigkeit. Die kognitive Fähigkeit (Kenntnisse, Erfahrungen) ist ebenso wie die Prozessfähigkeit (diplomatisches Geschick, Kreativität, abstraktes Denken, Durchsetzungsvermögen) ggf. im Rahmen der Personalentwicklung weiter auszubauen.

Die Motivation der Mitarbeiter ist der dritte Kontextfaktor der Innovationstätigkeit. Motivierte Mitarbeiter sind nicht nur Leistungsträger, sondern auch wichtige Multiplikatoren. Als zentrale Motive ihrer Tätigkeit können Machtmotiv, Sozialmotiv, vor allem aber das Leistungsmotiv gelten. Diese gilt es im Einzelfall auszulösen, denn innovationsorientierte Prozessarbeit ist kein Verwaltungsakt. Der Schwierigkeitsgrad der vom Einzelnen zu bewältigenden Aufgaben ist ein wichtiger Einflussfaktor der Motivation. Zu komplexe Aufgaben erzeugen ebenso wie zu einfache Aufgaben Demotivation. Bei mittelschweren Aufgaben wird die Abhängigkeit des Innovationserfolgs vom persönlichen Einsatz hingegen als maximal empfunden.

Als letzter Kontextfaktor der Innovationstätigkeit ist das zur Gestaltung endogener Wachstumsprozesse notwendige interne Venture Capital zu nennen.

Ansatzpunkte für Kundenbindungsprogramme – eine Systematik: Die aus koevolutionären Kundenbeziehungen hervorgehenden Neuerungen sind nicht auf die Produktpolitik beschränkt. Vielmehr können diese alle Bereiche des Marketing-Mix betreffen. Wichtig hierbei ist die Abstimmung der Einzelmaßnahmen durch das Marketing.

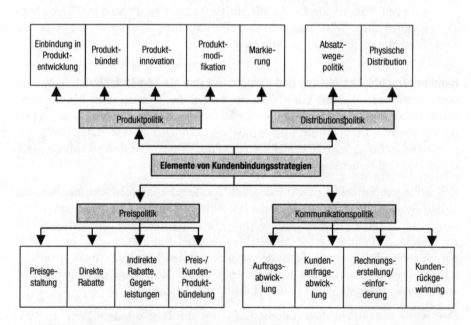

Abb. 21:   Elemente von Kundenbindungsstrategien

2.2.3 Customer Value schaffen und steigern durch Einsatz von Online-Medien

– Eine wertkettenanalytische Betrachtung –

Claudia Fantapié Altobelli/Ann-Kathrin Grosskopf, Universität der Bundeswehr Hamburg

Einleitung

Ein wachsender Teil an Unternehmen richtet sein Augenmerk auf Fragestellungen des Nutzwertes ihrer Aktivitäten für den Kunden, um Wettbewerbsvorteile gegenüber weniger informierten Konkurrenten zu erhalten.[1] Zudem werden vermehrt konkrete Möglichkeiten entwickelt, den Nutzen eines spezifischen Kunden für ein Unternehmen im Zeitverlauf zu evaluieren und zu beeinflussen.[2] Zielgröße bei der nutzenorientierten Betrachtung bildet die Individualanalyse und -ansprache des Kunden. Neuartige und vereinfachte Möglichkeiten bietet dabei die Verwendung von Online-Medien: Technologien, welche einen interaktiven, dialogorientierten Zugang zu sowohl statischen als auch dynamischen, digital vorliegenden Inhalten wie die gleichermaßen integrierte Nutzung dieser Inhalte ermöglichen.[3] Ihre fortschreitende Anwendung auf Unternehmensseite und ihre wachsende Nutzung durch private und geschäftliche Nachfrager ist inzwischen allgemein anerkannt. So hat sich beispielsweise die Zahl der deutschen Internet-Hosts als annähernder Wachstumsindikator von 85.306 Computern mit Internetadresse im Juni 1993 auf 1.609.995 Hosts im Juni 1999 entwickelt.[4] Die Verschmelzung von Internet, Telefon und TV lässt eine weitere Nutzungsintensivierung der Online-Medien vermuten.[5]

Als Methode zum Aufzeigen von grundlegenden Potentialen der Nutzensteigerung durch Online-Medien für Kunde und Anbieter sowie zum Aufdecken von Ansatzpunkten für Messmodelle zum Kundennutzen kann eine wertkettenbasierte Betrachtung herangezogen werden. Das Grundprinzip soll im Folgenden vorgestellt werden.

Das Wertkettenkonzept: Aufbau, Ebenen und Aufgaben

Die dem Wertkettenkonzept zugrunde liegende Idee beruht darauf, dass Wettbewerbsvorteile nicht nur aus dem angebotenen Endprodukt erwachsen, sondern aus allen im Zusammenhang mit der Erstellung und Vermarktung des Produkts erforderlichen Aktivitäten.[6] Eine Wertkette gliedert das Unternehmen in strategisch relevante Aktivitäten – sogenannte „Wertaktivitäten" – mit dem Ziel, aktuelle und potentielle Wettbewerbsvorteile bei den einzelnen Tätigkeiten zu erkennen. Die Wertkette zeigt den Gesamtwert eines Produkts und setzt sich aus den einzelnen Wertaktivitäten und der Gewinnspanne zusammen; unter dem Begriff „Wert" wird dabei derjenige Betrag verstanden, den die Abnehmer für das, was ein Unternehmen anbietet, zu zahlen bereit sind.[7] Die Wertkette stellt in ihrem grundsätzlichen Aufbau eine grobstrukturierte Abbildung der Unternehmung oder eines Unternehmensbereiches mit den wichtigsten Funktionen dar. Dabei werden die strategisch relevanten Aktivitäten der Unternehmung in primäre (im Wesentlichen Produktion und Absatz) und unterstützende Aktivitäten (Bereitstellung der Inputfaktoren, Unternehmensinfrastruktur) untergliedert.

Ziel ist es, die Wertaktivitäten zu erkennen, welche Wettbewerbsvorteile begründen können – sei es durch einen Differenzierungs-, sei es durch einen Kostenvorteil. Die Wertkettenanalyse fördert damit insbesondere die integrierte Betrachtung abnehmer- und kostenorientierter Denkansätze. Schritte der Wertkettenanalyse sind die unternehmensindividuelle Ermittlung relevanter Wertaktivitäten, die Spezifikation der jeweils relevanten konkreten Wertaktivitäten für jede Kategorie, die Untersuchung der Interdependenzen der Wertaktivitäten, die Aufdeckung der Verflechtungen der Wertketten des Unternehmens mit denen von Lieferanten und Abnehmern sowie die darauf aufbauende Identifizierung von Potentialen zur Kostenreduzierung und insbesondere auch zur Nutzensteigerung.[8] Neuere Ansätze der Wertkettenanalyse integrieren die Analyse komplexer Produkte mit Dienstleistungsmerkmalen und schließen dabei den externen Faktor Kunde enger in die Betrachtung mit ein.[9]

Nachfolgend soll betrachtet werden, welche speziellen Wertaktivitäten durch den Einsatz von Online-Medien entstehen bzw. wie der Einsatz von Online-Medien die Wertaktivitäten effizienter und kundenorientierter gestalten kann und auf diese Weise den Nutzwert steigert.

Veränderte Wertaktivitäten und neue Differenzierungspotentiale durch Online-Medien

Überblick: Die Möglichkeiten der Online-Medien erfordern eine Umorientierung in der Betrachtung von werterzeugenden Maßnahmen der Unternehmen. Der durch die neuartigen technischen Systeme induzierte Wandel zu vernetzten, dialogorientierten, dynamischen Kommunikations- und Informationsstrukturen bedeutet für Unternehmen eine grundlegende Veränderung, um auf den Märkten der Zukunft im Wettbewerb bestehen zu können. Aufgrund der Nutzung von Online-Medien können durch effektivere und effizientere Handhabung von Informationen Werte erzeugt werden, die sich in Wettbewerbsvorteile umsetzen lassen.[10] Die neuen Informations- und- Telekommunikations- (IuK)-Technologien bewirken Vereinfachungen auf allen Stufen des Informationsprozesses, d.h. bei Sammlung, Systematisierung, Selektion, Verdichtung sowie Abgabe von Informationen. Online-Medien

erleichtern dabei durch ihre Dialogorientierung und Ortsungebundenheit insbesondere die Beschaffung und Verteilung von Informationen.

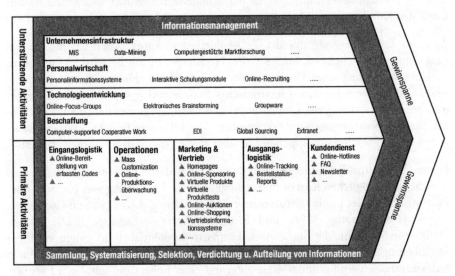

Abb. 22:   Effekte, die der Einsatz von Online-Medien und die damit verbundenen Informationsprozesse
auf die primären und unterstützenden Aktivitäten der Wertkette ausüben.

Unterstützende Aktivitäten: Bei den unterstützenden Aktivitäten lassen sich in allen
Feldern neue Möglichkeiten durch Online-Medien identifizieren, welche Quellen
von Wettbewerbsvorteilen darstellen können.

Im Rahmen der Unternehmensinfrastruktur gilt, dass die Planungs-, Analyse-, Koor-
dinations- und Kontrollfunktionen des Managements durch Nutzung von Online-
Medien (beispielsweise Managementinformationssysteme (MIS), Intranet, Data-
Mining, computergestützte Marktforschung) effektiver ausgeübt werden können,
indem individuelle Zugriffsrechte und Datenauswertungen je nach Führungsebene
und Unternehmensaufgabe des Mitarbeiters (Informationsfilter) gezielt, zeitgenau
und dezentral zur Verfügung gestellt werden können.[11]

Auch im Bereich der Personalwirtschaft lassen sich interessante Einsatzfelder erkennen. Durch Online-Medien, insbesondere firmeninterne Netze (Intranet) können
personalverwaltungstechnische Maßnahmen vereinfacht und stetig aktualisierbare
Informationen für Mitarbeiter in Personalinformationssystemen jederzeit zugänglich
bereitgestellt sowie interaktive Schulungsmodule verfügbar gemacht werden. Online-
Stellenangebote bieten eine ideale, in die Tiefe gehende Ergänzung zu überregionalen
Stellenanzeigen und klassischem internationalem Personal-Recruiting. Online-

Medien können somit dem Internen Marketing sowie der Qualifizierung und Motivierung der Mitarbeiter dienen.[12, 13] Mitarbeiterzufriedenheit spiegelt sich nach neueren Forschungserkenntnissen in der Kundenzufriedenheit wider und fördert damit den Kundennutzen.[14]

Auch im Zusammenhang mit der Technologieentwicklung bieten Online-Medien neue und vereinfachende Lösungen, den Nachfrager in die Forschungs- und Entwicklungstätigkeiten eines Unternehmens zu integrieren. Hierzu können beispielsweise Online-Focus-Groups, Elektronisches Brainstorming sowie Online-Konzepttests genannt werden. Über Online-Netzwerke wird ein großer Pool an Informationen für die Sekundärforschung bereitgestellt. Mit Hilfe von Projekt- und Teamsoftware können Forschungsgruppen online über große Distanzen zusammenarbeiten.[15]

Die neuen Online-Technologien reduzieren den Bedarf an personellen Ressourcen und die diesbezüglichen Kosten und ermöglichen die Umsetzung von Just-in-Time-Prinzipien, d. h. der produktionssynchronen Beschaffung. Dazu gehören Computer-supported Cooperative Work und Electronic Data Interchange (EDI). Durch Online-Medien kann die Suche nach Einsparungspotentialen auf einem erhöhten Detaillierungsniveau erfolgen.[11] Bei der Suche nach Zulieferunternehmen und beim Anbietervergleich sind Online-Netze aufgrund einer hohen und ständigen Informationsverfügbarkeit und Transparenz sowie der Möglichkeit des Global Sourcing hilfreich. Stetige Lieferbeziehungen sind mittels Extranets – geschlossenen Netzen zwischen nachfragendem Unternehmen und Zulieferern – effektiver und effizienter gestaltbar; datenbankgestützte, interaktive Angebotserstellungen und Online-Bestellungen beschleunigen beispielsweise die Beschaffungsprozesse und wirken kostenreduzierend.

Primäre Aktivitäten: Die primären Aktivitäten erfahren durch Online-Medien ebenfalls eine ganze Reihe von Impulsen.

Im Rahmen der Eingangslogistik ist insbesondere die Scannertechnologie zu nennen. Eine Kennzeichnung der Produkte mit maschinenlesbaren Codes und die damit verbundene automatische Datenerfassung und Online-Bereitstellung als warenbegleitender Informationsfluss gewinnt zunehmend an Bedeutung und automatisiert Ein- und Auslagerungsprozesse, Umschlagsprozesse sowie Aktualisierungen des Auftragsstatus.[16]

Große Potentiale bieten Online-Medien auch im Bereich der Operationen. Erst durch den umfassenden Einsatz moderner IuK-Technologien lassen sich mittels Verarbeitung großer Datenmengen und der interaktiven Integration des Nachfragers an individuellen Kundenbedürfnissen ausgerichtete Produkte erstellen. Dem Kunden kommt dabei eine neue, aktive Rolle im Wertschöpfungsprozess zu. Während Massenmärkte sich traditionell dadurch auszeichnen, dass ein Standardprodukt ohne Einbindung des Kunden in einer großen, festgelegten Periodenlosgröße („auf Lager") produziert wird, wird auf die aktuellen Individualisierungstendenzen mit dialogorientiertem Mass Customization reagiert, wobei modulare Produkte oder maßgeschneiderte Problemlösungen angeboten werden.[3]

Kapazitäts-, Termin-, Qualitäts-, und Produktivitätsinformationen sowie Informationen zur Anlagenpflege lassen sich durch Online-Medien ortsungebunden und jederzeit abrufen. Auf diese Weise werden Kosteneinsparungspotentiale durch konstante Überwachung der Produktqualität, Früherkennung von Fehlern und deren Ursachen sowie Prognose der Garantiekosten ermöglicht.[17]

Der sicherlich umfassendste Einsatzbereich von Online-Medien stellt die Kategorie Marketing und Vertrieb dar. Zum einen können die Informationsbedürfnisse und Analysen der Marketing-Planung durch Online-Medien Unterstützung finden. Online-Medien geben dem Data-Mining zusätzliche Impulse durch die Interaktivität und ortsunabhängigen Zugriffmöglichkeiten sowie durch direkte Feedback-Mechanismen zum Kunden. Ausgehend von der gewachsenen Verfügbarkeit von Datenmaterial durch Online-Kontakt zum Kunden werden Marktsegmentierung, kontinuierliche Preisfindung, Database-Marketing und Warenkorbanalysen vereinfacht.[11] Zum anderen erfährt auch die Gestaltung des Marketing-Mix vielfältige ergänzende und zusätzliche Möglichkeiten durch Online-Medien. Ein wesentlicher Bereich ist hierbei die Kommunikationspolitik. Bei der Online-Präsenz von Firmen und ihren Produkten kann unterschieden werden in untenehmenseigene Homepages, Online-Sponsoring (klassische Bannerwerbung und Content-Sponsoring), d. h. Werbung auf vielfrequentierten Internetseiten sowie redaktionelle Erwähnungen in Online-Publikationen. Die Anlage von Nutzerprofilen erlaubt dabei zunehmend eine individualisierte Werbung.[18, 19] Auch im Bereich der Produktpolitik bieten sich zahlreiche Einsatzmöglichkeiten für Online-Medien. Zum einen können multimediale Anwendungen als integrierter Bestandteil eines Produktes zum Einsatz kommen. Zum anderen können Informationsprodukte wie Zeitschriften, Lexika etc. auch online angeboten werden (virtuelle Produkte). Online-Medien können zudem im Produktinnovationsprozess genutzt werden. Gerade im Rahmen der Suche nach Produktideen und der Bewertung von Produktkonzepten ergeben sich erhebliche Einsatzmöglichkeiten durch virtuelle Produkttests, Online-Befragungen etc. Die Preispolitik wird von den Online-Medien dadurch beeinflusst, dass diese die Preistransparenz erhöhen. Es werden aber auch Ansatzpunkte für preispolitische Innovationen wie Online-Auktionen geschaffen.[20] Online-Medien eröffnen insbesondere auch im Bereich der Distributionspolitik neue Möglichkeiten. Produkte können auf unterschiedlichste Art online zum Verkauf angeboten werden. Der Verkauf kann direkt über die unternehmenseigene Homepage erfolgen. Darüber hinaus bieten virtuelle Läden und Einkaufszentren ein innovatives Forum zum Online-Shopping. Eine interessante Funktion des Internet liegt hier in der Möglichkeit einer weitgehenden Entbündelung einzelner

Funktionen der traditionellen Wertschöpfungskette, d.h. physische Distribution, Beratung, Sortimentsgestaltung, finanzielle Transaktionen und Service.[21] Bei der Online-Distribution können diese Funktionen teilweise oder vollständig vom Hersteller übernommen werden. In den meisten Fällen wird der Electronic Commerce, d.h. der Vertrieb über Online-Medien als Ergänzung konventioneller Vertriebswege betrachtet. Dem Online-Nutzer entstehen dabei Vorteile in Form von standort- und tageszeitunabhängiger Verfügbarkeit des Angebotes, globaler Einkaufsmöglichkeit, hoher Aktualität des Leistungsangebotes, Individualisierung von Angebot, Informationsabruf und Kommunikation sowie Senkung der Transaktionskosten durch entfallende Einkaufsfahrten, bequeme elektronische Bestell- und Zahlungsabwicklung wie auch erhöhte Markttransparenz.[22] Anbieter gewinnen durch Online-Medien neue Absatzkanäle und damit vermehrt auch neue Zielgruppen. Weitere Vorteile sind eine Verkürzung der Absatzwege durch direkten Verkauf mit daraus resultierender „Einsparung" der Handelsspanne, direkte Kommunikationsbeziehungen zu den einzelnen Kunden, gezielte, individuelle Marktbearbeitung, Zeit- und Kostenersparnis bei Auftragserlangung und -abwicklung, 24-stündige, stetig aktualisierbare Angebotsleistung, Teilnahme am globalen Wettbewerb sowie Gewinnbarkeit von Kundendaten durch gezieltes Verfolgen des Such- und Bestellverhalten der Online-Nutzer.[23, 24] Auch der persönliche Verkauf kann mittels Online-Medien effektiver und effizienter gestaltet werden. Komplexe Vertriebsinformationssysteme mit umfassenden Informations- und Funktionsbausteinen können die Vertriebsmitarbeiter im Innen- und Außendienst durch zielgerichtete Zugriffe auf ausgewählte Daten sowie deren Verknüpfung bei ihrer Aufgabenerfüllung unterstützen.[25]

Parallel zur Eingangslogistik spielt auch in der Ausgangslogistik die Scannertechnologie eine große Rolle, verbunden mit Online-Tracking-Systemen, bei denen die Kunden. die Möglichkeit haben, über Online-Netze mittels sogenannter Bestellstatus-Reports den aktuellen Stand der Abwicklung ihres individuellen Auftrags zu erfahren.[26]

Schließlich können Online-Medien auch für den Kundendienst eingesetzt werden. Die Aktivitäten in der Nachkaufphase und das damit verbundene Serviceniveau eines Unternehmens sind zunehmend wichtigere Wettbewerbsfaktoren. Online-Beratung und -Service kann „on demand" (Hotlines per E-Mail und Online-Telefonie, E-Mail-Beschwerdecenter, elektronische Ferndiagnose), „on stock" (Frequently Asked Question (FAQ)-Lists, Digitaler Trouble Shooting Guide) sowie „on delivery" (Newsletter, Follow-Ups) erfolgen.[26]

Online-Medien bewirken nicht nur Ergänzungen und Neuerungen innerhalb der Wertaktivitäten, sondern können auch zu einer Entflechtung der eigenen Wertketten und der Verflechtung mit denen von Lieferanten und Dienstleistern beitragen, wie nachfolgend dargestellt werden soll.

Unternehmensübergreifende Wertketten-Verflechtungen

Durch die wachsende Integration von IuK-Technologien ist eine evolutionäre Entwicklung der Beziehungen zwischen Unternehmen, Abnehmern und Lieferanten zu erkennen. Die Möglichkeit, Unternehmensabläufe gut strukturiert zu visualisieren und praktisch zum Ortstarif weltweit zu kommunizieren, eröffnet neue Wege bei der unternehmensinternen und insbesondere bei der -externen Zusammenarbeit. Durch die Einrichtung von Extranets können Lieferanten und Kunden in die eigenen Unternehmensprozesse eingebunden werden. Aufgrund der einfacheren Überbrückung von Entfernungen mittels Online-Medien entsteht darüber hinaus eine Tendenz zur „Virtualisierung" von Unternehmen, d.h. zur (oft zeitlich beschränkten) Zusammenarbeit und Aufgabenteilung zwischen verschiedenen Unternehmen, die anteilig die Aktivitäten einer Wertkette abdecken. Indem Zugriff auf externes Knowhow oder externe Leistungen ermöglicht wird, lassen sich eigene Ressourcen einsparen und Werte jeweils von demjenigen Unternehmen erstellen, welches Kernkompetenz in der jeweiligen Aktivität besitzt.[23] Im Fall des virtuellen Unternehmens können zusätzlich zum Modell der Wertkette Konzepte von Wert-Netzwerken entwickelt werden. Vermehrt kann es für Unternehmen erstrebenswert sein, gewisse Wertaktivitäten aus einem Netzwerkverbund zu beziehen und dadurch einen gesteigerten Nutzwert zu erlangen[27].

Nutzeneffekte durch den Einsatz von Online-Medien: Hinter dem Begriff Customer Value steht ein machtvolles Konzept, welches Kundenverhalten, den traditionellen Schwerpunkt der Marketingforschung, mit dessen ökonomischen Konsequenzen verknüpft. Mittels Wertkettenanalyse können dabei differenziert Möglichkeiten der Nutzensteigerung für Anbieter und Nachfrager ausgelotet werden. Online-Medien bieten hier interessante Chancen. Sie erlauben es nicht nur, Informationen zu und innerhalb einzelner Wertaktivitäten effizienter zu managen, sondern auch wesentlich umfangreichere sowie qualitativ höherwertige Informationen zu einzelnen Geschäftsprozessaktivitäten zu gewinnen und neuartige Aktivitäten zu implementieren. Spezifische Wertaktivitäten können unternehmensindividuell identifiziert werden und nach ihrem Potential zur Differenzierung und Kostensenkung sowie der Auslagerung in unternehmensübergreifende Wertnetzwerke im Zusammenhang mit Online-Medien überprüft werden. Die Bedeutung von Online-Medien ist im Bereich derjenigen Wertaktivitäten besonders groß, in denen sich der Anteil der verwendeten und durch die Abwicklung geschaffenen Informationen im Verhältnis zu den eigentlichen ausführenden Aktivitäten besonders deutlich manifestiert. Weil davon ausgegangen werden kann, dass Online-Medien die Wirkungen der

- ▲ (individuellen) Interaktivität,
- ▲ vielschichtigeren und einfachen Darstellbarkeit (Komplexitätsreduktion),
- ▲ Kostengünstigkeit des interaktiven Mediums,

- ▲ Verringerung der Reibungsverluste der Kommunikation,
- ▲ Anpassungsfähigkeit und Flexibilität,
- ▲ gesteigerten Geschwindigkeit der Prozesse sowie
- ▲ Transparenz der Prozesse

aufweisen, können verschiedene Wertaktivitäten effizienter, qualitativ besser und kostengünstiger abgewickelt werden. In der jüngsten Vergangenheit lassen sich neben Preis und Qualität als Nutzenelemente für den Nachfrager zwei weitere Erfolgsfaktoren identifizieren, die mit Zeit (Schnelligkeit) und Flexibilität umschrieben werden können. Es handelt sich hierbei um Kriterien, die eindeutig durch Online-Medien begünstigt werden können.[10] Kosten und Nutzen des Einsatzes von Online-Medien sollten jedoch genau abgewogen werden. Eine Pionierrolle beim Einsatz von zu wenig ausgereiften Medien im Verbund mit fehlender Akzeptanz kann sich dabei als ebenso problematisch erweisen wie ein verspäteter Einsatz der neuen Technologien.[27] Ebenso können durch den Einsatz von Online-Medien kostenintensive neue Anforderungen an die Mitarbeiterqualifikationen entstehen sowie kostspieliger Systemersatz aufgrund kurzer Technologielebenszyklen notwendig werden. Eine unternehmensindividuelle wertkettenbasierte Untersuchung kann Änderungen in der Kosten- und Nutzenstruktur durch den Einsatz von Online-Medien aufdecken.

Literatur

1 Wyner, G.: The many faces of customer value. In: Marketing Research, Vol. 10, 1998, No. 1, S. 34–35.

2 Anderson, J. C./Narus, J. A.: Business marketing: Understand what customers value. In: Harvard Business Review, Nov./Dec. 1998, S. 53–65.

3 Gräf, H.: Online-Marketing. Gestaltungsempfehlungen für die erfolgreiche Endkundenbearbeitung auf elektronischen Märkten, 1999.

4 DENICeG: Host-Zahlen Deutschland, http://www.nic.de, 13.08.1999.

5 Fantapié Altobelli, C./Grosskopf, A.: Online-Marketing 2000. Zielgruppen, Strategien, Prognosen. Die Primäranalyse über die Innovationsbranchen Informationstechnologie und Telekommunikation, 1998.

6 Porter, M. E.: Wettbewerbsvorteile (Competitive Advantage), 1998.

7 Meffert, H.: Marketing-Management, 1994.

8 Fantapié Altobelli, C.: Wertkette, Schnittstellen-Management und Total Quality Management. In: Berndt, Ralph (Hrsg.), Total Quality Management als Erfolgsstrategie, 1995, S. 135–154.

9 Fantapié Altobelli, C./Bouncken, R.: Wertkettenanalyse von Dienstleistungsanbietern. In: Meyer, A. (Hrsg.), Handbuch Dienstleistungs-Marketing, 1998,
S. 282–296.

10 Weiber, R./Kollmann, T.: Wertschöpfungsprozesse und Wettbewerbsvorteile
im Marketspace. In: Bliemel, F./Fassott, G./Theobald, A. (Hrsg.), Electronic
Commerce, Herausforderungen, Anwendungen, Perspektiven, 1999, S. 48–62.

11 Küppers, B.: Data-Mining in der Praxis: ein Ansatz zur Nutzung der Potentiale
von Data-Mining im betrieblichen Umfeld, 1998.

12 Maassen, O.: Neue Medien im Personalmarketing. In: Personalführung, 1997,
Nr. 6, S. 516–520.

13 Jäger, M./Straub, R.: Personalmarketing online – Ergebnisse einer Unterneh-
mensbefragung. In: Personalwirtschaft, 1997, Nr. 6, S. 11–14.

14 Holtz, R. Vom: Der Zusammenhang zwischen Mitarbeiterzufriedenheit und
Kundenzufriedenheit, 1998.

15 Hoffmann, S.: Optimales Online-Marketing: Marketingmöglichkeiten und
anwendergerechte Gestaltung des Mediums Online, 1998.

16 Faber, A.: Global Sourcing. Möglichkeiten einer produktionssynchronen Beschaffung vor dem Hintergrund neuer Kommunikationstechnologien, 1998.

17 Kleinaltenkamp, M.: Customer Integration – Kundenintegration als Leitbild für
das Business-to-Business-Marketing. In: Kleinaltenkamp, M./Fließ, S./Jacob, F.
(Hrsg.), Customer Integration – Von der Kundenorientierung zur Kundenintegration, 1996, S. 13–24.

18 Riedl, J: Rahmenbedingungen der Online-Kommunikation. In: Bliemel, F./
Fassott, G./Theobald, A. (Hrsg.), 1999, S. 227–246.

19 Kleindl, M./Theobald, A.: Werbung im Internet. In: Bliemel, F./Fassott, G./
Theobald, A. (Hrsg.), 1999, S. 247–260.

20 Wamser, C.: Der Electronic Marketing Mix – mit interaktiven Medien zum
Markterfolg. In: Wamser, C./Fink, Dietmar H. (Hrsg.), Marketing-Management
mit Multimedia: neue Medien, neue Märkte, neue Chancen, 1997, S. 29–40.

21 Albers, S./Peters, K.: Die Wertschöpfungskette des Handels im Zeitalter des
Electronic Commerce, Manuskripte aus den Instituten für Betriebswirtschaftslehre der Universität Kiel, Nr. 429, 1997.

22 Fantapié Altobelli, C./Grosskopf, A. (1998b): Online-Distribution im Consu-
mer- und Business-to-Business-Bereich – Eine empirische Analyse am Beispiel der
Informations- und Telekommunikationsbranche. In: der markt, 37. Jg., Nr. 3/4,
S. 146–160.

23 Theobald, A./Mertens, B.: Computerunterstützter Vertrieb unter Verwendung
von Internet-Technologien. In: Kaiserslautener Schriftenreihe Marketing,
Heft 1/98, 1998.

24 Fantapié Altobelli, C./Fittkau, S./Grosskopf, A.: Electronic Commerce 2000.
In: Berndt, R. (Hrsg.), Management-Strategien 2000, 1999, S. 291–307.

25 Fassott, G.: Vertriebsinformationssysteme als Baustein des Electronic Commerce.
In: Bliemel, F./Fassott, G./Theobald, A. (Hrsg.), 1999, S. 361–374.

26 Hünerberg, R./Mann, A.: Online-Service. In: Bliemel, F./Fassott, G./Theobald,
A. (Hrsg.), S. 280–297.

27 Würgler, A.: Unternehmen im multimedialen Umfeld: die erfolgreiche Nutzung
der digitalen Technologien in der Praxis, 1997.

2.2.4 Vom staatseigenen Energiekombinat zum marktwirtschaftlichen Energieunternehmen
– Die totale Wandlung eines Unternehmens –

Gerd Pischetsrieder, Pischetsrieder Consulting

Einleitung: Die Lernende Organisation als Resultat der Organisationsentwicklung

Wie ist es möglich, ein Unternehmen den neuen Herausforderungen einer bislang nicht gekannten Marktform auszusetzen, dabei hinreichend Zukunftspotentiale auszuschöpfen, eben dieses Unternehmen in eine lernende Organisation zu wandeln, kurzum: das Unternehmen total zu verändern, ohne im gleichen Zuge die Zwangsmaßnahme der Personalfreisetzung anzuwenden?

Eine Antwort bietet die Organisationsentwicklung mit ihren facettenreichen Ausprägungen und ihren diversen Einsatzmöglichkeiten. Organisationsentwicklung ist ein geplanter, gelenkter und systematischer Prozess der Veränderung der Kultur, der Systeme und des Verhaltens einer Organisation bei der Lösung ihrer Probleme und Erreichung ihrer Ziele. Organisationsentwicklung zeichnet sich besonders durch ihr partizipatives Vorgehen aus und charakterisiert sich überdies durch den hohen Stellenwert des Prozesses. Diese Prozesshaftigkeit räumt dem WIE einen höheren Stellenwert ein als dem WAS. Systemdenken respektive das Denken in Netzen ist für diesen Ansatz gleichsam konstitutiv.

Bei Planung, Durchführung und Bewertung von Veränderungsprozessen rekurriert Organisationsentwicklung auf sozialwissenschaftliche Erkenntnisse und ist gebunden an ein normatives Menschenbild, das der humanistischen Psychologie entsprechend den einzelnen Menschen als „wertvoll" betrachtet. Die Betonung des Erfahrungslernens, d.h. experimentelles Lernen bzw. Lernen „am eigenen Leib", setzt eine möglichst transparente und weitgehende Beteiligung der Betroffenen voraus, wobei die Beteiligten betroffen gemacht werden sollten.

Die lernende Organisation schließt an die theoretischen und methodischen Grundlagen der Organisationsentwicklung an und kann als ein dynamisches Resultat eben dieser gewertet werden. Sie ist gleichermaßen Ausdruck von Zukunftsorientierung, von Persönlichkeitsentwicklung jedes Individuums sowie von der gemeinsamen Entwicklung aller am Geschehen Beteiligten. Demgemäß gibt es keine überflüssigen Menschen: Alle sind an der Planung und Verwirklichung der Zukunft beteiligt. Eine lernende Organisation kann folgerichtig nicht von einzelnen geplant oder – in tayloristischer Tradition stehend – von oben nach unten geführt werden. Sie muss sich organisch entwickeln und wachsen. Wie sich dieser Wandel zu einer lernenden Organisation vermittels der Organisationsentwicklung vollzieht, soll der folgende Fall exemplarisch und zentral für diese Ausführungen darstellen.

Fallstudie Lernende Organisation – Die totale Wandlung eines Unternehmens

Die Ausgangssituation: Das Zielunternehmen des Beratungsprojekts, das hier zugrunde liegt, hat seinen geographischen Standort in den neuen Bundesländern. Es ist in der Energiebranche angesiedelt mit dem Geschäftszweck der Rohstoffexploration sowie der Vermarktung von Energie. Vormals ein volks- bzw. staatseigenes Kombinat mit ca. 6.000 Mitarbeitern ist das Unternehmen während des Projektverlaufs eine GmbH mit französischen und deutschen Gesellschaftern, deren Belegschaft ungefähr 460 Mitarbeiter umfasst.

Zur Zeit des Beratungsprojekts war die nationale und internationale Wettbewerbssituation äußerst hart, und die vorhandenen sicheren Rohstoffvorräte reichten gerade noch für fünf Jahre – danach wäre nachweisbar „der Ofen aus" gewesen. Das Unternehmen zu schließen oder es Schritt für Schritt durch Rationalisierungsmaßnahmen zu dezimieren, wäre durchaus ökonomisch legitim gewesen, doch keiner der Beteiligten wollte eine solche Lösung. Trotz der Bedrohungen herrschte ein gutes Betriebsklima, die Belegschaft fühlte sich als eine verschworene Gemeinschaft, denn die Mitarbeiter hatten „so viel zusammen durchkämpft", und auf allen Ebenen bestand der Wille, „die Zukunft erfolgreich zu packen".

Die unmittelbar nach der Privatisierung geschaffene Organisation war in klassische, funktional agierende Hauptabteilungen strukturiert. Die wichtigste strategische Erfolgsposition war das exzellente Ingenieurs-Know-how sowie die enorme Erfahrung in Praxiseinsätzen unter schwersten Bedingungen. Durch die z.T. jahrzehntelange Arbeit in der Planwirtschaft verfügten die meisten Führungskräfte und Mitarbeiter kaum über Professionalität in Markt- und Kundenorientierung, und die interkulturelle Führungsstruktur sorgte für zusätzliche Probleme.

Die Herausforderung: Die spezifische Herausforderung bei diesem Projekt lag in der über die strukturelle Reorganisation hinaus notwendigen mentalen Wandlung von einem einst staatseigenen Versorgungsbetrieb hin zu einem kundenorientierten, leistungsstarken Unternehmen und der Umsetzung dieser neuen Einstellung in entsprechende Handlungen. Das alte Paradigma war die Sicherstellung der flächendeckenden Energieversorgung in einer zentralstaatlichen Planwirtschaft, wohingegen das neue Paradigma fortan lautete: die adäquate Befriedigung von Kundenwünschen in einer Marktwirtschaft, deren Energiesektor Aussichten auf ruinöse Wettbewerbsbedingungen bot.

Der Kunde sollte nunmehr im Mittelpunkt der Anstrengungen stehen, der Energiemarkt war einem heftigen Wettbewerb ausgesetzt, und die Belegschaft war gleichwohl motiviert, diese besonderen Herausforderungen zu bewältigen. Ein Entwicklungsprozess, der die Organisation nachhaltig in Richtung auf eine lernende Organisation verändert, sollte den besonderen Anforderungen Rechnung tragen und die Herausforderung annehmen.

Das bedeutete die totale Umorientierung des Unternehmens, das Finden neuer Geschäftsfelder, das Schaffen der Marktreife von neuen Produkten und deren Verkauf bei neuen Kunden sowie der Wandel von Exploration und Versorgung hin zu Marktorientierung. Die klare Idee des Weges in die Wunschzukunft war: das bestehende Geschäft so lange wie möglich mit dem Gros der Belegschaft auszuschöpfen sowie die Change-Manager herauszufiltern und mit diesen schnell fachlich hochkarätige Projektgruppen zu gründen, welche die neuen Geschäftsfelder parallel zum bestehenden Geschäft aufspüren und entwickeln. Bei Erfolg sollten die neuen Geschäftsfelder in zeitlicher Abstimmung das weniger werdende Grundgeschäft schrittweise ersetzen.

Der Veränderungsprozess in sieben Phasen

1. Situationsanalysen: Zu Beginn des Entwicklungsprozesses standen umfassende und gründliche Situationsanalysen. Diese erfolgten u. a. in Form von Workshops mit Mitarbeitern und Führungskräften, Interviews, Arbeitsgruppen und Strategiesitzungen. Am Ende dieser Phase ist uns klar, dass im Unternehmen enorme sachliche und soziale Potentiale vorhanden sind und wir ein Konzept entwickeln müssen, das auf die inspirierende Kraft realistischer Wunschzukünfte, der Zuversicht in die eigenen Fähigkeiten und die Nutzung des auffällig stark ausgeprägten Gemeinschaftsbandes baut. Dabei gilt es stets, den ausdrücklichen Willen aller Entscheider und Beteiligten zu berücksichtigen, dass das Unternehmen die Arbeitsplätze sichern und erhalten will: ein Paradebeispiel für eine „lernende Organisation".

2. Mobilisierung individueller Energien und Selektion von Change-Managern und Projektgruppenleitern: Unerlässlich war, ein hohes Maß an individueller Energie freizusetzen und die Mobilisierung des Entwicklungsprozesses zu nutzen. Die Berater mussten individuelle Betroffenheiten erzeugen, indem sie eine konstruktive und veränderungsorientierte Virulenz im Unternehmen bewusst förderten. Die Dynamik und Inspiration der lernenden Organisation sollte für die Beteiligten und Betroffenen persönlich erlebbar sein. Weiterer Schwerpunkt dieser Phase war, unabhängig von Hierarchie, Alter und Funktion geeignete Change-Manager und Projektgruppenleiter zu identifizieren, auszubilden und deren Stärken zu fördern und sie auf die neue Philosophie einzuschwören.

3. Schaffung von kollektiven Schubkräften und Sicherung von Zukunftspotentialen : Kollektive Schubkräfte wurden durch die Gründung von fünf Zukunftsgruppen in Form von Projektgruppen geschaffen. Diese Projektgruppen sollten im Sinne der Gesamtzielsetzung in bestimmten Segmenten schnell arbeitsfähig werden und so der Vorbereitung zur neuen Organisation und der Nutzung seiner Zukunftspotentiale dienen. Gleichzeitig sicherte das Unternehmen den kurz- und mittel-

fristigen Ressourcenbedarf, indem es die bestehende Linienorganisation weiterent-
wickelte und die strategischen Geschäftseinheiten in dieser Weise auf die spätere Veränderung vorbereitete.

4. Initiierung von Projektgruppen: Sobald die Projektgruppen einsatzbereit und
ihre neuen Aufgaben zu bewältigen imstande waren, erfolgte ihr Start. Allen fünf
Projektgruppen war gemein, ihren Beitrag zur Wunschzukunft zuvor für die neue
Organisation zu planen und die Wege in die Zukunft gemäß der Visionen, Ziele und
Pläne zu gestalten. Ihnen oblag es, die Zukunft vorwegzunehmen und diese gewissermaßen zu „lernen". In dieser Phase entwickelten und gestalteten die Projektgruppen
ihre Arbeit von der Innovationsgruppe zum Unternehmen im Unternehmen.

5. Qualifizierung: Doch Zukunft und Neues zu „lernen" erforderte gleichfalls neue
Qualifikationen. Das bedeutete, dass die gesamte Führung, alle Mitglieder der Projektgruppen sowie die Angehörigen der Linienorganisation, die den Projektgruppen
als Pool zur Verfügung standen, sich in Richtung auf ihre Fach-, System- und Sozial-
kompetenzen qualifizieren mussten. Die Zielsetzungen dieser Qualifizierungsphase
waren die Schaffung einer theoretischen Basis, die Gewährleistung der methodischen
Umsetzung in Systeme, die Nutzung von Synergien und Potentialen, die Erzeugung
gegenseitigen Verständnisses, die schrittweise Umwandlung sowie die Praxisimple-
mentierung. Gerade der gemeinsam organisierte und zu absolvierende Lernprozess
sorgte für gegenseitiges Verständnis in den Handlungszwängen, gewöhnte an neue
Formen der Zusammenarbeit und an die neue Bedeutung von Führung.

Die Fachkompetenz erforderte Pflege und Weiterentwicklung sowie eine Anpassung
an neue Verfahren und Technologien. Die Linie modifizierte die Knowledge-Center.
Inhalte der Systemkompetenz waren vornehmlich die Methoden des Projektmanage-
ments, einschließlich der Netzplantechnik sowie des Ziel- und Qualitätsmanagements. Des Weiteren umfasste der Systemkompetenzbereich Vertrags- und Verhand-
lungsstruktur, Controlling und Informationsmanagement sowie Kreativitätstechniken als Mittel zur proaktiven Suche nach neuen Wegen. Die Sozialkompetenz wurde
gefördert durch die Stärkung der individuellen Persönlichkeit. Menschen galt es zu
integrieren und auf die Anforderungen der Zukunft vorzubereiten. Diese Herange-
hensweise folgte dem Grundsatz, dass der zwischenmenschliche Erfolg einer Füh-
rungskraft von den drei folgenden Faktoren wesentlich geprägt wird: 1. eigenes Verhalten und Bedürfnisse, 2. Verhalten der Mitarbeiter und deren Bedürfnisse sowie
3. jeweilige Situation.

Es konnte deshalb nicht das Ziel sein, einen für alle Menschen gleichen Führungsstil
anzuwenden. Jeder Mensch ist einmalig und nicht mit einem anderen Menschen zu
vergleichen, was insbesondere in Krisen bzw. Veränderungsprozessen gilt. Selbst der
einzelne Mensch ist nicht immer gleich und kann sein Verhalten nicht plötzlich ver-

ändern. Deshalb war es wichtig, die Mitarbeiter da abzuholen, wo sie gerade standen, d.h. sie ihrer persönlichen sozialen Kompetenz entsprechend zu führen. Die unterschiedliche soziale Kompetenz der Mitarbeiter unterstreicht noch einmal, wie wichtig es war, jeden einzelnen Mitarbeiter auf die für ihn erforderliche Weise in den Entwicklungsprozess einzubinden.

6. Veränderungsprozess – Umsetzungsvorstufe: In der Vorstufe zur Umsetzung vollzogen die Beteiligten einen modularen und schrittweisen Praxistransfer, der durch gezielte Modifizierungen begleitet wurde. Des Weiteren flankierten Maßnahmen wie Coachings, Supervision, Mentoring sowie die Schaffung von Verträgen und Vereinbarungen diese Prozessphase. Auch mussten Konflikte thematisiert und konstruktiv beigelegt werden.

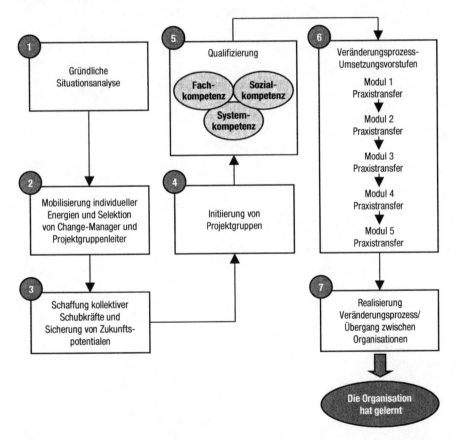

Abb. 23: Der Veränderungsprozess als Gesamtverlauf

7. Die Organisation hat gelernt – Übergang zur neuen Organisation: Nach Abschluss aller letzten Vorbereitungsphasen konnte die Implementierung als letzte Phase im Veränderungsprozess beginnen. Jede Projektgruppe konnte sich bei Erreichen der vereinbarten Projektziele schrittweise als neue Teilorganisation in die noch bestehende Gesamtorganisation eingliedern und ihr Funktionieren unter Beweis stellen. Sodann verzahnten sie sich mehr und mehr mit der sich zunehmend reduzierenden Linienorganisation und entwickelten gemeinsam mit dieser die Marktreife der neuen Geschäftsfelder und der Integration in das sich stets verändernde Gesamtunternehmen. Dieser letzte Schritt des Veränderungsprozesses kam einer Auflösung der alten Linienorganisation sowie der neuen Projektmanagementgruppen gleich. Das sukzessive Entstehen der am Ende völlig neuen Organisation bedeutete: Die Zukunft hatte begonnen!

2.3 Kundenbeziehungsmanagement

2.3.1 Erfolgreiches Kundenbeziehungsmanagement und seine Elemente

Thomas Löwenthal, NETWORK Corporate Process Consulting/
Markus Mertiens, NETWORK Management Consulting

Einleitung

Bereits 1992 hat die Zeitschrift Absatzwirtschaft das Thema Kundenbeziehungsmanagement ausführlich beschrieben und ermittelte dabei als Treiber für dessen Notwendigkeit: „Die Relation von Mitteleinsatz Kundenakquisition versus Stammkundenerhalt beträgt im Durchschnitt 5:1". Ebenfalls erkannte man schon damals: „Kundenzufriedenheit ist eine fundamentale wirtschaftliche Voraussetzung für die Erhöhung von Umsatz und Marktanteilen." Diese Kundenzufriedenheit wird durch den Nutzen des Produktes oder der Dienstleistung selbst ausgelöst. Dazu bedarf es einer Beziehung zum Kunden, die aber nicht der Zufälligkeit überlassen werden kann, sondern ständig überprüft und verstärkt werden muss. Sie muss „gemanagt" werden. Wohl dem, der diese Empfehlungen bereits frühzeitig aufgenommen hat. Doch längst hat sich Kundenbeziehungsmanagement noch nicht als strategischer Unternehmensfaktor durchgesetzt. Der folgende Artikel soll zeigen wie erfolgreiches Kundenbeziehungsmanagement funktioniert und aus welchen Elementen es besteht. Die Bandbreite·von Kundenbeziehungsmanagement geht vom aktiven Customer Care, bei dem das Unternehmen von sich aus und gezielt Kontakt mit seinen Kunden aufnimmt, bis zum Beschwerdemanagement, bei dem Kunden Gelegenheit gegeben wird, sich zu äußern.

Kundenbeziehungskonzept

Wichtigster Grundstein für eine erfolgreiche Gestaltung der Kundenbeziehungen ist immer die Kenntnis der Kunden. Dabei ist entscheidend, dass bereits in einer frühen Phase analysiert wird, welche Kundendaten benötigt werden, welche erfassbar sind und auf welchem Wege die Erhebung erfolgen soll. In allen Branchen mit fest definierten Kundenverhältnissen wie z.B. der Telekommunikation oder der Automobilindustrie sind detaillierte Kundendaten grundsätzlich verfügbar. Basis ist der Vertrag zwischen dem Unternehmen und dem Kunden. Voraussetzung für die Erfassung aller notwendigen Daten bereits in der Kaufphase ist die zielgerichtete Erfassung aller relevanten Daten und die nutzerfreundliche Gestaltung von Vertragsunterlagen. Als Beispiel sei hier auf den Prozess bei einem Telekommunikationsunternehmen verwiesen,

welches schon früh den Vertragsabschluss bzw. die Produktübergabe genutzt hat und
auch die Möglichkeiten zur zusätzlichen Kollektion von Daten ausnutzte.

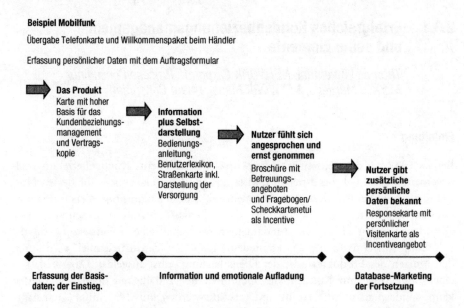

Abb. 24:   Mit dem Vertragsabschluss und der Übergabe der Telefonkarte beginnt die Kundenbeziehung

Unternehmen mit diesen Voraussetzungen sind bei konsequenter Vorbereitung
somit in der Lage, aktiv und direkt mit dem Kunden zu kommunizieren.

Aber auch in anderen Branchen ohne direkten Zugang zu Kundendaten, wie z. B. in
der Kosmetik-, der Pflegemittel- oder der Nahrungsmittelindustrie können die
Unternehmen eine direkte Kundenbeziehung aufbauen und pflegen. Voraussetzung
ist hier, den Kunden so zu motivieren, dass er den ersten Schritt der persönlichen
Beziehung von sich aus macht – sich zu erkennen gibt. Dabei kann eine Vielzahl von
bekannten Anreizinstrumenten eingesetzt werden Das Maggi-Kochstudio ist ein solches Instrument, ebenso wie das gebührenfrei Info-Telefon bei Henkel-Produkten
oder das Nivea-Beratungstelefon. Aber auch Bonusprogramme oder Preisausschrei-
ben sind Möglichkeiten, Kundendaten zu sammeln. Somit sind auch in Unternehmen ohne direkten Kundenzugang die Voraussetzungen für erfolgreiches Kundenbeziehungsmanagement herzustellen. Hier stellt sich selbstverständlich die Frage nach
der Wirtschaftlichkeit. Auf Instrumente zur Sicherstellung der Datenaktualisierung
bei diesen Unternehmen wie z. B. Ausfüll-Bonus, Clubs etc. sei hier nur hingewiesen.
Aus Sicht des Kundenwertes ist jedoch ständig zu überprüfen, inwieweit diese
direkte, persönlich aktive, dialogorientierte Beziehung wirtschaftlich sinnvoll ist. Oft
ist es ausreichend, aber auch zwingend erforderlich, den Kunden das Angebot zu

machen das Unternehmen von sich aus kontaktieren zu können – und darauf ein schnell und nachhaltig nach außen und innen reagierendes Beschwerdemanagement aufzubauen.

Kundenbeziehungen zu managen darf kein Selbstzweck sein, sondern muss sich an den wirtschaftlichen Zielen der Unternehmen orientieren. Das heißt, dass das Kundenbeziehungsmanagement auf den Customer-Lifetime-Value reflektieren muss. Der zukünftige Kundenwert ist dafür ein zentrales Klassifizierungsinstrument. Doch wie kann ich Kunden bewerten? Instrumente zur Kundenwertermittlung sind nicht standardisiert sondern individuell aus den unternehmensspezifischen Anforderungen zu entwickeln. Dabei sind Kenngrößen wie Ein- und Auszahlungen je Kunde(ngruppe) und die strategische Bedeutung eines Kunden entscheidend. Der ermittelte Kundenwert definiert die Form und Qualität aber auch die Quantität des Kundenbeziehungsmanagementes. Das individualisierte Kundenbeziehungsmanagement trägt dann zur Wertsteigerung/-erhaltung der Kundenbeziehung bei. Aus diesem Ziel heraus ergeben sich die Aufgaben eines individuellen Kundenbeziehungsmanagements.

Unternehmen ohne persönliche Kundenbeziehung	Unternehmen mit persönlicher Kundenbeziehung darüberhinaus
▲ Proaktiver Verbraucherschutz ▲ Frage zur Unterstützung bei Produktnutzung ▲ Verkaufsförderung/Promotion passiv (Kunden müssen animiert werden, Kontakt aufzunehmen) ▲ Marktforschungsaufgaben (Produktakzeptanz, Qualitätssicherung)	▲ Laufende Kundeninformationen mit dem Ziel Verkauf (Cross-Selling, Erhöhung Nutzung/ Verbrauch, Verbindung Abwanderung, Auslösen Wiederkauf), aktiver Unternehmenszeitpunkt bestimmt Kontakt (Intensität, Häufigkeit) selbst ▲ Marktforschungsaufgaben (Produktakzeptanz, Qualitätssicherung, Produktlebenszyklus, Kundenlebenszyklus)

Abb. 25:   Aufgaben des Kundenbeziehungsmanagements

Strategische Aufgabe

Das Kundenbeziehungsmanagement ist ein strategischer und damit kritischer Erfolgsfaktor. Gelingt es einem Unternehmen nicht, nach erfolgreicher Kundengewinnung eine Kundenbeziehung herzustellen, schöpft es die wirtschaftlichen Möglichkeiten nicht aus. Denn Wiederkäufer verursachen in jedem Fall geringere Kosten als Neukäufer. Kundenbeziehungsmanagement hat sich den strategischen Unternehmenszielen unterzuordnen. Dabei ist die Frage nach der unternehmerischen Bedeutung des Kundenbeziehungsmanagements zu stellen. Zu berücksichtigen sind Faktoren wie die Intensität, die kulturbildende Wirkung und die Einbeziehung des

Gesamtunternehmens (Ausrichtung des gesamten Unternehmens auf den Markt; aktive Beteiligung aller). Kundenbeziehungsmanagement ist somit ein Frontend zu Kunden. Kundenfokus wird als Schlagwort im Kundenbeziehungsmanagement nachvollziehbar. Es ist eindeutig zu positionieren, klar in der Verantwortung zu verankern und prozessorientiert zu führen. Der Dialog mit dem Kunden und die Rückwirkungen auf Vertrieb, Marketing und IT sind systematisch zu nutzen. Dies wird in der Vernetzung des Kundenmanagementes am Beispiel eines Automobilherstellers deutlich.

Bedeutung im Mix

Neben der allgemeinen strategischen Bedeutung ist Kundenbeziehungsmanagement aber auch ein entscheidender Bestandteil des Kommunikations- und Vertriebsmix. Dabei wird für den Kunden erlebbar die Marktpersönlichkeit durch die Unternehmenspersönlichkeit ergänzt. Die Intensität ist eine strategische Entscheidung. Die Gestaltung folgt klassischen Regeln des Verkaufs.

Organisatorische Einbindung

Das Kundenbeziehungsmanagement ist als Organisationseinheit eingebettet zwischen Vertriebsorganisation, Marketing und Datenverarbeitung.

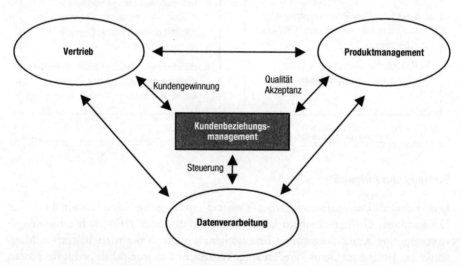

Abb. 26:   Rollen im Kundenbeziehungsmanagement

Dabei kommt es gemäß den Schlüsselprozessen des Customer-Lifetime-Value-Management zum kontinuierlichen Austausch zwischen den Organisationseinheiten. Produktverbesserungsvorschläge oder Innovationsansätze, Verbesserungsvorschläge für die Kundenansprache und Anforderung an die Vertriebsstruktur sind nur einige der Impulse, die aus dem Kundenbeziehungsmanagement an Marketing und Vertrieb kommen. Andererseits stellen Marketing und Vertrieb erst die Möglichkeit des Kundenzugangs und damit eines erfolgreichen Kundenbeziehungsmanagementes dar: sei es über Key Account oder über Direktmarketingaktivitäten; sei es über Händlermotivation oder Produktdesign. Im gleichen Verhältnis unterstützen die Datenverarbeitung z.B. durch die Bereitstellung einer Kundendatenbank, das regelmäßige Monitoring kritischer Parameter und die Möglichkeit individueller Kundeninformationen die Aktivitäten im Kundenbeziehungsmanagement. Dabei ist das Zusammenspiel der Bereiche als selbstoptimierender Prozess anzusehen, in dem dem Kundenbeziehungsmanagement die Rolle zufällt, alle kundenbezogenen Aufgaben und Informationen zu bündeln und sie allen relevanten Stellen des Unternehmens zugänglich zu machen. Gegenüber dem Kunden tritt es als kompetenter Partner auf. Dabei nimmt es nicht nur die fachliche (rationale), sondern auch die sich kümmernde (emotionale) Rolle wahr. Allerdings ist es im Marketingmix nicht Hygienefaktor („… haben wir auch …"), sondern unterstützt die gewünschte Unternehmensidentität und die Differenzierung im Wettbewerb durch die geeignete Art der Kundenbetreuung.

Elemente

Zur Umsetzung dieser Aufgaben muss das Kundenbeziehungsmanagement über eine wertorientierte Kundendifferenzierung und eine entsprechende Kenntnis der Kundenhistorie verfügen. Aber auch das Angebot (welches Thema nutze ich? Welches Angebot kommuniziere ich?), der Zeitpunkt („Cabrios im Winter") und die Gestaltung der Instrumente (wie und auf welchem Wege spreche ich meine Kunden an) sorgen für eine ausgewogene und erfolgreiche Umsetzung.

Besondere Aufmerksamkeit gilt der Einschätzung, welche Wirkung beim Kunden erzielt wird. Kunden haben ein Empfinden dafür, ob es sich beim Kundenbeziehungsmanagement um eine Alibiaktivität handelt oder tatsächliches Interesse an ihren Bedürfnissen, Freuden, Ängsten oder Ärgernissen besteht. Das drückt sich auch durch die unbedingt zuverlässige Einhaltung von tatsächlichen, aber auch vermutenden Versprechen aus. Es muss ständig zwischen verbaler Wichtigkeit und realer Bedeutung abgewogen werden, damit beim Kunden keine Dissonanzen entstehen. Neben der wertorientierten Segmentierung der Kunden und den allgemeingültigen Einordnungen (nach Produkten, sozio-demographisch, regional …) lassen sich vor allem Segmentierungskritieren nach Position im Lifetime Cycle anwenden, der neben dem Produktzyklus genauso zu beachten ist. Dazu ein Beispiel: Ein Autofahrer ist nach der Auslieferung seines Neuwagens beim Auftreten der ersten Mängel unsicher über seine Entscheidung. Nach zwölf Monaten lässt die Beziehung zu seinem Auto nach, er fängt an sich für Fremdfabrikate zu interessieren. Nach 24 bis 36

Monaten beginnt er, sich mit dem Neukauf zu beschäftigen. Da sein derzeitiges Fahrzeug für ihn allmählich langweilig wird, ist er anderen Fabrikaten gegenüber besonders aufgeschlossen.

Im Bereich der Automobilindustrie ist z. B. bei BMW schon Ende der achtziger Jahre nicht nur der Kundenlebenszyklus definiert gewesen, sondern zum Lebenszyklus passende Aktionen entwickelt worden.

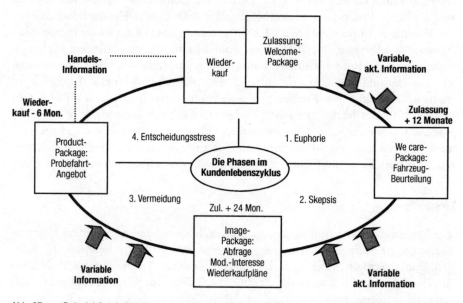

Abb. 27:   Beispiel Autoindustrie

Im Bereich der Dienstleistung Telekommunikation hat D2 Mannesmann schon bei Markteintritt ein Modell für Kundenbindungsprogramme entwickelt. Das Ziel „Von der Ansprache zum Dialog" wurde differenziert nach Zielgruppen und Werthaltigkeit der Kunden vorgesehen.

Die Stufen des Kundenbindungsprogramms - Von der Ansprache zum Dialog

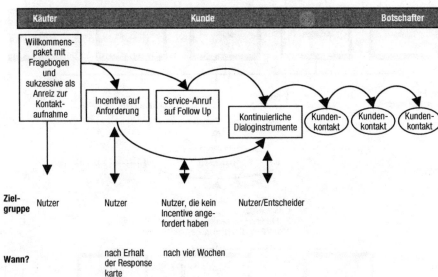

Abb. 28: Beispiel Telefongesellschaft

Der Dialog mit dem Kunden steht im Mittelpunkt des Kundenbeziehungsmanagements. Dabei sind die Anlässe, in Dialog zu, treten breit gefächert. Entscheidend aus Unternehmenssicht ist einen Point of Contact zu etablieren, der über die entsprechenden Kompetenzen und Potentiale verfügt und diesen Dialog durchzuführen. In den letzten Jahren standen dabei immer wieder Call-Center im Vordergrund. Längst aber ist bekannt, dass eine reine Call-Center-Funktion nicht ausreicht, die notwendigen Dialogmöglichkeiten bereitzustellen bzw. zu nutzen. Etabliert haben sich Response-Center, die heute eine entscheidenden Teil der Unternehmenskommunikation übernehmen. Die Aufgaben reichen dabei von Adress-Management über Reklamationsbearbeitung bis hin zur Hotline. Eingesetzt wird die ganze Bandbreite der Medien: Telefonie, Internet, E-Mail und Brief.

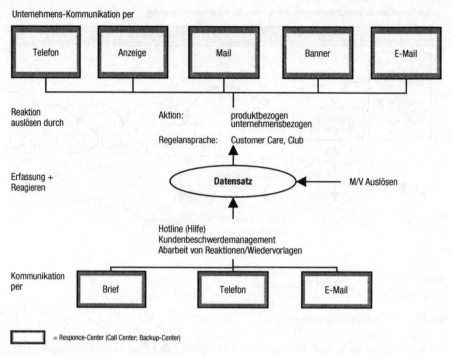

Unternehmens-Kommunikation per

Telefon   Anzeige   Mail   Banner   E-Mail

Reaktion   Aktion: produktbezogen
auslösen durch   unternehmensbezogen

                            Regelansprache: Customer Care, Club

Erfassung +   Datensatz   M/V Auslösen
Reagieren

                            Hotline (Hilfe)
                            Kundenbeschwerdemanagement
                            Abarbeit von Reaktionen/Wiedervorlagen

Kommunikation
per   Brief   Telefon   E-Mail

☐ = Responce-Center (Call Center; Backup-Center)

Abb. 29:   Unternehmenskommunikation

Im Response-Center werden die Reaktionen aus Anzeigen, Spots und Publikationen erfasst und ausgewertet. Dabei stehen auch hier die Wertbetrachtungen und die Position im Customer Lifecycle im Vordergrund der Aktivitäten. Die optimale Ausnutzung des Response-Centers als Bestandteil der Unternehmenskommunikation setzt voraus, dass eine integrierte Kommunikation mit entsprechend unterstützenden Systemen im Unternehmen existiert. Dabei integrieren entsprechende Customer-Relationship-Management-Systeme die Vertriebs-, Marketing- und Response-Center-Aktivitäten und stellen so eine authentische im oben beschriebenen Sinne konsistente Kommunikation zum Kunden sicher. Das Satellitenkommunikationsunternehmen Iridium hat bereits in der Aufbauphase ein solches Gesamtsystem unter dem Namen MaSIS (Marketing-and-Sales-Information-System) eingeführt.

Klassische CAS-Systeme müssen zu einem „Marketing-and-Sales-Information-System"
(MaSIS) erweitert werden:

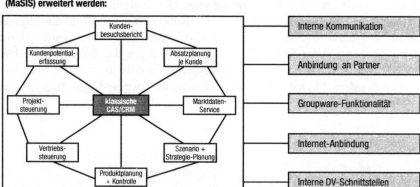

*Ma*rketing-*and*-*S*ales-*Information-System*

Abb. 30:   Das MaSIS für dient der Marketing- und Vertriebssteuerung in 22 Ländern

Fazit

Kundenbeziehungsmanagement soll aus kaufwilligen Interessenten ständige Wiederkäufer machen, um den Unternehmensumsatz und das Ergebnis nachhaltig im Wettbewerb zu sichern.

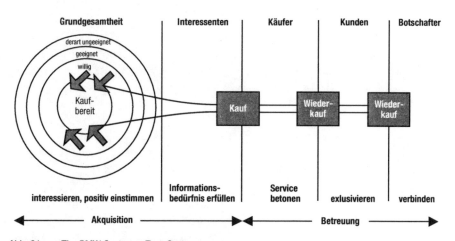

Abb. 31:   The BMW Customer Type System

Kundenbeziehungsmanagement muss heute weit über Call-Center oder Kundenbindungsprogramme (Clubs) hinausgehen. Wertoptimierte, zielgerichtete Dialoge, passive und aktive Kommunikation und ständige Überprüfung der Kundenbeziehung sind die modernen Aufgaben. Die Nutzung aller vorhandenen Kommunikationskanäle und der ständige Wille, den Kunden zu kennen und besser kennenzulernen, müssen Treiber für das Kundenbeziehungsmanagement der Zukunft sein. Dabei wird der Wert nicht mehr nur durch klassische Größen wie Umsatz und Absatz bestimmt, sondern durch den integrierten Customer-Lifetime-Value-Ansatz.

2.3.2 Kundenwert und Kundenloyalität

Lothar Hunsel/Sabine Zimmer, Telemarkt Telematik AG

Kundenwert und Kundenloyalität

Die Beziehungen zwischen Unternehmen (Produkt-, Dienstleistungs- und Servicelieferanten) und seinen Kunden sowie den Interessenten sind unter anderem geprägt von folgenden Faktoren:

▲ zunehmende Wettbewerbsintensität mit Verdrängungswettbewerb in reifen Märkten,

▲ Austauschbarkeit und Vergleichbarkeit der Produkte unterschiedlicher, zunehmend global ausgerichteter Unternehmen,

▲ zunehmende Segmentierung des Interessenten- und Kundenmarktes (allgemeiner Trend der Individualisierung in Informationsgesellschaften),

▲ heterogene Lebenswelten und Bedürfnisstrukturen unterschiedlichster Zielgruppen (Interessenten/Kunden),

▲ heterogene Erwartungshaltungen der Zielgruppen (Interessenten/Kunden) an Produkte, Dienstleistungen/Services und an das Unternehmen, das Produkte, Dienstleistungen und Services produziert,

▲ immer kürzere Innovationszyklen/rasche technische Paradigmenwechsel,

▲ abnehmende Kundenloyalität.

Die unternehmerische Herausforderung liegt darin, sich auf diese und andere Marktfaktoren flexibel einzustellen sowie zukünftige Marktentwicklungen (Innovationen, Produkte, Wettbewerbsstruktur, Nachfragestruktur) frühzeitig zu erkennen, strategisch aufzugreifen und zeitnah in Maßnahmen zu planen und umzusetzen.

Ein kritischer Erfolgsfaktor besteht darin, das Unternehmen konsequent auf den „Kunden" auszurichten, Trends frühzeitig zu erkennen, bedarfsgerechte Produkte für unterschiedlichste Kundengruppen zu entwickeln, diese zum richtigen Zeitpunkt anzubieten und damit die Kundenloyalität zu erhöhen und auszubauen.

Voraussetzung und Basis dafür ist das Wissen über die Kunden, genauer: das Wissen über deren doppelten „Kundenwert". Dieser soll im Rahmen der vorliegenden Ausführungen näher betrachtet und in praxisnahe Anforderungen an eine wertschaffende Unternehmensführung und Kundenbetreuung umgesetzt werden.

Der doppelte Kundenwert

Grundsätzlich unterscheidet man zwischen monetärem und nicht-monetärem Kundenwert. Der Unterschied wird in den folgenden Abschnitten dargelegt.

Der monetäre Kundenwert: Der monetäre Wert eines Unternehmens wird nach Umsatz, Ertrag und Rentabilität beurteilt. Analog hierzu kann der monetäre Kundenwert ermittelt werden.

Die Messgrößen und -methoden zur Ermittlung des Kundenwertes aus Unternehmenssicht sind

▲ die Umsatz-Betrachtung über die Laufzeit der Kundenbeziehung (Umsatz pro Kunde),

▲ die Deckungsbeitragsbetrachtung (DB pro Kunde = Umsatz abzüglich variable Kosten von Vertriebs-, Marketingmaßnahmen),

▲ die Rentabilitätsbetrachtung (Rentabilität pro Kunde = Ertrag je Kunde in Relation zum eingesetzten Kapital) der Kundenbeziehung in einer zu analysierenden Zeitperiode.

Im Customer-Lifetime-Value-Management (CLV-Management) wird diese zu analysierende Zeitperiode in drei Phasen gegliedert:

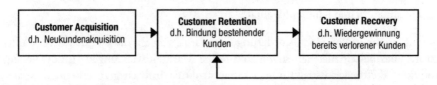

Abb. 32:   *Die drei Phasen des CLV-Managements*

Der nicht-monetäre Kundenwert: Anders als bei der monetären Betrachtung des Wertes eines Kunden stehen bei der nicht-monetären Betrachtung eher die „weichen", nicht anhand klarer Messzahlen nachzuvollziehenden Faktoren eines Kundenverhältnisses im Mittelpunkt der Betrachtung.

Unter dem nicht-monetären Kundenwert verstehen wir den Wert des Kunden als sachkompetenter Informant und Experte bezogen auf sein eigenes Handeln und das anderer Kunden.

Kunden beantworten in der Regel bereitwillig Fragen bezüglich ihrer subjektiven Befindlichkeiten, Erwartungshaltungen an die Beziehung zum Unternehmen, an die

Produkte, an die Betreuung sowie ihre Einschätzung zu Produkt, Service- und Betreuungszufriedenheit etc.

Welche Faktoren beeinflussen Interessenten bei der Kaufentscheidung? Anders formuliert: Worauf legen unterschiedlichste Kunden „Wert"? Welche Einstellungen, Orientierungen und Werte bestimmen das Handeln (die Kaufentscheidungen) welcher Kunden? Welche Einstellungen, Orientierungen und Werte bestimmen das Handeln (die Kundenloyalität) welcher Kunden?

Wie kann sich ein Unternehmen den doppelten Kundenwert erschließen?: Die nicht-monetären Kundenwert-Faktoren gewinnen in der zielgerichtet eingesetzten Wechselwirkung mit den monetären Faktoren des Kundenwertes nach Umsatz, DB sowie der Rentabilität in den Phasen des Customer-Lifetime-Cycle an Bedeutung.

Eine differenzierte Sicht der unterschiedlichen monetären Kundenwertgruppen stellt die Basis für eine erfolgsoptimierte, differenzierte Kundenansprache, Produktentwicklung, Kundenbetreuung und -rückgewinnung dar.

Ziel der folgenden Ausführungen ist es, zunächst beispielhaft aufzuzeigen, wie im Interaktionsprozess Unternehmen/Marktteilnehmer monetäre „Kundenwert-Daten" in den drei Phasen eines Customer-Lifetime-Cycle (Customer Acquisition, Customer Retention und Customer Recovery) systematisch erhoben/generiert und genutzt werden können (2), um dann zu demonstrieren, worin die Wechselwirkung mit den nicht-monetären Kundenwert-Faktoren besteht und zukünftig bestehen kann (3+ 4).

Aufbau einer Wissensbasis „monetärer Kundenwert" im Lifetime-Cycle

Soll der monetäre Kundenwert aus Unternehmenssicht kontinuierlich zur Planung und Steuerung der Kommunikation zum und mit dem Kunden genutzt werden sowie als Simulationsinstrument dienen, so ist es erforderlich, die hierfür notwendigen Daten, die im Folgenden beschrieben werden, aus den in der Regel unterschiedlichsten Datenbanken des Unternehmens zusammenzuführen und daraus ein Data-Warehouse aufzubauen.

Kundenwert der Phase 1 – Kundenakquisition: Dies ist der Prozess der Neukundenakquisition.

Ziel ist es, aus der Gesamtheit der Marktteilnehmer (Zielgruppen) Sympathisanten zu gewinnen, sie zu Interessenten zu machen und als Kunden zu gewinnen.

Die hierfür einsetzbaren Akquisitionswege (Kommunikations- und Vertriebswege für Maßnahmen zur Kundenakquisition) und Medien sind z.B.:

1. Marktkommunikation – Imagewerbung/Public Relations
   Ziel: Gewinnung von Sympathisanten für das Unternehmen/Produkt
2. Marktkommunikation – Produktwerbung
   Ziel: Gewinnung von Sympathisanten für das Unternehmen/Produkt
3. Marktkommunikation – Responsemedien (Mailings, Anzeige-Coupon/
   Telefon: DRR/DRTV/Banners/Internet-Auftritt, Flyer etc.)
   Ziel: Generierung von Interessenten für Produkte und Dienstleistungen
4. Bearbeitung der Interessenten (ein-, mehrstufiger Akquisitionsprozess, Telefonmarketing: Direktvertrieb, Terminierung, Face to face-Beratungsge-
   spräch, E-Business)
   Ziel: Interessenten zum Käufer machen

Im Rahmen der Kundenwertanalyse (KWA) erhält jeder Marktteilnehmer, der via unterschiedlichster Kommunikationswege – zu unterschiedlichsten Aktionskosten – gewonnen werden konnte, ein Kundenwert-Konto.

Teilt man die insgesamt angefallenen Kosten (Summe der Kosten aller Akquisitions-
maßnahmen) durch die Anzahl der dadurch gewonnenen Kunden, so erhält man den
Ist-CPO (Cost per Order) dieser Kunden. Dieser wird als variable Kostenposition
beim Kunden abgespeichert. Nach Abzug dieser Kosten vom getätigten Umsatz des
Kunden liegt der erste Kundenwert/DB der Phase 1 des Lifetime-Cycle vor.

Das Kunden-Lifetime-Konto ist eröffnet.

Kunde Produkt X (alle Produkte)	Vertriebs-, Kommuni-kationsweg	Datum	Variable Kosten (CPO)	Um-satz	Wert/DB (Umsatz minus CPO)	A,B,C nach Umsatz	A,B,C nach DB
PHASE : Akquisition	Maßnahme 1						
	Maßnahme 2						
GESAMT PHASE 1							
					CLV-Phase 1	CLV-Umsatz	CLV-DB

Der Kundenwert sollte aus der Sicht

▲ nach einzelnen Produkten je Kunde (Einzelsicht je Produkt) sowie
▲ nach „allen Produkten, die der Kunde besitzt" (Gesamtsicht) dargestellt,
  betrachtet und selektiert werden können.

Das Führen eines Kundenwert-Kontos setzt ein systematisches kostenseitiges Aktions-Controlling je Kommunikations- bzw. Vertriebsweg voraus. Neben der Gewinnung von Ist-Kosten der Kundengewinnung bezogen auf differenzierte Kommunikations- und Vertriebswege kann zudem eine Wissensbasis über „Akquisitionswege" aufgebaut werden.

Zukünftig können auf Basis von Ist-Kosten- und Ist-Erfolgen Entscheidungen bezüglich der einzusetzenden Vertriebs- und Kommunikationswege getroffen sowie die Erfolgskorridore (Anzahl der Kunden) geplant werden.

Akquisitionsweg und Kommunikationskanal (schriftlich, mündlich, telefonisch, E-Mail) werden unter Kundenwert-Aktionsdaten gespeichert. Die Speicherung dieser Daten unter dem betreffenden Kunden ist die Basis für den effizienten Einsatz von DataBase-Marketing unter der Zielsetzung des 1:1-Marketing (z.B. macht es Sinn, einem Kunden, der sich telefonisch auf eine DRTV-Aktion gemeldet hat, bei zukünftigen Kundenbindungsaktionen vorrangig telefonisch zu kontaktieren).

Kundenwert der Phase 2 – Customer Retention: Dies ist der Prozess der Bindung der in Phase 1 gewonnenen Kunden.

Ziel dieser Phase ist es, das im Akquisitionsprozess neu gewonnene und erworbene Wohlwollen des Kunden zum Unternehmen schrittweise zu festigen, das Kundenverhältnis zu einer von Loyalität geprägten Beziehung auszubauen und das Vertrauen des Kunden zu gewinnen, das sich z.B. in zusätzlichem Umsatz oder stärkerer Produkttreue niederschlagen soll (wechselseitiges Verhalten Unternehmen-Kunde).

Im Bereich Vertrieb und Verkauf von Produkten und Zusatzleistungen gibt es in der Phase der Kundenbindung fünf unterschiedlich einsetzbare Kommunikationskanäle:

1. Persönliche Kommunikation
   ▲ turnusgemäßer Kundenbesuch (AD) mit Ziel Order-Taking, Vorstellung und Verkauf neuer Produkte
   ▲ Kundenbesuch (AD) auf Kundenwunsch hin
2. Telefonische Kommunikation
   ▲ aktives Telefonmarketing (Outbound: Ordertaking, Direktverkauf, Terminierungen für AD)
   ▲ passives Telefonmarketing (Bestell-Hotline für Kunden, verkaufsorientiertes Inbound-Team)
3. Kommunikation per Post
   ▲ Kunde erhält Produktangebote via Mailing
   ▲ Kunde bestellt postalisch per Brief/Formular

4. Kommunikation per Fax
   ▲ Kunde bestellt per Fax
   ▲ Kunde erhält Produktangebote per Fax
5. Kommunikation per E-Mail/Internet
   ▲ Kunde bestellt per E-Mail/im Online-Bestellsystem des Internets
   ▲ Kunde erhält Produktangebote per E-Mail

Zur Produktion der Services rund um die Produkte sowie der Ermöglichung von Zusatzservices des Unternehmens für Kunden (Hotlines, zur Information, für Beschwerden etc.) stehen die gleichen fünf Kommunikations- bzw. Servicewege zur Verfügung.

Diese Kommunikationswege vom Unternehmen zum Kunden (Outbound) und vom Kunden zum Unternehmen (Inbound) werden zunehmend in hauseigenen Kundendialog-Centers zentral gebündelt und gesteuert (Customer-Interaction-Centers).

Wie in Phase 1, der Kundenakquisition, müssen auch in der Phase der Kundenbindung die je nach Bindungskonzept ein- oder mehrstufig ausgestalteten Maßnahmen in den unterschiedlichen Kommunikations-, Vertriebs-, und Servicewegen kostenseitig differenziert erfasst werden (Controlling-Daten).

So kann z.B. auf Basis der Selektion aller Kunden, die Produkt X 1998 erworben haben, eine zweistufige Mass-Marketing-Maßnahme durchgeführt werden:

1. Versendung eines responsefähigen Mailings (Angebot Zusatzprodukt),
2. telefonisches Nachfassen auf Nichtreagierer mit Ziel Direktverkauf.

In diesem Fall wird beim Kunden jeweils seine Teilnahme an der Maßnahme, seine Reaktion auf die Maßnahme sowie die jeweilig entstandenen Kosten und der getätigte Umsatz (variable Kosten) abgespeichert.

Das Kundenwert-Konto wird für die Phase 2 differenziert weitergeführt. Kunde Produkt X (alle Produkte)	Vertriebs-, Kommunikationsweg	Datum	Variable Kosten (CPO)	Umsatz	Wert/DB (Umsatz minus CPO)	A,B,C nach Umsatz	A,B,C nach DB
PHASE 2: Kundenbindung	Maßnahme 1						
	Maßnahme 2						
GESAMT PHASE 2							
					CLV-Phase 1	CLV-Umsatz	CLV-DB

In der Customer-Lifetime-Gesamtsicht des Kundenkontos wird der Gesamtverlauf der Kundenbeziehung kosten- und ertragsseitig abgebildet.

Und zwar getrennt nach Phase 1 und Phase 2 (Produkt-/Gesamtsicht):

Kunde Produkt X (alle Produkte)	Wert/DB (Umsatz minus CPO)	A,B,C nach Umsatz	A,B,C nach DB
PHASE 1	CLV-Phase 1	CLV-Umsatz	CLV-DB

Kunde Produkt X (alle Produkte)	Wert/DB (Umsatz minus CPO)	A,B,C nach Umsatz	A,B,C nach DB
PHASE 2	CLV-Phase 2	CLV-Umsatz	CLV-DB

Aber auch in der Gesamtsicht der Phasen 1 + 2:

Kunde Produkt X (alle Produkte)	Wert/DB (Umsatz minus CPO)	A,B,C nach Umsatz	A,B,C nach DB
PHASE 1+2	CLV-Phase 1+2	CLV-Umsatz	CLV-DB

Nach jeder Maßnahme wird der Kundenwert neu errechnet und aktualisiert. Die Historie kann nachvollzogen werden. Die Zuordnung zum jeweiligen A-, B- oder C-Kundensegment erfolgt – nach Festlegung der Segmentierungsschwellen – automatisch.

Fälle, in denen die Kosten der Betreuung die Umsätze übersteigen, werden als negativer CLV ausgewiesen und einer Minus(A-, B-, C)-Kundengruppe zugewiesen.

Wurde ein Kunde im Rahmen einer Maßnahme betreut, ohne einen konkreten Umsatz zu tätigen, so werden die realen Kosten gebucht, der Umsatz aus der Maßnahme mit Null.

Die eigenaktive Bestellung eines Kunden wird mit dem Kostensatz für die Bestellannahme sowie dem getätigten Umsatz gebucht. Ebenso wird mit Services rund ums Produkt verfahren – nimmt ein Kunde sie in Anspruch, werden sie kostenseitig zugebucht.

Die Ermittlung der Kosten, die faktisch je Kunde für Vertriebs- und Kommunikationsleistungen entstehen, hat den Nebeneffekt, dass auch festgestellt werden kann, wie oft unterschiedlichste Services in Anspruch genommen werden.

Nehmen Kunden an einer Aktion teil, so wird dies unter Angabe der Maßnahme mit dem Datum bei den Kundenwert-Aktions-Daten gekennzeichnet. Dies bietet z.B. die Möglichkeit, einen Kunden aus der Selektion für eine weitere Maßnahme auszuschließen, da er z.B. erst vor drei Wochen wegen eines anderen Produktes kontaktiert wurde. Eine Regel des Kundenbindungsmanagements besagt nämlich, dass eine zu hohe Kontaktfrequenz den Kunden eher zum Nichtkunden befördert, als ihn langfristig bindet.

Kundenwert der Phase 3 – Customer Recovery: Ziel der Phase 3 ist es, Kunden, die sich aufgrund unterschiedlichster Motivation entschieden haben, keine Kunden des Unternehmens mehr sein zu wollen, wieder für das Unternehmen zurückzugewinnen.

Erfahrungswerte zeigen, dass zurückgewonnene Kunden oftmals sehr zufriedene Kunden sind, die nach der Rückgewinnung ihren Kundenstatus überproportional lange aufrecht erhalten und umsatzseitig ausbauen. Jedoch weiß man auch, dass es nicht unbedingt sinnvoll ist, jeden Kündiger zurückzugewinnen.

Zur Ermittlung der Kunden, die zurückgewonnen werden sollen, werden in der Regel zwei Informationsquellen herangezogen:

▲ Kündigungsgründe,

▲ Informationen zum Kundenwert.

Ziel eines Unternehmens mit CLV-Management sollte es sein, bei der Kündigung von Kunden die Gründe zu hinterfragen (spezielles Formblatt für Kündigung etc.).

Kündigt der Kunde/Angehörige z. B. unter einer der folgenden Grundangaben:

▲ wirtschaftliche Probleme (Arbeitslosigkeit etc.),

▲ Tod des Kunden,

▲ Wegzug ins Ausland,

▲ längere Abwesenheit,

▲ Fehlen des Anlasses für Produkt (z. B. Führerschein abgegeben bei Automobilclub),

▲ ähnliche Gründe, die den Kunden uninteressant machen,

so sind dies Gründe, die in der Regel zum Ausschluss dieser Kunden von der geplanten Rückgewinnungsmaßnahme führen.

Lauten die Gründe dagegen:

▲ geht zum Wettbewerber,

▲ hat besseres Angebot,

▲ ist unzufrieden mit Produkt/Leistung/Service/Reklamationsbetreuung,

▲ ähnliche Gründe eines (wirtschaftlich) weiter interessanten Kunden,

besteht eine Wahrscheinlichkeit, den Kunden (sofort) oder nach Ablauf seines Kundenverhältnisses beim Wettbewerb zurückzugewinnen. Diese Kündiger sind Potential für Rückgewinnungsmaßnahmen.

Das Wissen um den Kundenwert, seine Lifetime-History-Daten (z. B. Zahlungsverhalten), die Zuordnung als VIP-, A-, B- oder C-Kunde liefern die Informationen, die es einem Unternehmen ermöglichen festzulegen, welche Kunden auf welchem Wege zurückgewonnen werden sollen.

Beispiel einer Selektion:

Alle Kündiger mit Kündigungsgründen, die eine Rückgewinnung wahrscheinlich machen, deren Kundenwert > X DM ist, die bisher keinen Zahlungsverzug hatten.

Je nach Zuordnung der Kunden zu VIP-, A-, B- oder C-Kunden können dann differenzierte Rückgewinnungskonzepte und -maßnahmen erstellt und getroffen werden.

Beim VIP-Kunden ist ggf. ein gemeinsames Gespräch auf Geschäftsleitungsebene kostenseitig zu rechtfertigen und zielführend. Im Bereich A-, B- und C-Kunden führen kostengünstigere Rückgewinnungswege (z. B. Telefon/AD-Besuch) bei passendem Ansprachekonzept zum Erfolg.

Nach der Rückgewinnung erhält der Kunde eine entsprechende Kennzeichnung (Rückgewinnung, Datum, Kosten der Rückgewinnungsmaßnahme) und gelangt wieder in die Phase 2 der Kundenbetreuungs- und Kundenbindungsmaßnahmen.

Eine verwandte Spielart der Kundenrückgewinnung ist die Reaktivierung von Kunden.

Sie erfolgt in der Regel in Unternehmen, die keine aktive Kündigung der Kundenbeziehung vorsehen (keine vertragliche Bindung des Kunden). Die Selektionen ergeben sich in der Regel aus Tests und Erfahrungswerten des Unternehmens, wann ein inaktiv gewordener Kunde wieder erfolgreich angesprochen und dadurch aktiviert werden kann.

Monetäre Kundenwert-Ist-Daten und Planung

Ein Unternehmen, das den monetären Kundenwert im Customer-Lifetime-Cycle zur Unternehmenssteuerung heranzieht (vgl. 2), kann auf folgende Ist-Daten zurückgreifen:

▲ Kundenwert-Konto (Kundenwert nach Umsatz/DB – A-, B-, C-Zuordnung – je Phase 1 und Phase 2 sowie in der Gesamtsicht (Phase 1 + Phase 2)),

▲ Kundenaktionsdaten (Maßnahmenhistorie),

▲ Historie und Entwicklung des Kunden je Produkt,

▲ Historie und Entwicklung des Kunden in der Gesamtsicht (alle Produkte),

▲ Wert der durchschnittlichen Dauer einer Kundenbeziehung.

Jede Kundenbeziehung mit den eingesetzten Aktionen zur Akquisition und Kundenbindung kann nach Kundenwert/Umsatz und Kundenwert/Deckungsbeitrag differenziert benannt werden (Ist-Wert-Betrachtung).

Durch Einbeziehung der anderen Kostenblöcke (Verwaltung, etc.), d.h. aus Vollkostensicht, ist eine Bilanzierung des Kundenwertes nach Rentabilität je Kundensegment und Einzelkunde möglich. Für die Nutzanwendung des Kundenwert-Kontos und der Kundenaktionsdaten als Instrument strategischer und maßnahmenorientierter Unternehmensplanung ist es jedoch erforderlich, den nicht-monetären Kundenwert zu operationalisieren.

Ein Beispiel soll dies verdeutlichen:

Nicht jeder C-Umsatzkunde kann – qua unternehmenspolitischer Weisung – zum A-Umsatzkunden entwickelt werden. Die Planung muss am vorhandenen Potential erfolgen.

Aber welche Umsatzentwicklungspotentiale liegen im Bestandskundenbereich, und wie kann man sie ermitteln?

Hier liegt der Ansatzpunkt für die zielgerichtete Wissensgewinnung über Kundenverhalten im nicht-monetären Kundenwertbereich sowie deren Nutzanwendung zur Umsatzoptimierung der Kundenbeziehung im Customer-Lifetime-Cycle.

Der nicht-monetäre Kundenwert – der Kunde als Informant und Experte für zukünftige Maßnahmenplanung: Der Wert der Beziehung zu seinem Produktlieferanten aus Kundensicht (= entscheidungsrelevante Faktoren für Kundenloyalität) lässt sich folgendermaßen definieren:

▲ Der spezifische Wert/Nutzen eines Produktes des Unternehmens X, der nach Abzug der

▲ Kosten (Preis) in der Wahrnehmung/Anmutung des Kunden größer ist als der spezifische

▲ Wert/Nutzen des Konkurrenzproduktes nach Abzug dessen Kosten (Preis).

Anders formuliert:

Die Untersuchung des nicht-monetären Kundenwertes gibt Aufschluss darüber, welche Nutzenfaktoren

▲ des Produktes,

▲ des Service,

▲ der Betreuung

▲ etc.

für unterschiedlichste Kunden kauf- bzw. handlungsentscheidend waren bzw. sind.

Die Methode, aus generiertem Wissen konkrete, im Erfolg planbare Maßnahmen abzuleiten, ist so banal wie einfach: Das generierte Wissen über spezifische Kundengruppen wird auf andere Kundengruppen übertragen und in der Realität getestet.

Im Schritt 1 werden unterschiedlichste Kundengruppen zielgerichtet befragt:

Es wird Wissen generiert, das die Kunden und ihre Befindlichkeit, d.h. ihr Denken und Handeln, ihre Erwartungshaltungen, ihre entscheidungsrelevanten Faktoren sowie ihre wirtschaftliche Situation und Perspektive beschreibt.

Die Ergebnisse der Befragungen werden im nächsten Schritt zu konkreten Selektionskriterien verdichtet. Die besondere Anforderung hierbei ist es derzeit, aus den im Unternehmen vorliegenden Kundendaten und Merkmalen diejenigen herauszufiltern, die in der Lage sind, die Befragungsergebnisse signifikant und trennscharf abzubilden.

In den Testgruppen, die aufgebaut werden, erfolgen Pretests.

Zum Beispiel erfolgt eine (je nach Selektion unterschiedliche) differenzierte Kundenansprache.

Durch Ermittlung des CPO im Pretest (Gesamtumsatz im Pretest abzüglich Kosten der Maßnahme in Relation zur Anzahl der Kunden mit Kaufentscheidung) können dann unter Einbeziehung der Gesamtanzahl der vorhandenen Kunden mit den Selektionsmerkmalen Simulationen und Hochrechnungen einer zukünftigen Gesamtaktion und deren Kundenwertentwicklung erfolgen.

So wird trotz heterogener Kundengruppen – eben durch die Nutzung des Wissens über diese Heterogenität – der monetäre Kundenwert nach Umsatz/Deckungsbeitrag und Rendite je Kunde zur planbaren Größe. Die Gesamtsicht der Kundenbeziehung über alle Phasen des Customer-Lifetime-Cycle ermöglicht eine potentialorientierte Planung und bietet zudem die Möglichkeit, prognostische Kundenwertszenarien über mehrere Planjahre zu erstellen bzw. zu simulieren.

Vorgehensweise zur erfolgsorientierten Maßnahmenplanung durch Nutzung des Wissens über den doppelten Kundenwert: Grundsätzlich ist es sinnvoll, je nach praktischem Verwertungszusammenhang bzw. der konkreten Fragestellungen, Kunden als Informanten und Experten für Kundenverhalten heranzuziehen.

Aber nicht jeder Kunde ist kompetenter Informant und Experte für jede Fragestellung. Um herauszufinden, welche Kundengruppen in dieser Hinsicht am besten geeignet sind, benötigt man betriebswirtschaftliches Know-how, die monetären Kundenwertdaten im Customer-Lifetime-Cycle sowie Wissen darüber, wie der Mensch „funktioniert".

Will man z.B. wissen, wieviele der C- oder B-Kunden (Kundenwert/DB) eines Unternehmens zu A-Kunden nach Kundenwert/DB entwickelt werden können und durch Einsatz welcher Mittel man dies am besten erreicht, so könnte man z.B. folgendermaßen vorgehen:

1. Repräsentative Befragung von A-Kunden nach Kundenwert/DB, die sich in ihrer Kundenhistorie vom C-Kunden über den B-Kunden zum A-Kunden entwickelt haben (Selektionskriterien zur Ermittlung der zu befragenden Grundgesamtheit).

2. Befragung dieser Kunden mit Fragebatterien, die in der Lage sind, handlungsentscheidende und -relevante Faktoren und Rahmenbedingungen zu ermitteln:

    ▲ Bedarfs- und Bedürfnisstruktur,

    ▲ wirtschaftliche Ausgangssituation/Veränderungsparameter,

    ▲ grundsätzliche Erwartungshaltung – an Produktlieferanten,

    ▲ (alle Wettbewerber) im Bereich Produkt, Services, Betreuung,

    ▲ Ist-Beurteilung des Unternehmens und seines Produktes in diesen Bereichen,

▲ ausschlaggebende Faktoren für Kaufentscheidung des Produktes des Unternehmens,

▲ Fragen zum Lifestyle-Inventar z.B. nach Typologie Konsumverhalten/ Typologie persönliche Werte und Leitlinien etc.,

▲ Präferenzen in der Ansprache/bevorzugte Medien (Brief, Telefon, Fax, E-Mail).

3. Die Auswertung führt als Nebeneffekt zum Erkennen von Potentialen im Verwertungszusammenhang Produkt-, Service- und Betreuungsoptimierung.

4. Die Auswertung für den Verwertungszusammenhang „Potentiale zur Entwicklung von C- und B-Kunden zu A-Kunden" führt zur Verdichtung der Ergebnisse in Form von Selektionskriterien, die in der aktuellen Kunden-DataBase vorhanden sind.

5. Selektion der C- und B-Kundendaten – Aufbau von Testgruppen

6. Erarbeitung differenzierter Ansprachekonzepte

7. Pretest-Phase

8. Auswertung des Pretests – welche Ansprachekonzepte waren in welchen Zielgruppen erfolgreich (Erfolgskorridioren)

9. Eine Prognose/Hochrechnung des Erfolges der unterschiedlichen Ansprachekonzepte unter Einbeziehung der direkten Aktionskosten (die Daten liefert das Kundenwert-Konto sowie die Kundenwertaktionsdaten) ermöglicht dann eine differenzierte Umsatz/DB-Planung auf Basis von Wahrscheinlichkeiten.

Mit jeder Kundenbefragung und Folgeaktionen im Bestand werden wichtige Erkenntnisse bezüglich der Kunden sowie ihres Verhaltens gewonnen, die zur Optimierung der Kundendaten genutzt werden können.

Ziel ist es jedoch nicht, „Monster-Kunden-Datenbanken" aufzubauen, die eine Fülle von verwirrenden Informationen und Merkmalen der Kunden beinhalten, sondern die nicht-monetären Kundenwert-Informationen auf die handlungs- und kaufentscheidungsrelevanten Faktoren unterschiedlichster Kundengruppen und Kundentypen zu beschränken.

Unter strikter Einhaltung der Rahmenbedingungen des Datenschutzes (Zustimmung des Kunden zur Speicherung seiner erweiterten Kundendaten) ist es Unternehmen erlaubt, neben dem Kundenwert-Konto und den Kundenwertaktionsdaten unterschiedlichste Kundentypologiedaten zu erfassen und für ihre Marktbearbeitung einzusetzen.

Diese Daten können schrittweise in der direkten Kommunikation mit dem Kunden erhoben werden und z.B. im Rahmen einer Kundenbindungsaktion hinterfragt werden.

Solange diese Typologiedaten je Kunde nicht vorhanden sind (was in den meisten Unternehmen der Fall ist), werden je Ausgangssituation und Zielsetzung

1. gezielt spezifische Kundengruppen ermittelt,
2. diese befragt,
3. die Erkenntnisse aus der Befragung zu trennscharfen Selektionskriterien verdichtet,
4. Pretest-Gruppen aufgebaut und Umsatzerfolge je Anprachekonzept ermittelt und dann
5. auf Basis der Ist-Ergebnisse über eine Ausweitung der Aktion auf alle Kunden, die die Selektionsmerkmale tragen, ausgeweitet.

„Doppelte Kundenwert-Sicht" und 1:1-Marketing

Der Nutzen, der aus dem Aufbau einer Wissensbasis über den doppelten Kundenwert – monetärer Kundenwert/nicht-monetärer Kundenwert im Customer-Lifetime-Cycle – und aus dem Zusammenspiel der jeweiligen Kontroll- und Messinstrumente gewonnen werden kann, lässt sich schlagwortartig als Schaffung der Grundlagen für den zukünftigen Einsatz von 1:1-Marketing beschreiben.

Unternehmen, die in der Lage sind, die heterogenen Lebenswelten und Bedürfnisstrukturen ihrer Kunden zu beschreiben, deren heterogene Erwartungshaltungen an Unternehmen, Produkte, Services und Kommunikationswege benennen können und Wissen über die Entscheidungsstruktur ihrer Kunden besitzen, verfügen damit auch über das Instrumentarium zur Erhöhung der Kundenloyalität. Sie haben die Dimension des nicht-monetären Wertes ihrer Kunden erkannt.

Durch die zielgerichtete Einbeziehung von unterschiedlichsten Ist-Kunden als Informant und Experte können Produkte, Services sowie Image differenziert gestaltet und kommuniziert werden. Das Konsumentenverhalten bezogen auf technischen Paradigmenwechsel und neue Produktgenerationen wird kalkulierbar.

Die auf Basis des monetären Kundenwertes möglichen Planungen und Forecasts der unterschiedlichsten Kosten verschiedener Aktionen und Maßnahmen machen Investitionen in Vertrieb und Marketing planbar, simulierbar und messbar.

Wichtigster Input dieser Planung dürfen jedoch nicht bloße Annahmen über Kundenwünsche und -verhalten sein. Nur durch die Betrachtung beider Kundenwertdimensionen und die Auswertung der daraus gezogenen Erkenntnisse werden die gewonnenen Wahrscheinlichkeitskorridore genau genug ermittelt, um verlässliche Planungsgröße für effektive und effiziente Marketingmaßnahmen zu sein.

2.3.3 Die Rolle des Call-Centers für den Dienst am Kunden heute und morgen
– Vom Call-Center zum Customer-Relationship-Center –

Günter Greff, Call Center Profi

Einführung

In den vergangenen Jahren unterlagen die Formen der Kommunikation, ob geschäftlich oder privat, einem rasanten Wandel. Marketingaktivitäten, die zuvor auf das Medium Brief bzw. den direkten persönlichen Kontakt zwischen Kunde und Lieferant beschränkt waren, wurden zunehmend über das Telefon abgewickelt. Das Telemarketing, also die systematische Marktbearbeitung mit Medien der Telekommunikation, entstand und wurde fester Bestandteil einer integrierten Absatzstrategie. Mit der Zeit weiteten sich die Anwendungsgebiete des Telemarketings von Presales- und Verkaufsaktivitäten auf Serviceaktivitäten aus. Dabei steht das Organisieren von eingehenden Anrufen im Mittelpunkt.

Direkte Erreichbarkeit, kompetente Antworten möglichst ohne Weiterverbinden und kundenorientiertes, freundliches Eingehen auf den Anrufer sind heute die Themen.

Anfang der achtziger Jahre bestand Telemarketing zu 80 Prozent aus dem sogenannten aktiven oder outbound Telemarketing. Heute sind das nur noch ca. 20 Prozent. Der größere Teil, nämlich etwa 80 Prozent der heute etwa 180.000 Mitarbeiter in Deutschland im Telemarketing arbeiten im sogenannten passiven oder inbound Telemarketing. Und damit entstand auch ein neuer Begriff in der Branche: das Call-Center.

Der Begriff gilt auch heute noch, wenn sich auch die Aufgaben dieser Call-Center laufend ändern und ständig neue Begriffe, wie beispielsweise Customer-Relationship-Management, auftauchen. Bei einem Call muss es sich nicht unbedingt um einen Telefonanruf handeln. Ein (Hilfe-) Ruf des Kunden kann natürlich auch durch ein Fax, einen Brief, eine E-Mail usw. in einem Call-Center ankommen. Deshalb gehören heute das Beantworten von E-Mails, Videomails, Videotelefonaten usw. zu den Aufgaben der Call-Center.

Die Entwicklung von der Telemarketingagentur zum Call-Center

Mitte der siebziger Jahre wurden in Deutschland die ersten Telemarketing- und Telefonverkaufsagenturen gegründet. Diese Unternehmen übernahmen, in erster Linie für Versandhäuser, den Verkauf von Katalogprodukten am Telefon oder nahmen Anrufe, z.B. Bestellungen, Anfragen oder auch Reklamationen, entgegen. Der Verbraucher erkannte sehr schnell die Vorteile der Telefonkommunikation mit seinen Lieferanten, das Anrufaufkommen wuchs enorm und die betroffenen Firmen begannen, eigene Telefonabteilungen einzurichten.

Anfang der 80er Jahren waren bei den großen Versandhäusern wie Quelle und Otto jeweils etwa 2.000 Mitarbeiter in der telefonischen Bestellannahme beschäftigt. Anstatt schriftlich zu bestellen, griff der Kunde lieber zum Telefon, 80 Prozent der Bestellungen gingen über dieses Medium ein. Etwa zur gleichen Zeit startete die Citibank mit Telefonbanking, und der Computerhersteller Dell verkaufte PCs per Telefon am Handel vorbei direkt an den Endverbraucher.

Anfang der 90er Jahre tauchte in Deutschland ein neuer Begriff auf: das Call-Center. Als „Erfinder" dieses Begriffs gilt der Amerikaner G.M. Pherson, Gründer des ICMI (Incoming Calls Management Institute, Annapolis, Maryland).

Worin bestehen nun aber die Unterschiede zwischen einem Call-Center und einer Telemarketingabteilung oder einer telefonischen Bestellannahme?

Bodin und Dawson, Herausgeber des „Call-Center Magazine", definieren den Begriff Call-Center in ihrem Buch „The Call-Center Dictionary" folgendermaßen (Bodin/ Dawson 1996): „eine Abteilung, in der Anrufe in hohem Volumen getätigt oder entgegengenommen werden. Die Ursache des hohen Anrufvolumens sind Verkaufs- oder Marketingaktivitäten, Kundendienstleistungen, technische Unterstützung oder andere Geschäftsaktivitäten, die per Telefon abgewickelt werden können."

Eine Untersuchung des DDV (Deutscher Direktmarketing Verband) spricht von gegenwärtig etwa 1.500 Call-Centern in Deutschland. Das britische Marktforschungsinstitut Datamonitor schätzt, dass bis zum Jahr 2000 etwa 99.000 Operatorenplätze allein in Deutschland entstehen. Da pro Platz, wenn beispielsweise ein 24-Stundenservice angeboten wird, bis zu drei Vollzeitarbeitsplätze entstehen, ist in dieser Branche mit einem spürbaren Beschäftigungseffekt zu rechnen.

In den USA gibt es zur Zeit etwa 60.000 bis 80.000 Call-Center. In dieser Zahl sind sogenannte Micro-Center mit 4-6 Arbeitsplätzen enthalten. Diesen Call Groups wird ein noch größeres Wachstum als den großen Call-Centers vorausgesagt. Laut einer Marktstudie von Plantronics, dem führenden Hersteller von Headsets-Sprechinstrumenten, werden in England demnächst mehr als eine Million Menschen in Call Groups tätig sein.

Call-Center sind zumeist Großraumbüros mit einer großen Anzahl an Arbeitsplätzen, die jeweils mit PC und Telefon inklusive Headset ausgestattet sind. Die ein- und ausgehenden Anrufe werden mit Hilfe einer speziellen Telefonanlage mit ACD-Funktionen organisiert und verteilt. Je nach Größe des Call-Centers gibt es einen oder mehrere Supervisorarbeitsplätze. Das gesamte System kann Teil eines Call-

Center- oder Computernetzwerkes sein, in dem Telefonanlage und EDV miteinander verbunden sind (CTI = Computer-Telefone-Integration).

Die ersten Call-Center entstanden im Versandhandel, bei Fluggesellschaften und Autovermietungen. Diesen Branchen ist gemein, dass sie nicht mehr vor der Entscheidung für oder gegen den Aufbau und Einsatz eines Call-Centers stehen, sondern vor der Herausforderung, durch eine entsprechende Qualität des Telefonservice den Kundenbedürfnissen Rechnung zu tragen und sich damit gegenüber der Konkurrenz zu behaupten bzw. positiv abzuheben. Dies impliziert, dass Telefonservice als solcher kein Wettbewerbsvorteil ist, sondern dass die Differenzierungsmöglichkeiten von der Ausgestaltung abhängig sind. Als Ergebnis eines guten Telefonservice können neue Kunden gewonnen und Bestandskunden gehalten werden. Kundenservice bedeutet damit in der heutigen Zeit zunehmend Telefonservice.

Es ist die Tendenz abzusehen, dass jede Firma, die Produkte verkauft, ein Call-Center oder eine Call Group einrichten oder mit dem Telefonservice beauftragen wird. Denn die Entwicklung der neuen Kommunikationsmöglichkeiten via Internet abwartend gibt es derzeit keinen schnelleren und effektiveren Weg, seine Kunden zu erreichen und von ihnen erreicht zu werden, als das Telefon.

Die Messung von Servicequalität am Telefon

Wie schon erwähnt, können die Aktivitäten eines Call-Centers danach unterschieden werden, ob ankommende Kundenanrufe bearbeitet werden (inbound) oder ob die Mitarbeiter des Call-Centers potentielle Neukunden bzw. Stammkunden anrufen. Letzteres sind vermehrt Marketingaktivitäten, die nicht im Mittelpunkt der Erläuterungen stehen sollen. Der Schwerpunkt dieses Beitrages liegt auf den Kontakten, die von den Kunden initiiert werden, wie das bei Bestellungen von Waren, dem Nachfragen nach Informationsbroschüren, Fragen bezüglich der Funktionsweise eines neuen Produktes oder der Entgegennahme von Beschwerden der Fall ist.

Die Telefonservice-Angebote der Unternehmen tragen zu einem größer werdenden Anteil zu dem Globalurteil der Zufriedenheit eines Kunden mit dem Angebot und der Betreuung eines Unternehmens bei. Um seine Servicequalität zu verbessern, muss sich ein Unternehmen zunächst darüber klar werden, anhand welcher Kriterien der Kunde einen Telefonservice als gut bewertet. Im Anschluss daran sind operationalisierbare Messkriterien zu identifizieren, welche Aufschluss über das eigene Niveau und das der Wettbewerber geben.

Die Kunden erwarten eine hohe Erreichbarkeit eines kompetenten Servicemitarbeiters, der zügig die benötigten Auskünfte erteilt bzw. notwendige Folgeschritte wie das Abschicken eines Briefes oder das Bestellen einer Ware einleitet.

Als entscheidend für die Qualität des Kundenservice gilt die mittlere Belegungszeit der Telefonleitungen in einem Call-Center. Diese bezeichnet die Dauer, in der die Telefonleitungen im Durchschnitt belegt sind, und ist abhängig von dem Zusammenspiel von Technik und Mensch. Die folgende Abbildung verdeutlicht dies.

Die Schnelligkeit der EDV-Anlage, beispielsweise beim Darstellen der Adressmaske des Anrufers auf dem Bildschirm, hat direkte Auswirkungen auf die Dauer der Telefonverbindung und damit auf die mittlere Belegungsdauer. Auch das Fehlen von speziellen Eigenschaften der Telefonanlage, wie beispielsweise die Funktion „skilled-based-routing", erhöht die Belegungszeit. Skilled-based-routing ermöglicht das direkte Weiterleiten des eingehenden Anrufs, z.B. nach Schwierigkeitsgrad, Anlass, Sprache usw. an den dafür am besten geeigneten Call-Center-Mitarbeiter.

Das gleiche gilt für die Fähigkeiten der Mitarbeiter. Fachwissen, Kommunikationsfähigkeit sowie die Fähigkeit, mit Telefon und Computertastatur gleichzeitig zu arbeiten, sind entscheidende Merkmale. Hinzu kommen heute durch die zunehmende Kommunikation per E-Mail Eigenschaften wie Rechtschreibung, kundenorientiertes Texten der E-Mails usw. In Zukunft werden wir sicher auch per Videotelefon kommunizieren. Sie können sich vorstellen, dass dann weitere Fähigkeiten von den Call-Center-Agents verlangt werden. Der Trend geht tatsächlich zum Universalagenten, der alles weiß und alles kann.

Wenn wir über eine exzellente Kundenbindung und begeisterte Kunden sprechen, dann müssen wir auch definieren, was man eigentlich unter einem guten Anruf versteht. „Ein Anruf ist immer so gut, wie das Gefühl für Anrufer und Call-Center-Agent ist, wenn der Hörer aufgelegt ist." So lässt sich ein guter, kundenorientierter Anruf definieren.

Mein Freund Brad Cleveland fasst die Charakteristika eines qualitativ hochwertig entgegengenommenen und bearbeiteten Anrufes wie folgt zusammen:

1. Das Unternehmen, insbesondere die Unternehmensleitung, hat die Bedeutung des Telefonservices, und damit des Call-Centers, verinnerlicht.

2. Alle Mitarbeiter im Call-Center sind stolz auf die Arbeit, die sie tun.

3. Alle Informationen, die vom Anrufer genannt oder gewünscht werden, werden zu 100 Prozent vollständig erfasst oder geliefert.

4. Die Datenerfassung ist korrekt.

5. Der Mitarbeiter hat alle nötigen oder für diesen Anruf wichtigen Informationen erhalten oder erfragt.

6. Der Anrufer ist während des Telefongespräches nicht gestresst.

7. Der Anrufer fühlt sich sicher und hält es nicht für nötig, noch einmal nachzufragen oder seine Aussage zu wiederholen.

8. Der Mitarbeiter versteht es, eine emotionale Beziehung zu dem Anrufer aufzubauen.

9. Der Anruf löst keine Probleme für andere Abteilungen aus.

10. Es wird erkannt, welche Anrufe dringend sind und schnellstens eine Lösung verlangen.

11. Der Anrufer erhält kein Besetztzeichen.

12. Der Anrufer hängt nicht zu lange in der Warteschleife.

Wie misst man nun die Servicequalität am Telefon? Sicher gilt hier mehr als sonst: Die Servicequalität hängt entscheidend von dem Empfinden, der subjektiven Wahrnehmung des Kunden während und nach dem Telefonat, ab. Bei Unzufriedenheit droht der Kundenverlust und eine negative Mund-zu-Mund-Kommunikation. Ist er mehr oder weniger zufrieden, wird er weiter kaufen. Ist er aber begeistert von der Schnelligkeit und der Art und Weise, wie sein Anliegen behandelt wird, dann wird er mit Sicherheit nicht nur Kunde bleiben, sondern das Unternehmen weiterempfehlen.

Zum Feststellen der gegenwärtigen Servicequalität und zum Ermitteln des Verbesserungsbedarfs müssen demnach die Kunden befragt werden. Eine weitere Möglichkeit besteht in der Befragung der eigenen Mitarbeiter zu ihrem Empfinden, wenn sie in der eigenen Firma anrufen.

Das Versandhaus Quelle lässt seinen Service in der telefonischen Bestellannahme unter anderem durch jährlich 30.000 Testanrufe überprüfen. Die Mitarbeiter wissen dies, Trainingsprogramme werden genau auf die wahrgenommenen Defizite zugeschnitten.

Eine zusätzliche Möglichkeit, die Servicequalität zu messen, ist Benchmarking. Dabei sind sowohl Vergleiche innerhalb derselben Branche, beispielsweise mit anderen Direktbanken oder auch mit Serviceführern, sogenannten Best in Class, aus anderen Branchen sinnvoll.

Zur Ermittlung der Servicequalität werden zum einen quantitative Erfahrungen herangezogen, z. B.:

▲ Wie lange dauert es, bis der Hörer abgenommen wird?

▲ Wie lange ist der Anrufer in der Warteschleife?

▲ Wie lange dauert es, bis der Anrufer die gewünschte Antwort erhält?

Zum anderen ist die Erfassung qualitativer Faktoren, wie des Kommunikationsverhaltens wichtig, z. B.:

▲ Freundlichkeit,

▲ ehrliches Interesse am Anliegen des Anrufers,

▲ Fachkenntnisse.

Der Planungsprozess in einem Call-Center

Folgenden Aspekten sollte in den einzelnen Schritten nachgegangen werden:

Schritt 1: Wann wurde das Unternehmen gegründet? Wie war die bisherige Entwicklung? Wie ist die heutige Marktposition? Welche Produkte oder Dienstleistungen werden welchen Zielgruppen angeboten?

Schritt 2: Welche Telefonserviceleistungen sollen angeboten werden? Auf diese Frage folgt eine Einordnung der Ideen entsprechend ihrer Wertigkeiten. Ein 24-Stunden-Servicetelefon ist unter Umständen weniger wichtig als eine bessere Erreichbarkeit in der Kernarbeitszeit Ihrer Kunden.

Schritt 3: Durch wen oder was könnte die Einführung des Service ver- bzw. behindert werden? Ein Problem kann beispielsweise die Abhängigkeit von der EDV-Abteilung für die Umsetzung der Ideen sein, wenn diese auf Jahre hinaus mit „wichtigeren" Dingen ausgelastet ist. Eine andere Problematik liegt darin, die Geschäftsleitung von der Notwendigkeit einer Investition in eine neue Telefonanlage zu überzeugen, da die vier Jahre alte Anlage nicht für das Vorhaben geeignet ist.

Schritt 4: Wie liegt mein Unternehmen im Vergleich zu den Wettbewerbern (Benchmarking)?

Schritt 5: Wie viele Anrufe erhält mein Unternehmen täglich? Wie verteilen sich diese Anrufe auf die unterschiedlichen Anrufarten, d.h. wie viele Anfragen, Aufträge, Reklamationen usw. gehen tagtäglich, aufgeschlüsselt pro halbe Stunde, telefonisch bei Ihnen ein? Das Anrufaufkommen kann zwischen den Tagen stark variieren. Wenn die Versandhäuser beispielsweise ihre Sommer- oder Winterkataloge verschicken, steigt das Anrufaufkommen, erheblich mehr Personal wird gebraucht.

Schritt 6: Sammeln von Plandaten. Um einen guten Telefonservice anzubieten, müssen also vergangenheits-bezogene Daten gesammelt werden. Da sich das Anrufaufkommen monatlich, wöchentlich, täglich und halbstündlich ändert, müssen die Daten halbstundengenau für das gesamte vergangene Jahr ermittelt werden. Neben der Anzahl der entgegengenommenen Anrufe ist es jedoch auch unerlässlich zu wissen, wieviele Anrufer aufgelegt haben, weil sie nicht durchgekommen oder in der Warteschleife „verhungert" sind. Diese Informationen können durch moderne Telefonanlagen mit ACD-Technik automatisch ermittelt werden.

1. Ermitteln der durchschnittlichen Gesprächsdauer

   Wie lange dauert im Durchschnitt ein Gespräch in Abhängigkeit von der Anrufart? Ein Telefongespräch besteht aus der reinen Telefonzeit plus der notwendigen Nachbearbeitungszeit (z. B. Erfassen von Daten).

2. Prognose des Anrufaufkommes

   Nach der Messung der Anzahl der einzelnen Anrufe nach Arten, inklusive derjenigen Anrufer, die wieder aufgelegt haben, kann auf Halbstundenbasis eine Hochrechnung für das kommende Jahr gemacht werden, die die Prognose über das zu erwartende Anrufvolumen des bevorstehenden Jahres berücksichtigt. Mit dem Wissen um die durchschnittliche Dauer eines Anrufs (Telefonzeit + Nachbearbeitungzeit) ist es nun auch möglich, den Personaleinsatz auf eine halbe Stunde genau zu planen.

3. Prognose der Schwierigkeitsgrade

   Je nach Anrufart, Branche und Aufgabenstellung ändern sich der Schwierigkeitsgrad der Anrufe und damit auch die Anforderungsprofile für die Teleservicemitarbeiter. Für eine einfache Bestellannahme im Versandhandel ist häufig eine niedrigere fachliche Qualifikation als für den Hotlineservice eines Softwareproduktes in mehreren Sprachen erforderlich. Diese Unterschiede betreffen aber nur die Fachqualifikation; die Anforderungen an die Kommunikationsfähigkeiten bleiben davon weitgehend unberührt, sind also bei allen Anrufarten und Schwierigkeitstypen annähernd gleich hoch.

4. Festlegen des Servicelevels

   Unter Servicelevel versteht man eine prozentuale Anzahl von Anrufen, die in einer bestimmten Zeit vom Call-Center entgegengenommen werden. Ein Servicelevel von 80/20 drückt aus, dass 80 Prozent der eingehenden Anrufe in durchschnittlich 20 Sekunden vom Mitarbeiter angenommen werden. Man ist nun versucht zu schlussfolgern, dass 100/0 der beste Servicelevel ist, den ein Unternehmen bieten kann. Aber hierbei ist Vorsicht geboten: Erstens ist dieses Servicelevel kaum zu bezahlen, und zweitens könnte ein solcher „Überservice" genau das Gegenteil bewirken. Der anrufende Kunde könnte denken: „Haben die nichts zu tun?" oder „Und das muss ich alles mitbezahlen ...?"

5. Personalplanung

   Für diesen Schritt liegen nun alle erforderlichen Informationen vor. Mit Hilfe von Spezialsoftware, z. B. Erlang C (entwickelt von dem dänischen Mathematiker A. K. Erlang 1917 für die Planung örtlicher Telefonnetze), kann schnell und einfach eine fundierte Personalplanung vorgenommen werden.

   Mittlerweile gibt es auch ausgefeilte Simulationsprogramme, die weit mehr als Erlang C können.

6. Planung der benötigten Leitungskapazitäten

Um das gewünschte Servicelevel garantieren zu können, sind eine entsprechende Anzahl an Telefonleitungen für das Call-Center notwendig. Als Grundregel kann dabei gelten, dass weniger Telefonleitungen als Mitarbeiter benötigt werden. Das konkrete Verhältnis von Mitarbeitern und Telefonleitungen ist abhängig von der Länge der Nachbearbeitungszeit.

Schritt 7: In diesem Schritt wird der Servicelevel pro Abteilung anhand der zuvor erläuterten Kriterien festgelegt.

Schritt 8: Auch wenn die ACD-Technik einen wichtigen Baustein eines Call-Centers darstellt, sind die Menschen die hinreichende Bedingung für den Erfolg. Mit ihnen steigt und fällt die Qualität der Anrufe und die Zufriedenheit der Kunden. Je nach Größe eines Call-Centers sind folgende Funktionen zu besetzen:

1. Call-Center Manager
2. Technischer Leiter
3. Trainer
4. Forecaster (= „Anrufplaner")
5. Supervisor (Teamleiter)
6. Telefonservicemitarbeiter

Schritt 9: Viele Unternehmen übergeben heute den telefonischen Kundenservice ganz oder teilweise an Spezialunternehmen. Hewlett Packard GmbH, die SAP AG sowie der Neckermann Versand haben diesen Weg gewählt. Einfach ist die Entscheidung nicht, da man zumeist den wertvollsten Besitz des Unternehmens in fremde Hände übergibt: die Kunden.

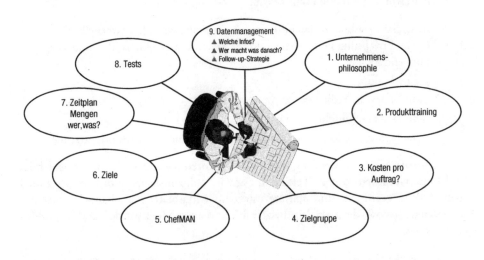

Abb. 33:   Die Planung einer Outbound-Kampagne

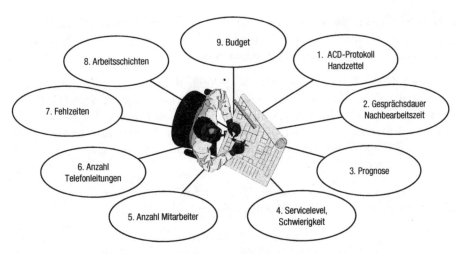

Abb. 34:   Planungskriterien für ein Inbound Call-Center

Die Arbeitsweise der besten Call-Center

Diese neun Schritte bilden das Fundament eines qualitativ hochwertigen Call-Centers. Für die Errichtung eines ebenso guten Telefonservice-Gebäudes sind vier Bausteine notwendig:

1. eine Vision,
2. die besten Mitarbeiter,
3. die beste technische Ausstattung,
4. die bedingungslose Ausrichtung auf Qualität und Kundenorientierung.

Zur Illustrierung der Bedeutung dieser vier Faktoren dient das folgende Beispiel des Telefonserviceunternehmens Telcare mit Sitz in Wilhelmshaven/Nordsee. Die Firma wurde 1992 gegründet und startete mit zehn Mitarbeitern. Es handelte sich um Langzeitarbeitslose, die sorgfältig ausgewählt und ausgebildet wurden und hochmotiviert waren.

1993 entwickelte man eine Vision. Den Impuls dazu gab ein EKS-Strategie-Seminar. Das Hauptprinzip der EKS-Methode, entwickelt von dem Systemforscher W. Mewes, lautet: Vernachlässige deine Schwächen, und konzentriere dich auf deine Stärken. Suche dir ein Marktsegment aus, wo du deine Stärken voll nutzen kannst und wo du Marktführer und Zielgruppenbesitzer wirst.

Das Marktsegment der Telcare bestand darin, Telefonservice für technische Produkte im Outsourcing anzubieten. Die Vision lautete: „Wir wollen in diesem Segment das Mekka des Telefonservices für IT-Produkte werden."

1996 wurde die Telcare nach DIN ISO 9000ff. zertifiziert. Zu diesem Zeitpunkt arbeiteten 350 qualifizierte Mitarbeiter für Unternehmen wie die SAP AG, E-Plus, Samsung Electronics, Rank Xerox usw. Die meisten der ehemals „Langzeitarbeitslosen" aus der Gründerzeit hatten, ständig weiterqualifiziert durch Aus- und Weiterbildungsmaßnahmen, zwischenzeitlich Karriere gemacht und arbeiteten als Telefontrainer oder Supervisor.

1997 übernahm das amerikanische Unternehmen Sykes Enterprices die Telcare. Sykes brachte als „Mitgift" den Kunden Hewlett Packard in die Ehe ein.

Auch Sykes hat sich auf exzellenten Telefonservice für IT-Produkte spezialisiert. Weltweit arbeiten fast 10.000 Mitarbeiter für dieses Outsourcingunternehmen.

Die besten Unternehmen investieren natürlich auch in die Ausbildung der Call-Center-Agents.

Drei Arten der Ausbildung sind heute notwendig:

1. Fachtraining

   Die fachliche Qualifikation muss permanent durch Tests überprüft werden, insbesondere wenn sich an den Produkten, z. B. einer neuen Softwarerelease, etwas ändert.

2. Kommunikationstraining

   Das Gefährlichste in der Kommunikation mit Interessenten und Kunden ist die Routine. Die Teamleiter und Trainer sind verpflichtet, sich immer wieder neue, motivierende Trainings auszudenken, um Routine in der Kommunikation zu vermeiden.

3. PC-Ausbildung

   Dazu gehören heute sehr gute Kenntnisse in der Datenerfassung, Datenbankkenntnisse und in Zukunft mehr und mehr alle Fähigkeiten, die zur optimalen Bearbeitung von E-Mails, Videomails usw. notwendig sind.

Die besten Call-Center haben natürlich auch die entsprechende Technik, also Telefonanlage und EDV. Denn die technische Ausstattung hilft entscheidend, die Qualität in einem Call-Center zu messen und zu steigern.

Standard sind heute Anlagen mit ACD-Technologien. Diese Anlagen messen oder erkennen beispielsweise:

1. Die Anzahl der Anrufe, die eingehen und ausgehen.
2. Die Anzahl der Anrufe, bei denen der Anrufer, z. B. wegen zu langer Wartezeit, wieder auflegt.
3. Woher der Anruf kommt.
4. Wie lange die Telefonzeit pro Anruf und Arbeitsplatz ist.
5. Wie lange die Nachbearbeitungszeit pro Anruf und Arbeitsplatz ist.
6. Welche Arbeitsplätze wie ausgelastet sind.
7. Wieviele Anrufer in der Warteschlange sind.

Alle diese Informationen, die eine ACD-Telefonanlage bereitstellt, helfen, die Servicequalität zu messen und zu steigern. Da die neueren ACD-Systeme die Zahlen auch am Bildschirm in Echtzeit liefern, können sofort Maßnahmen eingeleitet werden, beispielsweise wenn der Servicelevel nicht mehr gehalten werden kann.

Die Sicherung und Erhöhung der Qualität des Telefonservices

Qualitätsmessung und Qualitätssteigerung in einem Call-Center ist ein permanenter Prozess. Neben der Qualität sollte aber auch die Effizienz gesteigert werden.

Folgendes Beispiel zeigt eine Möglichkeit dafür auf:

Bereits 1981 hat die amerikanische Fachzeitschrift „the office" in einer Untersuchung festgestellt, dass die Arbeit mit Sprechgarnituren („headsets") nicht nur eine qualitativ bessere Telefonkommunikation garantiert, sondern dass man damit den Anrufer um 72 Prozent schneller begrüßen kann. Bei Tausenden von Anrufen pro Tag sind die Auswirkungen enorm.

Eine amerikanische Telefonauskunft hat 1997 in der Telefonauskunft folgende Änderung vorgenommen: Anstatt mit „Good morning, my Name is ..." begrüßen die Mitarbeiter die Anrufer mit „Hi, my name is ...". Die Einsparungen betragen jährlich einige hunderttausend Dollar.w

Es ist also sinnvoll und aus Kostengesichtspunkten mitunter sogar unerlässlich darüber nachzudenken,

1. wie man die Telefonzeiten (und natürlich auch die Nachbearbeitungszeiten) pro Anruf verkürzen kann, ohne dass die Kommunikationsqualität darunter leidet.

2. wie man Arbeitsprozesse innerhalb des Call-Centers optimiert. Dell Mitarbeiter faxen das maßgeschneiderte Angebot aus dem Computer unmittelbar nach dem Telefongespräch an den Interessenten.

3. wie man alle Möglichkeiten nutzt, die die moderne ACD-Technik heute bietet, z.B.:

    ▲ **Screen pop:** Dabei erscheint, gleichzeitig mit dem eingehenden Anruf, die entsprechende Bildschirmmaske mit Kommunikationshistorie im Bildschirm des Teleservicemitarbeiters. Das lästige Nachfragen nach Namen und Kundennummer entfällt.

    ▲ **Skilled-Based Routing:** Dabei erkennt die Telefonanlage, woher der Anruf kommt, z.B. aus dem Ausland, und welchen Schwierigkeitsgrad dieser Anruf hat. Der Anruf wird direkt an den entsprechenden Arbeitsplatz, mit den entsprechenden Fach- und Sprachkenntnissen, geleitet.

Das Zusammenspiel zwischen hochmoderner, intelligenter Technik und den menschlichen Kommunikationsfähigkeiten ist das Faszinierende am Call-Center-Management. In kaum einem service- oder marketingorientierten Bereich eines Unternehmens lassen sich Servicequalität und Effizienz so gut messen und steigern wie in einem Telefonservicecenter.

Die Zukunft

Das Call-Center der Zukunft wird sich immer weniger mit dem reinen Telefonservice begnügen. Alle Möglichkeiten der Kommunikation, seien es die traditionellen, wie Brief und Fax, die heutigen, wie Telefon und E-Mail, oder seien es die zukünftigen, wie Video-Mail, Videophone usw., werden in einem „Center" eingehen.

Die Mitarbeiter in solchen Centern – heute reden wir von „Customer-Relationsship-Centern", aber der Name wird sich sicher sehr schnell wieder ändern – müssen enorme Fähigkeiten besitzen. Dabei werden sie von intelligenten Computersystemen und intelligenter Software unterstützt.

Der Call-Center-Agent der Zukunft, der aus reklamierenden Kunden Empfehlerkunden machen soll und aus zufriedenen Kunden begeisterte Kunden, wir ein Generalist sein.

Er wird ein Topkommunikator mit exzellenten Computer- und Softwarekenntnissen sein.

„Wann wird es den ersten Vorstandsvorsitzenden geben, der über das Call-Center Karriere gemacht hat?" Diese Frage warf Richard Teerlink, der ehemalige CEO von Harley-Davidson, auf einem Kongress in Chicago in die Runde. Wahrscheinlich wird es nicht mehr so lange dauern. Denn kaum jemand weiß so viel in einem Unternehmen über Neukundengewinnung, Computertechnik, Telefontechnik, Organisation, Kundenservice und harte Arbeit wie Call-Center-Mitarbeiter.

2.4 Kundenmonitoring

2.4.1 CLV-M-basiertes Kundenmonitoring als innovatives Controlling-Instrument in Marketing und Vertrieb

Klaus Thelen, NETWORK Corporate Process Consulting/
Christian Wilkens, NETWORK Management Consulting

Einleitung

Voraussetzung und Basis aller Entscheidungen im kundenwertbasierten Marketing ist ein valides Zahlenwerk, das Aussagen über den Wert eines Kunden bzw. einer Kundengruppe zulässt. Kundenmonitoring ist die zentrale Funktion für ein Marketing, das der Einsicht gehorcht, nicht jeden Kunden gleich zu behandeln. Kundenmonitoring ist deshalb die Controlling-Funktion CLV-M-basierten Marketings: Planung, Steuerung und Kontrolle des Kunden-Marketings haben hier ihre Basis.

CLV-M-basiertes Kundenmonitoring ist ein junges Mitglied in der Familie der Controlling-Funktionen in Marketing und Vertrieb. Es ergänzt Marketing-Controlling und Vertriebs-Controlling um ein entscheidendes Moment, indem es die für das Unternehmen vitale Wertkomponente, den Kundenwert, als ausschlaggebende Größe zur Bestimmung der Marketing-Aktivitäten erhebt und in Beziehung zu den Maßnahmenplanungen setzt. Die Tatsache, dass Kundenmonitoring ein innovatives Controlling-Instrument darstellt, bedeutet zugleich auch, dass es weniger etabliert und in der Regel zunächst weniger differenziert in Konzeption und Ausführung ist und sein kann. Die Implementierung CLV-M-basierten Kundenmonitorings muss darauf Rücksicht nehmen und neben der Kommunikation der Leistungsfähigkeit dieses Tools bei der Neu- bzw. Erst-Einführung zugleich auch darauf achten, das Instrumentarium nicht zu komplex zu entwickeln, sondern an den bestehenden Daten und Quellen, die dem Unternehmen zur Verfügung stehen, auszurichten und sich zugleich auf relevante Entscheidungen zu beziehen.

Für viele Unternehmen und Marketing-Abteilungen mag die Herausforderung, den Wert eines Kunden zu ermitteln und aktuell zu halten, als ein zu großes Hindernis erscheinen. Wie sollen sich schließlich realistische Aussagen über die ungewisse Zukunft der eigenen Kundenbeziehungen treffen lassen und vor allem: Woher soll man an die dafür erforderliche Datenbasis gelangen? Bei genauer Betrachtung zeigt sich allerdings, dass in der Regel der weitaus größte Teil des Voraussetzungen im Unternehmen bereits vorhanden ist und dass es nur an der intelligenten Nutzung dieses Wissens mangelt.

Kundenmonitoring im Unternehmensumfeld: Neben der Funktion des Kunden-monitorings für die CLV-M-basierten Marketing-Funktionen (vgl. auch Kapitel 2.1 – 2.3) spielt auch die Einordnung innerhalb des übrigen Unternehmensumfeldes eine wichtige Rolle. Gleichgültig, welche organisatorische Ausgestaltung gewählt wird: Hier entscheidet sich, ob systematisches Kundenwert-Controlling in das Räder-werk der übrigen Instrumente eingepasst ist und insofern auch darin wirksam wird.

Unterscheidet man **drei Ebenen** (siehe Abbildung 35) von Steuerungs- und Lei-tungsfunktionen innerhalb von Unternehmen – Unternehmens-Portfolio-Steuerung, Geschäftssteuerung und Prozess-Steuerung –, dann hat das CLV-M-basierte Kun-denmonitoring die Aufgabe, die markt- und kundenseitige Unternehmensposition innerhalb der Ebene der Geschäftssteuerung abzubilden. Mit anderen Worten: Das Kundenmonitoring ist integraler Bestandteil einer z.B. per Balanced Scorecard durchgeführten Gesamtsteuerung des Unternehmens innerhalb seiner verschiedenen Unternehmensfunktionen und Kompetenzbereiche („Markt und Kunde"). Hier wer-den die bestehenden Markt-Beziehungen des Unternehmens abgebildet und für die Steuerung der Unternehmens fruchtbar gemacht.

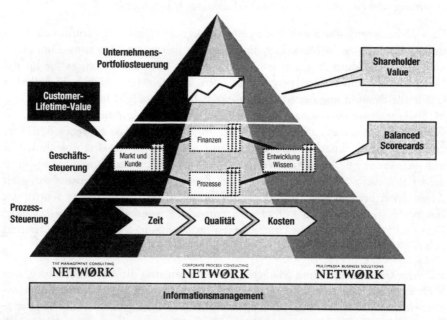

Abb. 35:   Corporate Value Management als Basis des CLV-Managements

Fragt man über die Unternehmens**funktionen** hinaus nach der Einordnung des Kundenmonitorings in die bedeutendsten Unternehmens**prozesse** (Produktentwick-lung, Kundengewinnung, Kundenbindung) – ein Aspekt, der vor allem bei der Implementierung und Einordnung in die revolvierenden Jahresaktivitäten von

Bedeutung ist –, dann wird ersichtlich, dass das Kundenmonitoring einen wichtigen Einsatzpunkt und die Grundlage der Marketing-Planung eines Unternehmens bilden sollte und darauf aufbauend die Vertriebsplanung vor allem hinsichtlich seiner kundenbetreffenden Aktivitäten maßgeblich mit beeinflussen muss.

CLV-M-basiertes Kundenmonitoring stellt – obwohl es als innovatives Instrument kaum auf die Erfahrung anderer Instrumente zurückblicken kann – ein sowohl innerhalb des CLV-Managements als auch innerhalb der übrigen Unternehmensfunktionen und -prozesse eminent wichtiges Instrument dar. Unternehmen, die unter Kundenbeziehungen mehr als die Frage nach Kundenzufriedenheit verstehen, wissen, dass hier die Ertragsoptimierung zentral anzusetzen hat, und werden CLV-M-basiertes Kundenmonitoring mit oberster Priorität gestalten und betreiben.

Kernfunktion Kundenmonitoring

Wie bereits erwähnt, ist das Kundenmonitoring von zentraler Bedeutung für die übrigen Teilprozesse des Customer-Lifetime-Value-Managements. Es ist zu verstehen als die Aufgabe, eine Grundlage für Planung, Steuerung und Kontrolle aller auf den Kunden ausgerichteten Marketing-Aktivitäten zu liefern.

Für die **Planung** des CLV-M-basierten Kundenmanagements liefert das Kundenmonitoring die erforderliche Daten- und Entscheidungsbasis. Je nach Attraktivität des Kunden für das Unternehmen sollen schließlich die zur Verfügung stehenden Mittel effizient eingesetzt werden. Deshalb kommt es hier darauf an, eine sinnvolle und zutreffende Bestimmung des Kundenwertes vorzunehmen (siehe hierzu „Kenngrößen des CLV-M-basierten Kundenmonitorings/Ermittlung des Kundenwertes auf Seite 146") und die möglichen Marketing-Aktivitäten entsprechend zuzuordnen.

Hinsichtlich der **Steuerung** übernimmt das Kundenmonitoring die Funktion, darüber zu wachen, dass die Mittel-Zuordnung tatsächlich nach den für das Unternehmen relevanten Kriterien erfolgt, während die **Kontrolle** gewissermaßen das „**Lernen**" des Kundenmonitorings darstellt. Hier wird überprüft, inwieweit die gesetzten Ziele erreicht wurden und ob die angesetzte Verbindung von Maßnahme und wirtschaftlichem Ergebnis auch tatsächlich zutreffend war. Die Suche nach Alternativen und die rollierende Überarbeitung der CLV-M-orientierten Maßnahmen-Planungen haben hier ebenfalls ihren Platz.

Nach der Darstellung von Funktion und Einsatz des CLV-M-basierten Kundenmonitorings soll im Folgenden der inhaltlich und konstruktiv zentralen Frage nachgegangen werden, welches die Kenngrößen für ein CLV-M-basiertes Kundenmonitoring sind, und hier vor allem, wie sich der Wert eines Kunden für ein Unternehmen errechnet.

Kenngrößen des CLV-M-basierten Kundenmonitorings/Ermittlung des Kundenwertes

Wie bereits erwähnt liefert das Kundenmonitoring die Basis für sämtliche auf den Kunden ausgerichteten Marketing-Aktivitäten. Die wichtigsten Axiome zur kunden-wertorientierten Ausübung des Kundenmonitorings sind deshalb:

▲ **Daten-Design:** Das Kundenmonitoring muss die Art der Basisdaten fixie-ren, mit denen das übrige Marketing arbeiten soll. Vor allem der Kunden-wert und die ihn beeinflussenden Parameter und Faktoren sind hier angebots- und unternehmensadäquat zu bestimmen.

▲ **Daten-Beschaffung:** Das Kundenmonitoring muss dafür sorgen, dass die übrigen Marketing-Funktionen die Basis-Daten zur Verfügung gestellt bekommen. Neben der Frage, ob die bestehenden Systeme die erforderlichen Daten enthalten bzw. liefern können, geht es dabei vor allem um eine sinn-volle Verknüpfung der Daten bzw. Systeme.

▲ **Entscheidungsrelevanz der Daten-Analyse:** Das Kundenmonitoring muss solche Basisdaten konzipieren, erheben und zur Verfügung stellen, die ent-scheidungsrelevant sind. Daten, die nicht oder nur unwesentlich zu Ent-scheidungen über Kundenbeziehungsmaßnahmen beitragen, sollten im CLV-M-System nur wenig bzw. gar keinen Platz einnehmen.

Daten-Design: Auswahl und Definition der Basis-Daten für das Customer-Lifetime-Value-Management eines Unternehmens sind die wichtigsten Aufgaben des Kunden-monitorings. Während in der Aufbau- bzw. Implementierungsphase eines Unterneh-mens auch andere Bereiche als das Kundenmonitoring an dieser Aufgabe beteiligt sein können, wird die laufende bzw. revolvierende Überprüfung der für das CLV-M ausgewählten Daten vor allem im Kundenmonitoring selbst vorgenommen.

Wichtigste Kenngröße des Daten-Designs ist dabei der Customer-Lifetime-Value, d.h. der Wert, den der Kunde für ein Unternehmen darstellen kann bzw. darstellt. Bei der Berechnung des CLV eines Kunden oder einer Kundengruppe sind zunächst zwei Perspektiven relevant.

Die **Vergangenheitsperspektive (Ex-post-Betrachtung)** nimmt alle dem Kunden zurechenbaren Kosten und Erlöse auf und ist im Idealfall in der Lage, eine Kunden-(Gruppen-)Deckungsbeitragsrechnung zu erstellen. Bereits diese Betrachtung versetzt die Unternehmen in die Lage, einen aktuellen monetären Wert, den einzelne Kun-den und Segmente für das Unternehmen darstellen, bestimmen zu können und Maß-nahmen je nach Höhe entsprechend zu gestalten.

Das Schema für eine solche **Kundendeckungsbeitragsrechnung** gibt die folgende Übersicht wieder:

      Umsatzerlöse nach Kunden (-Gruppen)

- Erlösschmälerungen (Rabatte, Skonti)

- Forderungsausfälle

= **Nettoumsatzerlöse**

- Direkt zurechenbare Einzelkosten, z. B.

    ▲ Wareneinsatz, Fremdleistungen

    ▲ Vertriebsaufwendungen

    ▲ Werbeaufwendungen

- Sonstige (u. U. Kundengewinnungskosten, Provisionen, etc.)

= **DB 1**

- Prozesskosten, z. B.

    ▲ Kundengewinnungsaktivitäten

    ▲ Kundenbindungsaktivitäten

= **DB 2**

Dabei sind sinnvollerweise mehrere Zeitkomponenenten zu berücksichtigen und abzubilden:

▲ der laufende Monat,

▲ das laufende Jahr (kumulativ),

▲ die Gesamtzeit (seit Kundengewinnung, kumulativ).

Die Bestimmung des CLV bleibt jedoch nicht bei dieser rückwärtsorientierten Perspektive stehen. Vielmehr stellt der CLV das Gesamtpotential eines Kunden bzw. einer Kundengruppe dar, indem er die Vergangenheitsperspektive um eine **Zukunftsperspektive (Ex-ante-Betrachtung)** bereichert. Auch hier werden alle dem Kunden zurechenbaren Kosten und Erlöse errechnet, allerdings mit der Einschränkung, die sich aus der Ungewissheit prognostischer Aussagen ergibt. In der Zukunftsperspektive kommen nämlich die beiden wichtigsten Merkmale, Intensität und Länge der Beziehung, mit in den Blick.

Die **Intensität** gibt Auskunft darüber, wie stark die eigene Lieferantenposition bei dem Kunden ist. Anders als bei sonst üblichen Bestimmungen der Lieferantenposition kann innerhalb des CLV-M das gesamte Nachfragevolumen des Kunden mit berücksichtigt werden – also inklusive solcher Produkt- und Dienste-Nachfragen, die traditionell außerhalb der eigenen Markt-Definition liegen. Mit dieser Fassung der Lieferantenposition werden nicht nur typische Wettbewerbssituationen reflektiert. Vielmehr wird hier die Einsicht ernst genommen, dass allein schon der Zugang zum Kunden, angereichert um die Kenntnis seiner Bedürfnisse, eine wesentliche, wenn nicht die entscheidende Kompetenz/Wertschöpfung des Unternehmens darstellt.

Einen wichtigen Orientierungspunkt bei der Bestimmung der zukünftigen Intensität der Kundenbeziehung liefert die Erstellung von Kundenpräferenz-Profilen bzw. die Ermittlung von Kunden-Nutzenanalysen. Während die Kunden-Nutzenanalyse vor allem den tatsächlichen Nutzen (und zwar hinsichtlich Dimension und Höhe) der eigenen Produkte und Dienstleistungen ermittelt, um die Angebotsgestaltung und die Angebots-Performance zu optimieren, werden bei der Erstellung des Kundenpräferenz-Profils die möglichen z. T. naheliegenden und z. T. fernerliegenden Nachfrage-Gewohnheiten in einem weiteren Horizont erfasst. Diese Erfassung muss mit dem Ziel geschehen, solche Produkte und Dienstleistungen zu identifizieren, mit denen das eigene Angebotsportfolio sinnvoll abgerundet oder ergänzt werden kann.

Die **Länge** der Beziehung ist die andere wichtige Zukunftskomponente des CLV. Sie ist vor allem deshalb von Bedeutung, weil Kundengewinnungskosten und andere Anfangsinvestitionen in eine Kundenbeziehung mit zunehmender Gesamtdauer der Beziehung an Gewicht verlieren.

Wichtige Orientierungspunkte zur prognostischen Bestimmung der Länge der Beziehung sind Kundenzufriedenheits- und Loyalitäts-Analysen. Die im CSI (Customer-Satisfaction-Index) fixierte Kundenzufriedenheit gibt Auskunft über das subjektive Empfinden des Kunden bezüglich der vom eigenen Unternehmen erbrachten Leistung – und zwar über alle Wertschöpfungsstufen hinweg. Diese im Customer-Relationship-Management in der Regel vorhandene bzw. geführte Kenngröße bildet eine wichtige Voraussetzung für tatsächliches Wiederverkaufsverhalten der Kunden ab. Schließlich belegen eine Reihe von Studien den Zusammenhang zwischen Kundenzufriedenheit und ausgeübter Kundennachfrage. Stärker fokussiert jedoch die im CLI (Customer-Loyality-Index) erfasste Loyalität des Kunden bzw. der Kundengruppe auf die tatsächliche Kundentreue. Dieser Wert ist insofern von Bedeutung, als es für das Unternehmen wichtig ist, das zum Wiederkauf erforderliche Mindestmaß an Kundenzufriedenheit zu kennen. Denn nur so kann vermieden werden, dass die

Maßnahmen zur Steigerung von Kundenzufriedenheit – haben sie erst einmal den erforderlichen Wert überschritten – sich dennoch nicht in Mehrumsätzen niederschlagen.

Zur Errechnung der erwarteten Länge der Kundenbeziehung – der Customer-Lifetime – kann über die Auskünfte aus den eigenen Kundenstammdaten hinaus auch auf statistische Werte wie z. B. durchschnittliche Lebenserwartung zurückgegriffen werden. Je nach Branche und Produkt bzw. Angebot empfiehlt es sich dabei, den Bezug zum eigenen Produkt und dessen Relevanz mit zu berücksichtigen. Schließlich bringen unterschiedliche Lebensphasen in vielen Bereichen unterschiedliches Nutzungsverhalten und in der Folge unterschiedliches Kaufverhalten mit sich.

Exkurs: Die Ermittlung des Customer-Lifetime-Value: Wie bereits angedeutet, ist ein wichtiges Element der CLV-Bestimmung die Erstellung einer Kundendeckungsbeitragsrechnung. Bereits aus dieser retrospektiven Betrachtung lassen sich Aussagen zum Wert einzelner Kunden bzw. Segmente für das Unternehmen treffen. Bei der Ermittlung des prospektiven Wert-Elementes wird in Analogie zur Bestimmung des Unternehmenswertes mit Hilfe der Kapitalwert-Methodik operiert: Der Kundenwert wird als Summe aller zukünftig eintreffenden Einzahlungen und Auszahlungen bestimmt und abdiskontiert dargestellt.

Durch Festlegung eines Soll-Deckungsbeitrags (pro Kunde/Segment) wird darüber hinaus die Verbindung zum Gesamtunternehmensergebnis hergestellt. Damit wird zum einen die Grundlage für die Bewertung des jeweils errechneten Kunden-DB gelegt. Zum anderen wird damit der Zusammenhang zum Unternehmenswert geschaffen, wodurch ein direkterer Marktbezug abbildbar wird und letztlich eine neue Dimension in der Unternehmensbewertung im Rahmen von Mergers and Acqusitions erschlossen wird.

Der diskontierte Cash-flow reflektiert zum einen mit seinem Zinsfaktor das unternehmerische Risiko des Marktes. Zum anderen reflektiert der Risiko-Faktor, der sich aus der Ungewissheit über die zukünftige Entwicklung des Kunden ergibt und der auf dem CSI (Customer-Satisfaktion-Index) basiert, das Kunden-Risiko bzw. die natürliche Dynamik der Kundenbeziehung. Neben dem CSI ist auch der CLI (Customer-Loyality-Index) als wesentlicher Wert einzubeziehen; hier wird die Erwartung der Länge der Kundenbeziehung darstellbar.

Durch die Einbeziehung des differenzierten Terminal Value wird zudem die maximale bzw. maximal mögliche Dauer der Kundenbeziehung berücksichtigt. Da mit zunehmendem Zeitrahmen der prospektiven Betrachtung das Risiko exponentiell steigt, ist es angeraten, den Fokus der detaillierten Planung auf ca. drei Jahre zu limitieren. Je nach Branchen-Dynamik – technologische Innovationszyklen haben sich in der Vergangenheit in der Telekommunikation als vitaler erwiesen als in der Mineralöl-Branche – kann und sollte dieser Wert variieren. Die Bestimmung des Restwertes der Kunden/Segmente wird über den Terminal Value vorgenommen.

Da die Erhebung des Kundenwertes auf dem Segmentierungsansatz des Unternehmens beruht, dieser aber für gewöhnlich als statisches System verstanden und ausgeübt wird, ergibt sich aus der Bestimmung des CLV und des ihm innewohnenden Zukunftsbezuges die Notwendigkeit, Übergänge aus einem Kundensegment in ein anderes über den Verlauf der gesamten Kundenlebensdauer abzubilden. Mit anderen Worten: In der CLV-Betrachtung wird aus einem Kundensegment eine Summe höchst unterschiedlicher wenn auch strukturell identischer Kundensegment-Historien. Wer heute einem Segment der Altersklasse vierzig bis fünfundvierzig Jahre angehört, gehörte vor zehn Jahren in das Segment der Anfang-Dreißiger. In zehn Jahren wird er sich im Segment der jungen Alten befinden. Die entsprechenden Konsequenzen für die Bestimmung von Kundennutzen etc. müssen berücksichtigt werden.

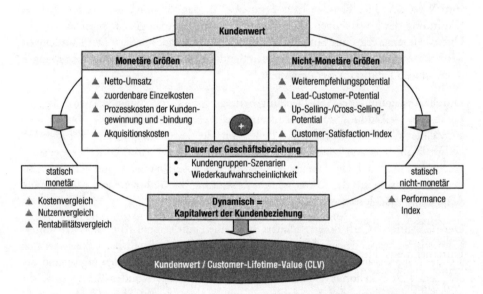

Abb. 36:   Der optimale Ansatz zur Kundenwertbestimmung ist die dynamische, lebenszyklusorientierte Kapitalwertmethode

Daten-Beschaffung: Sind in einem ersten und grundlegenden Schritt Art, Umfang und Kombination der Daten für CLV-M-basiertes Kundenmonitoring festgelegt worden, so kommt es darauf an, die für die laufende Errechnung des Kundenwertes erforderlichen Zahlen zu ermitteln. Es müssen also die definierten Daten beschafft und dem Unternehmen zur Verfügung gestellt werden.

Anders als häufig angenommen sind die für die Ermittlung des CLV erforderlichen Daten in der Regel zu einem großen Teil im Unternehmen bereits vorhanden.

So lassen sich die für die Erstellung der Kundendeckungsbeitragsrechnung erforderlichen Daten aus den vorhandenen Transaktionssystemen extrahieren: Die Fakturierungssysteme liefern Kundenstamm- und -Bewegungsdaten, und aus der Kostenrechnung lassen sich relevante zuordnenbare Einzelkosten erheben.

Für die Ex-ante-Betrachtung sind – auf Basis der Kunden-DB-Rechnung – solche Parameter mit einzubeziehen, die die Prospektivität der Kundenbeziehung abbilden. Deshalb sollte man auf den in vielen Unternehmen bereits ermittelten CSI (Customer-Satisfaction-Index) zurückgreifen sowie die Ergebnisse von Kundennutzenanalysen in die Berechnung mit einbeziehen. Da allerdings aus diesen Daten allein noch keine zukunftsorientierten Entscheidungen abgeleitet werden können, ist es notwendig, auch prospektive Plandaten mit einzubeziehen.

Eine traditionelle Marketing- und Vertriebsplanung, wie sie üblicherweise in größeren Unternehmen durchgeführt wird, ist in der Regel Grundlage der klassischen Finanzplanung. Sie liefert jedoch keine konkreten Antworten über die eigene Potentialausschöpfung beim Kunden bzw. innerhalb der Kundengruppe, weshalb es einer Weiterentwicklung der Marketing- und Vertriebsplanung auf Basis der Kunden bzw. Kundensegmente bedarf. Die Berechnung des Customer-Lifetime-Value (s. o.) stellt mit der Anwendung der Kapitalwert-Methodik eine valide Erweiterung dar.

Die hierfür zu beschaffenden Daten beziehen sich u. a. auf angewandte Segmentierungsansätze (inkl. Übergangs-Dynamisierungs-Funktionen), Plan Absatz, Umsatz und Einzelkosten je Segment etc.

Entscheidungsrelevanz der Daten-Analyse: Wichtiges Kriterium für die Konstruktion eines CLV-Managements im Kundenmonitoring ist die Erhebung und Beschaffung der Daten streng nach ihrer Relevanz für CLV-orientierte Entscheidungen des Unternehmens. Hierbei sollten nicht nur solche Daten unberücksichtigt bleiben, die keinen analytischen Aussagewert über Zusammenhänge zwischen Kundenverhalten und Kundenwert aufweisen. Unberücksichtigt bleiben auch solche Daten und Werte, die nur in einem geringen Maß aussagefähig sind: Wie für den Mitteleinsatz so sollte auch für Daten-Design und -Beschaffung die Konzentration auf Wesentliches und Erfolgsrelevantes praktiziert werden.

Neben dieser Entscheidungsrelevanz für die Ermittlung des CLV ist die Bedeutung für Entscheidungen über Aktivitäten in Angebots-Politik, Marketing und Vertrieb zu berücksichtigen. Der Zusammenhang zu bestehenden Management-Entscheidungen ist hier strikt zu wahren. Schließlich macht es keinen Sinn, solche Daten zu definieren und zu beschaffen, die letztlich nicht dazu beitragen, den Maßnahmeneinsatz für die aus Unternehmenssicht interessantesten Kunden(-Gruppen) zu optimieren.

Damit beschreibt die Ex-post-Betrachtung den aktuellen Status-quo und zeigt auf,

▲ Welche aktuellen Kunden hinreichende Deckungsbeiträge generieren (20:80 Regel). Attraktive Kunden rechtfertigen größeren Mitteleinsatz als prinzipiell unattraktive. Zudem lassen sich Maßnahmen identifizieren, wie weniger attraktive Kunden in ihrer Attraktivität für das Unternehmen zu optimieren sind.

▲ In Kombination mit einer Vertriebsergebnisrechnung lässt sich bestimmen, welche Vertriebskanäle die profitablen Kunden generieren. Hier bieten sich valide Ansatzpunkte für die Überprüfung von Provisionierungsmodellen sowie zur Provisionierungsdifferenzierung nach Kanälen.

▲ Last not least lassen sich Anhaltspunkte ermitteln, welche Notwendigkeit zur Anpassung von unternehmensinternen und -externen Kostenstrukturen und Ablaufprozessen besteht und ob deren Kosten erfolgsrelevant sind.

Implementierung von CLV-M-basiertem Kundenmonitoring

Für Unternehmen, die nicht über Ansätze eines Customer-Lifetime-Value-Managements verfügen, empfiehlt es sich, die Implementierung von CLV-M-basiertem Monitoring in drei Schritten vorzunehmen.

In der ersten Phase werden die benötigten Basisdaten beschafft: Aufbauend auf einer kundenwertorientierten Kundensegmentierung wird aus den vorhandenen Transaktionssystemen die Zuordnung der effektiven Umsätze und Einzelkosten pro Segment bzw. pro Kunde vorgenommen. Diese Phase schließt mit der Festlegung der Soll-Deckungsbeiträge je nach Kundengruppe ab. Bereits in der ersten Phase werden in der Regel im Unternehmen sonst nicht vorhandene Kenntnisse über die Verursachung bzw. Zuordenbarkeit einzelner Kosten gewonnen.

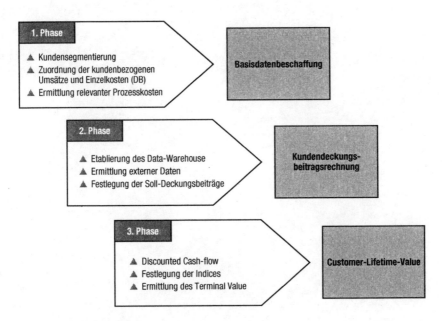

Abb. 37:   Eine sukzessive Einführung erleichtert die Umsetzung

Im zweiten Schritt wird die eigentliche Kundendeckungsbeitragsrechnung erstellt, basierend auf einem leistungsfähigen Data-Warehouse. Mit der hier erstellten Kunden-DB-Rechnung sieht sich das Unternehmen in der Lage, Aussagen über die Profitabilität einzelner Kunden bzw. Segmente zu machen. Allerdings können solche Aussagen ohne die Frage nach dem Potential der Kunden zu leicht dazu verführen, solche Kunden abzustoßen, die aktuell nicht außerordentlich attraktiv sind, die aber dennoch – z. B. via Angebotserweiterung, verstärktem Maßnahmeneinsatz oder stärkeren Nutzenorientierung – zu profitablen Kunden entwickelt werden können. Augenfällig wird dies, wenn man bedenkt, dass mit dem Übergang ins Berufsleben vormals unattraktive Kunden schnell zu hochattraktiven Konsumenten werden können. Andere Übergänge in Lebensphasen müssen ebenso als Potentialverstärker angesehen werden.

Im letzten Schritt schließlich wird auf Basis der Kundendeckungsbeitragsrechnung und unter Hinzuziehung externer Daten zur Ermittlung der unter Abschnitt „Daten-Design auf Seite 146" erwähnten Indices der tatsächliche Customer-Lifetime-Value berechnet. Dieser erst kann letztlich in der Lage sein, die auf den Kunden ausgerichteten Maßnahmen zu begründen bzw. uneffektive Maßnahmen zu vermeiden.

2.4.2 Data-Warehouses und Kundenmonitoring

Elmar Jobs, NETWORK Multimedia Business Solutions

Einleitung

„Ich schenke Ihnen eine Milliarde D-Mark – wenn Sie jeden Pfennig einzeln von Hand zählen". Vor dieses Dilemma sehen sich heute viele Unternehmen gestellt, wenn sie die brachliegenden Möglichkeiten zu Kundenbetreuung über ihre jahrelang gesammelten Daten angehen wollen. Zwar haben sie detaillierte Informationen über ihre Kunden in großen Datenbanken gespeichert, aber daraus Handlungsoptionen abzuleiten schlägt ob der ungeheuren Menge fehl. Schlimmer noch: Wichtige Daten sind oftmals aufgrund einer mangelnden Systematik nicht auffindbar oder stellen sich in der vorhandenen Form als unbrauchbar heraus. Man rechnet daher für jedes Top-1.000-Unternehmen mit einem jährlichen Aufwand für die manuelle Datenbeschaffung und -aufbereitung von durchschnittlich 600.000 Arbeitsstunden! Der Ausweg aus diesem Dilemma kann der Einsatz neuester Informationstechnologien in Form von Data-Warehouses und Data-Mining sein.

Das Beispiel des Einzelhandels macht die Problematik klarer: Jeder Kunde hinterlässt an der Scannerkasse Spuren seines Einkaufs. Es wird der genaue Inhalt des Einkaufswagens zusammen mit dem Datum und der Uhrzeit des Einkaufs gespeichert. Sogar die Identität des Kunden kann bei Bezahlung mit ec- oder Kreditkarte festgestellt werden. Aus diesen Daten ließe sich vieles ableiten. Welche Produkte werden zusammen mit anderen gekauft? Wie wirken sich Preiserhöhungen eines Produktes auf den Abverkauf anderer Produkte aus? Von welchen Faktoren ist die Umsatzentwicklung einer bestimmten Produktgruppe im Norddeutschen Raum abhängig? Doch all diese Fragen können heute oftmals nicht beantwortet werden, da in den Unternehmen die dazu notwendigen Hilfsmittel nicht entwickelt sind.

Nicht nur große, sondern gerade kleine und mittlere Unternehmen sind bislang aufgrund der scheinbar übergroßen Komplexität des Themas sehr zurückhaltend. Bisherige Ansätze bestehen im Allgemeinen aus einem Flickenteppich von Insellösungen, die nicht miteinander kommunizieren und somit das Ziel eines Informations- und Steuerungssystems für das gesamte Unternehmen nicht erreichen.

Die Telefongesellschaften im Mobil- und Festnetz sind an dieser Stelle schon einen Schritt weiter. Auch hier ist die Detailtiefe der vorhandenen Daten beeindruckend: Jedes Einzelgespräch ist mit Ursprungs- und Zielrufnummer, Uhrzeit sowie Dauer erfasst. Aus diesen Informationen lassen sich (von dem einzelnen Teilnehmer aus Gründen des Datenschutzes abstrahiert) genaue Verhaltensprofile ableiten. Mit Hilfe der gewonnenen Profile wird die Marketingstrategie auf die eigene Zielgruppe abgestimmt. In Frühwarnsystemen werden diejenigen Kunden erkannt, die im Begriff sind, den Anbieter zu wechseln. Diesen Kunden werden attraktive Angebote gemacht, um sie von einem Wechsel abhalten. Insbesondere hochprofitable Kunden – und dies sind nicht zwangsläufig die Kunden mit dem höchsten Gesprächsaufkommen – können mit speziellen Kundenbindungsprogrammen an die Marke gebunden werden. Doch wie schaffen es diese Unternehmen, ihre Daten zielgerichtet zu analysieren? Welche darüber hinausgehenden Möglichkeiten haben sie?

Mit Beginn des neuen Jahrtausends wird eine Vielzahl neuer Endgeräte und Services den Markt erreichen. So werden Telefone, mit einem großen Farbdisplay ausgestattet zu personalisierten Informationszentren und die Kunden haben direkten und persönlichen Zugriff auf eine Vielzahl von E-Commerce-Angeboten. Die heutigen Handys werden zu „Persönlichen Mobilitätsagenten". Kunden werden neue Dienste über das interaktive Fernsehen nutzen. Durch preiswerte intelligente Chipkarten wird es möglich, die wesentlichen Daten eines Kunden auf dessen Wunsch jedem Anbieter von Waren und Dienstleistungen zugänglich zu machen. All diese neuen Möglichkeiten vervielfachen die über den Kunden bekannten Daten in einer bisher ungeahnten Größenordnung. Damit verbunden ist die Möglichkeit zu einer gezielten Steuerung des eigenen Waren- und Diensteangebotes. Die Nutzung der Informationen setzt jedoch die Existenz umfassender Data-Warehouses voraus.

Was ist ein Data-Warehouse?

Für das Verständnis von Data-Warehouses ist es notwendig, die genutzten Begriffe vorab kurz zu erklären. Zwar sind die meisten Begriffe in der Literatur klar voneinander abgegrenzt, durch die Vermischung mit den Produktnamen der diversen Hersteller werden sie jedoch schnell unscharf. Die Zusammenhänge zwischen den einzelnen Begriffen zeigt die folgende Abbildung.

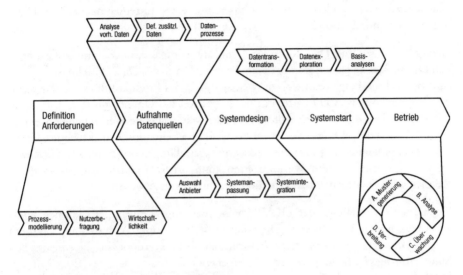

Abb. 38:   Zusammenhänge zwischen den Begriffen

Die Daten eines Unternehmens werden in einer oder mehreren Datenbanken gespeichert. Datenbanken sind im Grunde nichts anderes als eine Sammlung von Datentabellen, zwischen denen Abhängigkeiten definiert sind. Über diese Abhängigkeiten lassen sich die Daten in verschiedenen Schritten verknüpfen und auswerten.

Nun sind aus organisatorischen, technischen und auch historischen Gründen die Daten eines Unternehmens nicht alle in einer einzigen Datenbank gespeichert. Vielmehr sind die Daten des Marketings von denen der Produktion und des Vertriebs oftmals strikt getrennt. Sie befinden sich an verschiedenen Standorten auf verschiedenen Servern. Damit entfällt aber die Möglichkeit, die Daten der Abteilungen direkt miteinander zu verknüpfen. In einem Data-Warehouse werden die Datenbanken der verschiedenen Abteilungen in einer großen Datenbank zusammengeführt und die Verknüpfungen der verschiedenen Daten hergestellt. Hierbei ist insbesondere die Konsistenz der unterschiedlichen Daten zu beachten. Ziel eines Data-Warehouses ist es immer, aus der Verknüpfung der Daten spezifische Businessinformationen zu extrahieren.

Sollen die Daten nicht unternehmensweit, sondern nur in Teilorganisationen zusammengeführt werden (z. B. nur innerhalb des Vertriebs), so spricht man in Abgrenzung zur unternehmensweiten Lösung von einem Data-Mart. Auch die Analysen dieser Daten sind auf die Teilorganisation bezogen, ein umfassendes Bild des Geschäftes ist daher mit Data-Marts nicht zu erreichen. Die Erstellung eines Data-Mart ist mit deutlich geringeren Anfangsinvestitionen verbunden als die eines Data-Warehouse.

Es besteht jedoch die Gefahr, dass sich hierbei proprietäre Lösungen der einzelnen Abteilungen herausbilden, die der Umsetzung eines unternehmensweiten Data-Warehouse hinderlich sind.

Data-Warehouses und Data-Marts sind zunächst einmal reine Zusammenfassungen von Daten. Ziel ist jedoch immer deren Analyse. Ein reines Data-Warehouse kann so zum Beispiel die Frage beantworten, welchen Preis das Produkt mit der Artikelnummer 1742 im August 1999 hatte. Für die Frage, welcher Umsatz mit diesem Produkt im betreffenden Monat erzielt wurde, sind aber weitergehende Werkzeuge notwendig. Diese OLAP-Tools (Online Analytical Processing) arbeiten mit den aktuellsten Daten und werden interaktiv auf die verschiedenen Fragestellungen programmiert. Gleichzeitig können mit Hilfe dieser Werkzeuge fest konfigurierte Standardanalysen – z.B. im Rahmen eines Management-Informationssystems – erzeugt werden.

Doch auch die Analysen der OLAP-Tools (oder ihrer Verwandten) können komplexe Fragen nicht beantworten. Die Frage in der Einleitung „Von welchen Faktoren ist die Umsatzentwicklung einer bestimmten Produktgruppe im Norddeutschen Raum abhängig?" benötigt einen weitergehenden Ansatz, den des Data-Mining. Hierbei werden verborgene Zusammenhänge und zukünftige Entwicklungen in einem Data-Warehouse aufgespürt. Diese Analysen beruhen auf komplexen mathematischen Modellen, in der heute verfügbaren Software (z.B. von SPSS oder SAS) wird die Analyse jedoch grafisch unterstützt und führt den Benutzer interaktiv durch die möglichen Zusammenhänge.

Das prinzipielle Vorgehen bei der Datenanalyse durch Data-Mining ist einfach. Nehmen wir einmal beispielhaft an, wir hätten die unternehmensweiten Informationen einer großen Kaufhauskette in einem Data-Warehouse zusammengeführt. Zunächst einmal wird eine Basisvariable bestimmt, auf der die (Teil-)Analyse begründet sein soll, zum Beispiel der durchschnittliche Umsatz pro Kunde. Nun wertet die Software andere Variablen der Datenbank nach der mathematischen Signifikanz ihrer Abhängigkeit zur dieser Basisvariable aus. So könnte sich zum Beispiel ergeben, dass es eine hohe Korrelation zwischen dem durchschnittlichen Umsatz sowie dem Einkommen und dem Alter der Kunden gibt. Auf Basis dieser sekundären Variablen wird der Antwortbaum immer tiefer untergliedert und an jedem Abzweig die Signifikanz dargestellt. Am Ende der Analyse steht im Idealfall ein klares und quantitatives Verständnis der verborgenen Abhängigkeiten in den Daten.

Wo helfen Data-Warehouses?

Warum sollte man sich nun die Mühe machen und gewaltige Mengen von Daten strukturiert auswerten? Was sagen einem die Korrelationen zwischen verschiedenen Variablen? Zunächst einmal muss klar sein, dass vor einer Auswertung der Daten mittels Data-Mining eine genaue Analyse der Anforderungen stehen muss. Data-Mining heißt nicht, alle Variablen auf gut Glück untereinander zu korrelieren und auf die Erleuchtung durch das System zu warten. Es sind vielmehr klare Fragen zu formulieren und Hypothesen aufzustellen, die mittels der Analyse beantwortet beziehungsweise überprüft werden sollen.

Diese Fragen können sich auf eine Vielzahl von Bereichen innerhalb des Unternehmens beziehen und sowohl strategisch als auch operativ motiviert sein – ein Vorteil der Zusammenstellung von Daten aus allen Unternehmensbereichen in einem Data-Warehouse.

Eine der wichtigsten Anwendungen für Data-Warehouses ist zweifelsohne das Kundenmonitoring. Dieser Schritt im Customer-Lifetime-Value-Management liefert ein Kennzahlensystem, welches die Entscheidungsgrundlage für den wertgesteuerten Maßnahmeneinsatz schafft. Insbesondere die Churn-Analysen, aber auch die Warenkorb- und Zielgruppenanalysen fallen in diesen Bereich. Ziel ist es hier immer, das Kundenverhalten zu verstehen und aus diesem Verständnis heraus frühzeitig Maßnahmen abzuleiten.

In den Bereich der operativen Steuerung des Unternehmens fallen Begriffe wie Vertriebs-Targeting, Budget-Analysen und Cross-Selling. Ebenfalls im operativen Geschäft angesiedelt ist die Optimierung der Lager- und Transportkosten durch Analyse und Voraussage der Warenströme. Darüber hinaus ermöglicht ein Data-Warehouse aber auch die Betrachtung von allgemein unternehmensbezogenen Fragen und schafft insgesamt im Unternehmen ein neues Klima für den Umgang mit Informationen.

Die Auswirkungen eines Data-Warehouses auf eine bestehende Organisation lassen sich am besten durch die Betrachtung von möglichen Einsatzschwerpunkten erfassen. Über die im folgenden genannten Anwendungen hinaus sind aber auch andere Einsatzgebiete sinnvoll.

Churn-Analysen und Service-Optimierung: Im Mobilfunkmarkt geprägt ist der Begriff der Churn-rate auch für andere Branchen hochaktuell. Im engeren Sinne ist dies die Rate der Vertragskündigungen. Doch auch in Geschäften ohne explizite Verträge ist dieser Begriff anwendbar. Beispielhaft auf den Einzelhandel übertragen wäre es die Rate der Kunden, die dauerhaft in einem anderen Geschäft einkaufen.

In einer überwiegenden Zahl von Märkten sind die Wechselbarrieren für die Kunden relativ niedrig, ein Kunde wechselt bei kleinen äußeren Anlässen den Erbringer einer Leistung. Im Mobilfunkmarkt sind diese Anlässe oftmals die attraktiven Angebote für neue Verträge, die einen Wechsel sogar begünstigen. Wer bei einem Anbieter kündigt und einen neuen Vertrag abschließt, bekommt relativ preisgünstig ein neues

Handy und diverse andere Vergünstigungen. Im Einzelhandel sind die größten Wechselbarrieren die geografischen Entfernungen und umfassende Warenangebote. Die Kunden wollen ein bequemes One-Stop-Shopping. Doch auch Branchen mit sehr hohen Wechselbarrieren wie z. B. die Automobilindustrie sind an einer geringen Kundenfluktuation interessiert.

Die Analyse dieser Fluktuationen und der Gründe für ihr Auftreten gibt zum einen direkte Hinweise auf mögliches Optimierungspotential in der Kundenbeziehung, dient zum anderen aber auch als Frühwarnsystem. Dieses Frühwarnsystem fußt auf einer zentralen Frage: Wie verhalten sich Kunden, die planen, uns zu verlassen? Kann man ein allgemeines Verhaltensmuster ableiten, welches auf einen bevorstehenden Wechsel hindeutet, so sind die Kunden, welche profitabel im Sinne der Wertanalyse sind, oftmals mit gezielten Customer-Care-Aktionen davon zu überzeugen, vom Wechsel abzusehen. Mit Hilfe eines Data-Warehouses lassen sich genau die Kennzahlen ermitteln, die man für ein solches Frühwarnsystem benötigt. Ist der Kundenwert unternehmensintern definiert, so kann er aus den vorhandenen Daten ermittelt und den Kunden zugeordnet werden. Darüber hinaus ermittelt man per Data-Mining die Variablen, die Vertragskündigungen in der Vergangenheit charakterisiert haben, und projiziert sie auf bestehende Kundenverhältnisse.

Doch auch schon vor der Analyse kann ein Data-Warehouse nützliche Dienste erweisen. Aufgrund der detaillierten Informationen über das Kundenverhalten sowohl von Einzelkunden als auch von Zielgruppen wird der Kundendienst in die Lage versetzt, jedem Kunden einen optimalen Service zu bieten. Hierzu ist das Data-Warehouse (bzw. die relevanten Teile hiervon) an das Call-Center-System anzubinden. Über die Kopplung mit dem ermittelten Kundenwert und anderen aggregierten Kundendaten können besonders wertvolle Kunden zudem besonders intensiv betreut werden.

Warenkorb-Analysen: Über eine Analyse der Warenverkäufe und der Korrelation von Einzelverkäufen (siehe das vielfach zitierte Beispiel der Höschenwindeln, die immer zusammen mit Dosenbier gekauft werden) lassen sich das Produktportfolio und die Positionierung der Waren optimieren. Hierbei sind neben den positiven Korrelationen zwischen Produkten auch die negativen interessant, da diese auf Kanibalisierungeffekte hinweisen können. Auch die Verbindung von Abverkäufen mit geografischen und zeitlichen Variablen ermöglicht eine Optimierung der Lagerhaltung und die Einführung eines effektiven Space-Managements.

Zielgruppen-Analyse: Über Data-Warehousing und Data-Mining lassen sich die klassischen Zielgruppenanalysen um eine unternehmensbezogene Dimension erweitern. Das Kaufverhalten der eigenen Kunden kann sehr genau bezüglich verschiedenster Variablen ermittelt und die Produktpolitik darauf abgestimmt werden. Sogar

Verweildauern und Kaufwahrscheinlichkeiten lassen sich aus den Daten zielgruppen-spezifisch extrahieren. Mit Hilfe der gewonnenen Zahlen und Aussagen lassen sich Kundenprofile für die bestehenden Produkte und Standorte ermitteln, die als „Schablone" für Neukunden dienen können.

Zusätzlich zur allgemeinen Steigerung der Kundenzufriedenheit lassen sich Vorhersa-gemodelle entwickeln, um die Trefferwahrscheinlichkeit neuer Produkte im Markt zu erhöhen. Die klassischen Zielgruppenanalysen und Käuferbefragungen haben aber dennoch nicht ausgedient, sie sind im Gegenteil sogar zur Flankierung der quantitati-ven Aussagen unabdingbar notwendig. Nur so kann ein tieferes Verständnis der Kun-denmotivation erreicht werden.

Vertriebs-Targeting: Hier findet eine Analyse von Kaufgewohnheiten über längere Zeit statt. Wesentliche Variablen der Analyse sind geographische Elemente und Pro-dukte. Mit Hilfe dieser Analysen lassen sich die Vertriebsressourcen optimal einset-zen und die Marketingaktivitäten gezielt steuern. So ist sehr einfach zu bestimmen, in welchen Regionen ein sonst hochprofitables Produkt eine geringe Kundenakzeptanz hat, um dieses dann gezielt in der Region zu bewerben.

Budget-Analysen: Es ist oftmals außerordentlich schwierig, den Erfolg einer Werbe-kampagne zu ermitteln. Mit Hilfe von Data-Mining können nun auch Aussagen über die Effektivität des Budget-Einsatzes getroffen werden. Durch die Analyse des Abverkaufsverhaltens bezüglich Produktkategorien, Zielgruppen und Regionen (siehe auch „Zielgruppen-Analyse") kann die Wirkung einzelner Kampagnen nach-verfolgt und somit auch optimiert werden. So können zum Beispiel nach einer Kam-pagne in einem Printmedium die reinen Abverkaufszahlen des beworbenen Produk-tes aufgebrochen, mit der regionen- sowie zielgruppenspezifischen Reichweite des gewählten Medium verknüpft und miteinander in Beziehung gesetzt werden.

Cross-Selling: Insbesondere bei großen Produktpaletten besteht vielfach die einzig mögliche Vermarktungsstrategie darin, die Geschäftsfelder zu trennen und eigenstän-dig operieren zu lassen. Hierbei wird in Kauf genommen, dass Synergien nicht oder nur unzureichend ausgenutzt werden können. Mit Hilfe des Data-Warehousing las-sen sich diese Restriktionen auflösen. Geschäftsfelder lassen sich so virtuell zu einer gesamten Einheit zusammenfassen, und der Abverkaufserfolg kann übergreifend aus-gewertet werden.

Fertigung/Logistik/Distribution: Da Trends auf dem Markt durch Data-Mining früh erkannt werden können, ist eine rechtzeitige Reaktion der Fertigung möglich. Doch auch die Justage von Prozess-Parametern kann schneller und zielgerichteter durchgeführt werden. Gleichzeitig lässt sich die Effizienz der Absatzkanäle durch optimierte Lagerhaltung erhöhen.

Cross-funktionale Fragen: Jeder der zuvor genannten Bereiche für sich betrachtet ist bereits Grund genug für die Einführung eines Data-Warehouse mit Data-Mining. Eine Eigenschaft von sauber durchdachten IT-Systemen ist aber die Skalierbarkeit, d.h. die Erhöhung des Nutzens durch übergreifende Funktionalitäten. So kann ein unternehmensweites Data-Warehouse das Informationsverhalten der Mitarbeiter positiv beeinflussen. Mitarbeiter haben durch ein Data-Warehouse den Einblick in größere Teile der Wertschöpfungskette und können die Konsequenzen ihres Handelns besser abschätzen, denn jeder Mitarbeiter sieht seine persönliche Rolle im Zusammenspiel der Abteilungen. Gleichzeitig lassen sich auch die Management-Entscheidungen versachlichen und auf die solideste mögliche Grundlage stellen. Durch Red-Flag-Funktionalitäten werden darüber hinaus schnelle Reaktionszeiten auf kritische Veränderungen ermöglicht. Laufende Implementierungen zeigen, dass die Kreativität im Umgang mit den vorhandenen Daten wächst, neue Lösungen werden gefunden. Nicht selten ist das Management sowohl von den Erkenntnissen der Datenanalyse als auch von der Flexibilität der eigenen Mitarbeiter im Umgang mit diesen Ergebnissen überrascht.

Diese Beispiele zeigen nur einen Teil der Möglichkeiten auf, die durch ein gut umgesetztes Data-Warehousing-Projekt geschaffen werden können. In all diesen Kategorien lässt sich mit Hilfe von Data-Warehousing und Data-Mining eine Vielzahl interessanter Antworten auf die gestellten Fragen aus den vorhandenen Daten extrahieren – sofern diese Fragen sinnvoll gestellt werden.

Die Einführung eines Data-Warehouse

Bis zu 70 Prozent aller Data-Warehouse-Projekte scheitern, und dies hauptsächlich aus organisatorischen Gründen. Gleichzeitig verschlingen die entsprechenden Projekte Monate bis Jahre in der Umsetzung und generieren Kosten von bis zu mehreren Millionen DM. Warum sind Data-Warehouses trotz des sehr hohen Ressourceneinsatzes oftmals nicht erfolgreich? Die Antwort ist einfach: Ein unternehmensweites Data-Warehouse in einem Schritt einzuführen ist oftmals einfach nicht möglich. Statt dessen ist das Projekt in mehrere, optimal aufeinander abgestimmte Schritte zu unterteilen. Die wesentlichen Schritte bei der Einführung eines Data-Warehouses sind in folgender Abbildung dargestellt.

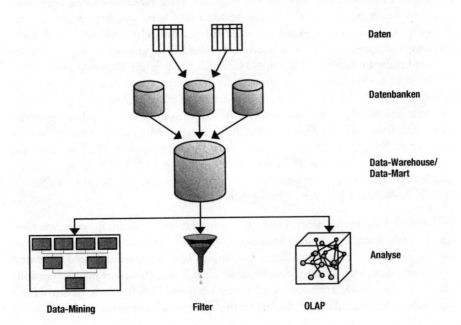

Daten

Datenbanken

Data-Warehouse/
Data-Mart

Analyse

Data-Mining   Filter   OLAP

Abb. 39:   Die wesentlichen Schritte bei der Einführung eines Data-Warehouses

Dieses Vorgehen ist stark an das Phasenmodell für Data-Mining aus dem EU-Projekt CRITIKAL angelehnt, erweitert dieses aber um spezifische Schritte beim Aufbau eines Data-Warehouses.

Im ersten Schritt sind die Anforderungen an ein Data-Warehouse aufzunehmen. Dieser Schritt kommt einer Prozessanalyse für die ausgewählten Unternehmensteile gleich. Die existierenden Informationsströme werden analysiert und in einem ersten Grobkonzept für das Data-Warehouse umgesetzt. Gleichzeitig sollte mit diesem Schritt immer eine Mitarbeiterbefragung stattfinden. So werden die benötigten Informationen identifiziert und die vorhandenen offiziellen und inoffiziellen Informationsströme beschrieben. Nur so ist die Akzeptanz der Mitarbeiter frühzeitig sicherzustellen. Auf Basis des entstandenen Grobkonzeptes kann eine vorläufige Wirtschaftlichkeitsanalyse erfolgen. Hierbei muss der zu erwartende Nutzen des Data-Warehouses mit den Kosten für den Aufbau, den Betrieb und die Schulung der Mitarbeiter gewichtet werden. Letztendlich kann erst nach der Wirtschaftlichkeitsbetrachtung die endgültige Entscheidung für eine Umsetzung des Konzeptes getroffen werden. Ein Nebeneffekt der Anforderungsdefinition ist, dass die Informationsprozesse des Unternehmens klar beschrieben sind und Basis weiterer Projekte sein können (z.B. Aufbau eines Wissensmanagement-Systems).

Nach der Entscheidung für eine Einführung eines Data-Warehouses sind die Anforderungen weiter zu detaillieren. Bereits vorhandene Daten und Auswertungen werden aufgenommen und umfassend beschrieben. Hierbei ist insbesondere auf die Abhängigkeiten zwischen verschiedenen Daten und Datenquellen zu achten. Ferner können bereits in diesem Schritt die Datenqualität sowie die Datenaktualität abgeschätzt werden – wichtige Informationen für die spätere Ausgestaltung des Systems. Schon an dieser Stelle kann ein Test auf Kompatibilität der Daten erfolgen. Sollten von verschiedenen Quellen widersprüchliche Daten kommen, so sind Lösungsstrategien aufzuzeigen oder die Datenquellen zu bereinigen. Mögliche Strategien können hierbei zum Beispiel die Definition einer führenden Datenquelle (die Daten werden von dieser Datenquelle immer übernommen, widersprüchliche Daten aus anderen Quellen im Data-Warehouse gelöscht) oder der Vergleich von mehr als zwei Quellen und die Auswahl der Majorität (Voting-Modell) sein.

Selten werden die vorhandenen Daten die Anforderungen vollständig abdecken können. Die fehlenden Daten sind daher ebenfalls zu definieren und in der gleichen Art wie die vorhandenen zu beschreiben. Nach der Detailbeschreibung der Daten sind diese in die definierten Informationsprozesse einzufügen. Ziel ist es hierbei, ein vollständiges Bild des Datenflusses zu erstellen. Auch die Definition der schrittweisen Übernahme von Wirkdaten in das zukünftige System ist bereits jetzt zu erstellen.

Aus den Ergebnissen der ersten beiden Hauptschritte wird ein Lastenheft für das System erzeugt, das die Anforderungen an eine Software genau definiert. Mit Hilfe dieses Lastenheftes kann nun in einem mehrstufigen Auswahlverfahren der Anbieter ausgewählt werden, mit dem zusammen das System umgesetzt wird. Neben den rein technischen Qualitäten des Systems sind auch immer Rahmenbedingungen wie die Bedienbarkeit der Software, der Service und die Referenzen des Anbieters etc. zu beachten. Ist die Zahl der relevanten Anbieter auf drei bis fünf gesunken, sollten die in Frage kommenden Systeme daher immer präsentiert und im Detail mit den Anbietern diskutiert werden. Hierbei ist das Lastenheft die Richtschnur, an der sich die Leistungen der Systeme messen lassen müssen. Sowohl in der Definitionsphase als auch bei der Auswahl der Software können unabhängige Berater wertvolle Dienste leisten.

Ist eine Software ausgewählt, folgen die Systemanpassung und die Integration in die bestehende IT-Landschaft. Hier werden die Vorgaben des Lastenheftes vom Systempartner in der bestehenden Software umgesetzt. Diese Phase benötigt ein besonders striktes Projektmanagement und eine detaillierte Steuerung des Softwarepartners, damit die Anforderungen des Lastenheftes möglichst vollständig und mit hoher Qualität umgesetzt werden. Hierbei wird es allerdings selten möglich sein, mit vertretbarem Aufwand eine vollständige Abbildung der Anforderungen zu erzielen. Um so wichtiger ist daher die Steuerung des Projektes durch das Team, das auch mit der Prozess- und Datendefinition betraut war. Ein wichtiger Schwerpunkt bei der Umsetzung der Anforderungen ist die Sicherstellung der Akzeptanz des Systems.

Ist das System umgesetzt und auf der Basis von Testdaten überprüft, müssen die aktuellen Daten übernommen werden. Gerade bei größeren Datenbeständen ist diese Übernahme zeitaufwendig. Oftmals ist daher nur eine inkrementelle Übernahme möglich. Der vorhandene Datenbestand wird kurzzeitig eingefroren und in Übergangssystemen gelagert. Aus diesen Systemen fließen die Daten in das neue Data-Warehouse und werden dort auf ihre Integrität überprüft. Sind alle Tests der neuen Datenstruktur zur Zufriedenheit abgeschlossen worden, werden die zwischenzeitlich neu aufgelaufenen Daten über die Schnittstellen zu den Wirksystemen nachgepflegt. Die Mitarbeiter, die das System nutzen sollen, können nun am System und den vorhandenen Auswertungen eingewiesen werden. Diese Einweisung ist nur mit einer umfangreichen Schulung sinnvoll durchzuführen. Diese Schulung umfasst dabei nicht nur die Benutzung des Systems, sondern schafft auch ein Verständnis für die neuen Möglichkeiten der Analysen sowie die Vernetzung innerhalb des Unternehmens. Hierbei ist die Darstellung der Systemfunktionalitäten auf der Basis von täglichen Routinen und Arbeitsabläufen entscheidend. Trainingseinheiten in kleinen, aufgabenbezogenen Gruppen fördern hier bei den Mitarbeitern das tiefe Verständnis für die Funktionsweise der Software. Ist eine Vertrautheit mit dem System erst einmal entstanden, werden schnell neue Anforderungen an die Auswertungen auftauchen, die vom Integrationsteam bewertet und gegebenenfalls umgesetzt werden.

Der Betrieb läuft nach der Startphase in einem wiederkehrenden Schema ab. Neue Daten werden mit Hilfe der vorhandenen und neuer Abfragen zunächst einmal auf vorhandene Muster überprüft und bei interessanten Ergebnissen im Detail analysiert. Die Muster und Ergebnisse werden in die Überwachung übernommen, zusammengefasst und an die relevanten Stellen im Unternehmen verteilt.

Data-Warehouses – der sichere Weg zum Erfolg?

Die Zusammenfassung aller Unternehmensdaten in einem einzigen Data-Warehouse und die Extraktion aller interessanten Daten aus diesem Wissensspeicher ist sicherlich wünschenwert und sollte die Zielvorstellung jedes Unternehmens sein. In der Praxis hat sich dieser Weg jedoch als nur selten praktikabel erwiesen. Zu groß sind die Datenmengen, zu verschlungen die Datenflüsse zwischen Abteilungen, Unternehmensbereichen und Landesgesellschaften, als dass sich ein solch umfassendes System in einem Schritt realisieren ließe. Vielmehr ist ein mehrstufiges Verfahren erfolgversprechender. So werden Data-Marts für einzelne Abteilungen aufgebaut, um den Aufwand und die Kosten möglichst gering zu halten. Hierbei ist jedoch unbedingt auf eine spätere Ausbaubarkeit und die Integrität der Daten zu achten. In der Praxis findet daher eine Grobanalyse aller beteiligten Abteilungen statt, um die grundlegenden Schnittstellen zu erfassen. Erst dann werden auf Basis dieser Analyse in einzelnen Abteilungen Data-Marts in der oben dargestellten Weise aufgebaut. Hierbei sind insbesondere die allgemeinen Regeln wie Abrechnungszeiträume oder

Berechnungsformen für Kenngrößen in allen Abteilungen anzugleichen, damit ein späterer Zusammenschluss der Data-Marts zu einem Data-Warehouse möglich bleibt. Sind die einzelnen Data-Marts im produktiven Betrieb erprobt, muss der Schritt zu einem umfassenden Data-Warehouse erfolgen, um den gewünschten Überblick über das Gesamtunternehmen zu erhalten.

Dass Data-Mining tatsächlich umsatzrelevant ist, zeigen schon jetzt viele Unternehmen, bei denen ein Data-Warehouse eingerichtet wurde. So hat eine große Spendenorganisation zum Beispiel die Spendenbereitschaft der Bevölkerung auf Basis der existierenden Daten nach Alter, Geschlecht, Affinität zu bestimmten Themen, persönlichem Lebensstil und anderen Variablen analysiert und die Ansprache in der Kommunikation entsprechend auf die gewünschten Zielgruppen optimiert. Durch diese Verbesserungen wurde ein um 80 Prozent höherer Rücklauf auf die Spendenaufrufe verzeichnet, ein durchschlagender Erfolg für Data-Mining.

Doch nicht jede Antwort auf die an ein Data-Mining-System gestellten Fragen ist auch wirklich nutzbar. Schon bei der Analyse sind statistische Gesetze und Ursache-Wirkungs-Prinzipien zu berücksichtigen. Hier gilt vor allem das Wort, dass eine Korrelation noch lange keine Kausalität darstellt. Es ist insbesondere auch auf nicht in der Datenbank vorhandene Variablen zu achten.

So könnte zum Beispiel ein Einzelhandelsunternehmen durch eine Data-Mining-Analyse feststellen, dass in einer Filiale der getätigte Umsatz an den Tagen sinkt, an denen weniger Verkäufer in dem Geschäft arbeiten. Die erste Reaktion ist nun, dass man die Zahl der Verkäufer auch an diesen Tagen erhöht. Was diese Analyse nicht berücksichtigt, ist der an diesen Tagen vor der Filiale stattfindende Markt. Die Zahl der Verkäufer hat sich mit der Zeit den Umsatzzahlen nur angepasst. Die richtige Reaktion auf das Ergebnis könnte sein, eine spezielle Aktion an Markttagen zu starten, um mehr Kunden zu binden.

Leider sind nicht alle Fälle derart einfach zu lösen. Daher sollten Analyseergebnisse nie unreflektiert übernommen und in Aktionen umgesetzt werden. Alle Ergebnisse sind immer durch erfahrene Mitarbeiter zu validieren und zu interpretieren.

Trotz ihrer unbestrittenen Erfolge kann die Data-Mining-Analyse immer nur ein Schritt einer Veränderung des Geschäftes sein. Die Ausrichtung der Unternehmensstrategie auf den Kunden und die Entwicklung geeigneter Kundenbindungsmaßnahmen im Sinne eines umfassenden Customer-Lifetime-Value-Managements ist die solide Basis, auf der ein IT-System aufbaut.

2.4.3 Operationalisierung und Messung der Dienstleistungsqualität aus Kundensicht
– Dienstleistungsqualität als Gegenstand der betriebswirtschaftlichen Forschung –

Martin Benkenstein/Dirk Forberger, Universität Rostock

Die Abgrenzung des Begriffs „Dienstleistung"

Bevor auf die Operationalisierung und Messung der Dienstleistungsqualität aus Kundensicht näher eingegangen werden kann, muss zunächst geklärt werden, was im Folgenden unter einer Dienstleistung verstanden werden soll: eine selbständige marktfähige Leistung, die mit der Bereitstellung und/oder dem Einsatz von Potentialfaktoren verbunden ist. Unternehmensinterne und -externe Faktoren werden im Rahmen des Dienstleistungserstellungsprozesses kombiniert, um an den externen Faktoren, an den Nachfragern oder deren Objekten, nutzenstiftende Wirkungen zu erzielen.[1]

Aufbauend auf dieser Abgrenzung können Dienstleistungen anhand folgender Eigenschaften gekennzeichnet werden:[2]

▲ Dienstleistungen sind immaterielle Leistungen.

▲ Die Produktion und der Konsum von Dienstleistungen erfolgen simultan.

▲ Dienstleistungen sind nicht lagerfähig.

▲ Die Erstellung einer Dienstleistung bedingt die Integration eines externen Faktors.

▲ Dienstleistungen zeichnen sich durch ein hohes Maß an Individualität und Variabilität aus.

Die wahrgenommene Dienstleistungsqualität

In der betriebswirtschaftlichen Literatur werden verschiedene Qualitätsbegriffe nebeneinander verwendet.[3] Allgemein kann die Dienstleistungsqualität bezeichnet werden als „die Fähigkeit eines Anbieters, die Beschaffenheit einer primär intangiblen und der Kundenbeteiligung bedürftigen Leistung aufgrund von Kundenerwartungen auf einem bestimmten Anforderungsniveau zu erstellen"[1].

Dieses Qualitätsverständnis vereint eine anbieterorientierte und eine kundenorientierte Sichtweise. Aus Anbietersicht besteht eine Dienstleistung aus einem definierten Eigenschaftsbündel. Qualität definiert sich durch das Vorhandensein oder Nichtvorhandensein bestimmter objektiver Leistungsmerkmale und ist dadurch eine präzis ausdrückbare Größe auf der Basis naturwissenschaftlich-technischer Daten. Die kundenorientierte Sichtweise geht im Gegensatz dazu nicht vom Produkt bzw. der Leistung, sondern vom Kunden aus und nimmt eine begriffliche Gleichsetzung von Qualität und Qualitätswahrnehmung vor. Der Kunde entscheidet letztlich darüber, ob die Qualität einer erbrachten Leistung gut oder schlecht ist. Die Dienstleistung, welche die individuellen Bedürfnisse der Nachfrager am besten befriedigt, weist damit die höchste Qualität auf. Qualität wird somit als ein subjektives Phänomen[4] betrachtet.

Ein Qualitätsbegriff, der diesem Qualitätsverständnis entspricht, ist die „wahrgenommene Dienstleistungsqualität". Dieser Qualitätsbegriff wird definiert als das bewertete Ergebnis eines Soll-Ist-Vergleiches über Konsumerlebnisse[5]. Konsumenten stellen die wahrgenommene Leistung (Ist-Standard) ihren Erwartungen (Soll-Standard) gegenüber. Das Ergebnis des Vergleichsprozesses liegt auf einem Kontinuum zwischen den Extremen „ideale Qualität" und „völlig unakzeptable Qualität". Übertrifft die erlebte Leistung die erwartete Leistung, dann ist die wahrgenommene Qualität mehr als zufriedenstellend und tendiert in Richtung idealer Qualität. Unterschreitet die erlebte Leistung die erwartete Leistung, dann ist die Qualität einer Dienstleistung unbefriedigend und tendiert in Richtung völlig unakzeptabler Qualität. Entsprechen sich erwartete und erlebte Leistung, so wird die Qualität als zufriedenstellend wahrgenommen. Das auf diese Weise entstandene Qualitätsurteil kann als gelernte, relativ dauerhafte, positive oder negative innere Haltung gegenüber einer Dienstleistung aufgefasst werden.[6]

Operationalisierung der wahrgenommenen Dienstleistungsqualität

Die wahrgenommene Dienstleistungsqualität ist somit ein käuferverhaltenstheoretisches Konstrukt, das sich einer direkten Messung entzieht. Um den komplexen psychischen Beurteilungsprozess einer Messung zugänglich zu machen, müssen die wesentlichen Qualitätsdimensionen[7] einer Dienstleistung identifiziert und voneinander abgegrenzt werden. Die Vielfältigkeit der Diskussion um den Qualitätsbegriff impliziert auch eine Vielfalt an theoretisch-konzeptionellen Ansätzen zur Operationalisierung der Dienstleistungsqualität, von denen einige wichtige im Folgenden vorgestellt werden.

Der Ansatz von Zeithaml: Im Operationalisierungsansatz von Zeithaml[8] werden drei Dimensionen der Dienstleistungsqualität unterschieden:

- ▲ search qualities (Sucheigenschaften),
- ▲ experience qualities (Erfahrungseigenschaften),
- ▲ credence qualities (Vertrauenseigenschaften).

Unter search qualities (Sucheigenschaften) sind diejenigen Eigenschaften eines Gutes zu verstehen, die der Nachfrager vor dem Kauf identifizieren und beurteilen kann. So kann der Nachfrager insbesondere verschiedene Potentialfaktoren (Tennisplatz, Fitness-Studio etc.) vor der Inanspruchnahme inspizieren. Eine Beurteilung der experience qualities (Erfahrungseigenschaften) vermag der Nachfrager erst nach bzw. während der Inanspruchnahme einer Leistung zu vollziehen, und zwar auf der Basis der gemachten Erfahrungen. Credence qualities (Vertrauenseigenschaften) entziehen sich letztlich einer faktischen Beurteilung. Er kann folglich nur darauf vertrauen, dass die zugesicherten Eigenschaften auch tatsächlich vorhanden sind.

Die Ansätze von Donabedian, Meyer/Mattmüller und Corsten: Eine Reihe von Ansätzen zur Operationalisierung der Dienstleistungsqualität orientieren sich bei der Identifikation der Qualitätsdimensionen an dem Prozess der Dienstleistungserstellung. Die Ansätze von Donabedian,[9] Meyer/Mattmüller,[10] und Corsten[11] gehen von einer derartigen Abgrenzung der Qualitätsdimensionen aus. In diesen Operationalisierungsmodellen werden die folgenden drei Qualitätsdimensionen unterschieden:

▲ Potentialqualität,

▲ Prozessqualität,

▲ Ergebnisqualität.

Die Potentialqualität knüpft an die Vorkombination des Dienstleistungserstellungsprozesses an, die durch relativ dauerhafte Ausstattungsmerkmale gekennzeichnet ist. Als Hilfsgrößen werden sowohl personenbezogene Merkmale des Anbieters (z.B. Anzahl und Qualifikation des Personals, Kompetenz, Flexibilität, Einfühlungsvermögen, Aufmerksamkeit, Erscheinungsbild), sachbezogene Merkmale (z.B. Betriebsmittel, Raumausstattung, finanzielle Resourcen) und organisatorische Merkmale (z.B. ablauforganisatorische Aspekte, Erreichbarkeit für den Kunden) herangezogen. .

Die Prozessqualität bezieht sich auf die Aktivitäten des Diensteanbieters während des Prozesses der Dienstleistungserstellung. Sie ist das Ergebnis zahlreicher Wechselwirkungen zwischen Anbieter und Nachfrager. In diesem Kontext werden das Auftreten des Anbieters gegenüber dem Nachfrager, die Atmosphäre und das Prozessverhalten des Nachfragers qualitätsrelevant.

Als Dienstleistungsergebnis wird die Veränderung des Zustandes des externen Faktors bezeichnet. Nach Meyer/Mattmüller zerfällt die Ergebnisqualität in zwei Qualitätsbereiche. Ein Bereich ist das Ergebnis, das sich direkt am Ende des Leistungserstellungsprozesses einstellt. Der zweite Qualitätsbereich besteht in den Folgewirkungen, die teilweise erst Jahre später auftreten. Diese Folgewirkungen werden auch als Dauerqualität bezeichnet.

Der Ansatz von Grönroos: Grundlage des Ansatzes von Grönroos[12] ist die Abgrenzung von zwei Qualitätsdimensionen:

▲ technische Qualität,

▲ funktionale Qualität.

Die technische Qualität knüpft unmittelbar an die Ergebnisqualität aus dem Modell von Donabedian an. Sie liefert die Antwort auf die Frage, „was" der Konsument erhält. Die Dimension der technischen Qualität ist mit Hilfe objektiver Merkmale erfassbar. Bei der funktionalen Qualitätsdimension handelt es sich dagegen um eine weitgehend subjektive Wahrnehmung durch den Nachfrager. Die funktionale Dimension steht demnach für die Frage, „wie" die Leistungserbringung erfolgt und entspricht damit der Prozessqualität.

Die Ansätze von Berry und Brandt: Berry[13] und Brandt[14] gehen in ihren Qualitätsmodellen im Wesentlichen von zwei Dimensionen der Dienstleistungsqualität aus:

▲ Routinedimension/Minimumdimension,

▲ Ausnahmedimension/Werterhöhungsdimension.

Die Routine- oder Minimumdimension stellt die Minimalanforderungen dar, die der Kunde an eine Leistung stellt und auch als selbstverständlich erachtet. Werden diese Anforderungen nicht erfüllt, tritt Unzufriedenheit ein. Unterschreitungen der Minimalanforderungen werden durch den Nachfrager mit Strafpunkten belegt. Durch die Erfüllung oder auch Übererfüllung der Minimalanforderungen kann der Dienstleistungserbringer beim Nachfrager keine Bonuspunkte sammeln.

Demgegenüber handelt es sich bei der Werterhöhungsdimension/Ausnahmedimension nicht um selbstverständliche Standardleistungen, die der Kunde erwarten kann, sondern um Komponenten der Dienstleistung, die deren Wert in den Augen der Konsumenten erhöhen. Diesen Werterhöhungskomponenten ordnet der Nachfrager dementsprechend Bonuspunkte zu. Fehlen hingegen derartige Merkmale, dann belegt der Kunde dies nicht mit Strafpunkten.

Darüber hinaus kann eine Hybriddimension abgegrenzt werden. Unter dieser Dimension werden Leistungsmerkmale zusammengefasst, bei denen die Mindererfüllung der Konsumentenerwartungen zu Qualitätsabstrichen und die Übererfüllung zu Qualitätssteigerungen führen. Die Qualitätswahrnehmung ist bei diesen Merkmalen also in positiver und negativer Richtung beeinflussbar.

Messung der wahrgenommenen Dienstleistungsqualität

Die vielfältigen Diskussionen um das Konstrukt der wahrgenommenen Dienstleistungsqualität führen zu einem breiten Spektrum von Instrumenten der Qualitätsmessung. In der Literatur werden in diesem Zusammenhang vor allem die merkmalsorientierte und die ereignisorientierte Vorgehensweise diskutiert.

Die merkmalsorientierte Messung der Dienstleistungsqualität: Die Gruppe der merkmalsorientierten Verfahren gehört zu den in der Praxis häufig angewandten Möglichkeiten der Qualitätsmessung.[5] Wesentliche Ursache dafür ist die relativ einfache Handhabung der Verfahren. Kerngedanke der merkmalsorientierten Vorgehensweise ist, dass sich die wahrgenommene Dienstleistungsqualität aus der Kombination von Urteilen zu einzelnen Qualitätsmerkmalen bildet. Die merkmalsorientierten Verfahren der Qualitätsmessung basieren auf Befragungen mit standardisierten geschlossenen Fragestellungen.

In der Literatur werden verschiedene merkmalsorientierte Verfahren vorgestellt, die in der Praxis der Qualitätsmessung weit verbreitet sind:

▲ SERVQUAL,

▲ Teilleistungsmodell von Güthoff,

▲ Penalty-Reward-Faktoren-Analyse.

SERVQUAL: Parasuraman et al. entwickelten ein Messkonzept zur wahrgenommenen Dienstleistungsqualität mit dem Namen SERVQUAL[15], das zu einem der bekanntesten merkmalsorientierten multiattributiven Verfahren zur Messung der Dienstleistungsqualität zählt. In diesem Messmodell werden fünf wesentliche Qualitätsdimensionen identifiziert:

▲ tangibles Umfeld,

▲ Verlässlichkeit,

▲ Reagibilität,

▲ Leistungskompetenz,

▲ Einfühlungsvermögen.

Das tangible Umfeld bezieht sich auf die materielle, technische und personelle Ausstattung des Dienstleistungsanbieters, also auf das äußere Erscheinungsbild. Die Verlässlichkeit beschäftigt sich mit der Fähigkeit des Anbieters, die dem Kunden versprochene Leistung zuverlässig und gewissenhaft auszuführen. Der Faktor Reagibilität steht für die Reaktionsfähigkeit des Diensteanbieters bezüglich der spezifischen Kundenwünsche während der Dienstleistungserstellung. Die Leistungskompetenz bezieht sich auf die Fähigkeit des Diensteanbieters, die gewünschte Dienstleistung zu erbringen. Schließlich kommt im Einfühlungsvermögen die Bereitschaft des Diensteanbieters zum Ausdruck, auf die individuellen Bedürfnisse der Kunden einzugehen. Folgende Abildung verdeutlicht die Struktur des SERVQUAL-Ansatzes.

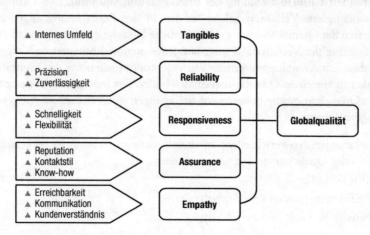

Abb. 40:   Struktur des SERVQUAL-Ansatzes

Zur Messung der wahrgenommenen Dienstleistungsqualität wird ein standardisierter
Fragebogen verwendet, der verschiedene Merkmale einer Dienstleistung erfasst, welche die Qualitätsdimensionen der Dienstleistung kennzeichnen.

Das Teilleistungsmodell von Güthoff: Das Teilleistungsmodell von Güthoff[16] ist
eine Erweiterung des SERVQUAL-Ansatzes und konzentriert sich auf komplexe
Dienstleistungen. Grundlegende Aussage dieses Modells ist, dass das Gesamtqualitätsurteil bei komplexen Dienstleistungen durch Einzelurteile gebildet wird, die sich
konkret auf einzelne Teilleistungen einer Gesamtdienstleistung beziehen. Dieses
Gesamtqualitätsurteil setzt sich somit nicht, wie im SERVQUAL-Modell unterstellt,
aus mehr oder weniger abstrakten, übergeordneten und somit im Prinzip von der
jeweiligen Dienstleistungsart unabhängigen Globaldimensionen zusammen. Folgende Abbildung verdeutlicht die Urteilsbildung nach dem Teilleistungsmodell.

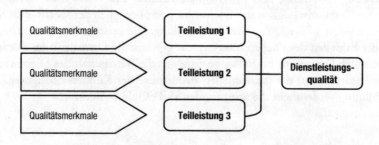

Abb. 41:   Struktur des Teilleistungsmodells

Penalty-Reward-Faktoren-Verfahren: Das Penalty-Reward-Faktoren-Verfahren[14] korrespondiert mit dem Operationalisierungsansatz von Berry und Brandt. Es basiert auf der Annahme, dass bei einer Dienstleistung Qualitätsanforderungen (Penalty-Faktoren) existieren, deren Nichterfüllung die Qualitätswahrnehmung des Kunden negativ beeinflusst. Dagegen stellen Reward-Faktoren Zusatzleistungen dar, die beim Kunden eine höhere Qualitätswahrnehmung erzeugen. Die Dienstleistungsqualität ist demnach davon abhängig, ob die Mindestanforderungen (Penalty-Faktoren), die an eine Dienstleistung durch den Kunden gestellt werden, erfüllt werden und ob bestimmte Erwartungen (Reward-Faktoren) übererfüllt werden und hierdurch der Leistung durch den Kunden ein höherer Wert zuerkannt wird.

Das Ziel dieses Messansatzes ist es, die einzelnen Penalty- und Reward-Faktoren zu identifizieren. Mit Hilfe der Penalty-Reward-Contrast-Analyse kann dazu der Zusammenhang zwischen der Gesamtzufriedenheit und der Wahrnehmung einzelner Merkmale einer Dienstleistung untersucht werden. Für den Anbieter ergibt sich im Rahmen seines Qualitätsmanagements die Möglichkeit, die Ressourcen so einzusetzen, dass Faktoren, die zu wesentlichen Unzufriedenheiten führen, beseitigt werden und ein Schwerpunkt auf diejenigen Faktoren gelegt wird, die zu einer Erhöhung der Qualitätswahrnehmung führen.

Die ereignisorientierte Messung der Dienstleistungsqualität: Diese Vorgehensweise zielt darauf ab, kritische Ereignisse im Rahmen des Dienstleistungserstellungsprozesses zu erfassen. Das Urteil des Konsumenten entsteht danach durch die Verarbeitung konkreter Ereignisse, die sich während des Dienstleistungserstellungsprozesses zugetragen haben. Grundlage des Ansatzes sind Kundenerlebnisse, die als besonders positiv oder negativ wahrgenommen werden. Ziel ist es, derartige kritische Ereignisse während des Dienstleistungserstellungsprozesses zu erfassen. In der Literatur werden vor allem zwei Verfahrenstypen, die dem ereignisorientierten Ansatz folgen, besonders herausgehoben[18]:

▲ die Critical Incident Technique,
▲ die sequentielle Ereignismethode.

Critical Incident Technique: Ziel der Critical Incident Technique[19] ist es, kritische Ereignisse im Rahmen einer mündlichen Befragung zu ermitteln. Dabei werden die Probanden aufgefordert, sich an Kontaktsituationen mit dem Dienstleistungsanbieter zu erinnern, die für sie mit besonders positiven oder negativen Erinnerungen verbunden sind. Dabei gelangt die folgende Frageweise zum Einsatz.

▲ Denken Sie an ein besonders negatives oder positives Erlebnis bei einem ihrer geschäftlichen Kontakte mit dem Dienstleistungsanbieter X!

▲ Beschreiben Sie diesen Vorfall genau! Geben Sie dabei sämtliche Einzelheiten an, damit ich mir ein klares Bild von der Situation machen kann!

▲ In die sich anschließende Analyse werden nicht sämtliche geschilderten Ereignisse aufgenommen, sondern nur diejenigen, welche die folgenden Kriterien erfüllen:

    ▲ Das Ereignis muss sich unmittelbar auf eine Anbieter-Nachfrager-Interaktion beziehen.

    ▲ Das Ereignis muss aus der Sicht des Befragten zu starker Zufriedenheit oder Unzufriedenheit geführt haben.

Sequentielle Ereignismethode: Eine Modifikation der Critical Incident Technique ist die sequentielle Ereignismethode[5], welche die Idee des „Storytelling" mit dem Blueprint verbindet. Das Blueprinting, mit dessen Hilfe eine systematische Erfassung und Analyse des Dienstleistungserstellungsprozesses möglich ist, dient dabei als Gedächtnisstütze, indem der Kunde mit Hilfe eines graphischen Ablaufplanes schrittweise durch den Prozess der Dienstleistungserstellung geführt und um die Schilderung von Ereignissen gebeten wird. Die Visualisierung aller Interaktionen an den relevanten Kontaktpunkten gibt dem Kunden somit die Möglichkeit, die Erstellung der Dienstleistung noch einmal vor seinem geistigen Auge passieren zu lassen.

Schlussfolgerungen für das Management der Dienstleistungsqualität

Durch die kundenorientierten Verfahren der Qualitätsmessung erhält der Anbieter Informationen darüber, welche Leistungsmerkmale die Nachfrager für wichtig erachten und wie sie die Eigenschaften einer konkreten Dienstleistung beurteilen. Nur dann, wenn diese Informationen vorliegen, kann der Dienstleistungsanbieter die von ihm anzustrebende Qualität gezielt planen und darauf aufbauend implementieren. Für das Management der Dienstleistungsqualität sind dabei die folgenden Aspekte von besonderer Bedeutung:

▲ Die Messung der Dienstleistungsqualität muss mehrstufig erfolgen. Damit kommt zum Ausdruck, dass die gekennzeichneten Messansätze nicht isoliert nebeneinander stehen, sondern integriert einzusetzen sind. Vor allem müssen die ereignis- und die merkmalorientierten Verfahren miteinander kombiniert werden, weil die ereignisorientierten Verfahren vor allem problemdeckenden Charakter haben und somit die Indikatoren bzw. Merkmale offenlegen, an denen der Nachfrager die Dienstleistungsqualität bemisst. Die merkmalsorientierten Verfahren sind darauf aufbauend einzusetzen, um die Dienstleistungsqualität auch im Zeitablauf systematisch zu erfassen.

▲ Die Messung der Dienstleistungsqualität muss auf möglichst detailliertem Niveau erfolgen. Sofern die Erfassung der Dienstleistungsqualität beispielsweise auf der Grundlage der Qualitätsdimensionen des SERVQUAL-Ansatzes erfolgt, liefert diese Messung dem Qualitätsmanagement nur sehr globale Anregungen für konkrete qualitätssteuernde Maßnahmen. Bereits das Teilleistungsmodell ist in der Lage, detaillierte Anregungen für das Qualitätsmanagement zu liefern.

▲ Schließlich müssen die aus Kundensicht relevanten Qualitätsmerkmale in plan- und steuerbare Leistungsmerkmale einer Dienstleistung überführt werden. Nur so ist gewährleistet, dass die Qualität aus Anbietersicht durch objektivierbare Leistungsbündel geprägt werden kann.

Insgesamt wird somit deutlich, dass die Messung der Dienstleistungsqualität der erste wesentliche Schritt zur Gestaltung der Qualitätsmanagementprozesses darstellt. Fehler, die an dieser Stelle gemacht werden, können im Folgenden durch eine gezielte Gestaltung des Prozesses nicht kompensiert werden.

Literatur

1 Meffert, H./Bruhn, M.: Dienstleistungsmarketing. Grundlagen, Konzepte, Methoden, 1997.

2 Corsten, H.: Die Produktion von Dienstleistungen. Grundzüge einer Produktionswirtschaftslehre des tertiären Sektors, 1985.

3 Bruhn, M.: Qualitätsmanagement von Dienstleistungen. In: Meffert, H./Bruhn, M. (Hrsg.), 1997.

4 Benkenstein, M.: Dienstleistungsqualität. Ansätze zur Messung und Implikation für die Steuerung. In: Zeitschrift für Betriebswirtschaft, 63. Jg., 1993, Nr. 11, S. 1095–1116.

5 Hentschel, B.: Dienstleistungsqualität aus Kundensicht. Vom merkmals- zum ereignisorientierten Ansatz, 1992.

6 Trommsdorff, V.: Konsumentenverhalten, 1993.

7 Bruhn, M.: Qualitätssicherung im Dienstleistungsmarketing – eine Einführung in die theoretischen und praktischen Probleme. In: Bruhn, M./Stauss, B. (Hrsg.), Dienstleistungsqualität: Konzepte, Methoden, Erfahrungen, 1995, S. 19–46.

8 Zeithaml, V.A.: How Consumer Evaluation Processes Differ Between Goods and Services. In: Lovelock, C. (Hrsg.), Service Marketing, 1984, S. 186–190.

9   Donabedian, A.: The Definition of Quality and Approaches to its Assessments, Exploration in Quality, Assessment and Monitoring, 1980.

10 Meyer, A./Mattmüller, R.: Qualität von Dienstleistungen. Entwurf eines praxis-orientierten Qualitätsmodells. In: Marketing – Zeitschrift für Forschung und Praxis, 1987 Nr. 3, S. 187–195.

11 Corsten, H.: Die Produktion von Dienstleistungen, 1985.

12 Grönroos, C.: Strategic Management in the Service Sector. In: Research Report Nr. 8 der Swedisch School of Economics and Business Administration, 1982.

13 Berry, L. L.: Big Ideas in Service Marketing. In: Venkatesan, M. et al. (Hrsg), Creativity in Service Marketing: What´s New, What Works, What´s Developing, AMA Proceedings, 1986, S. 6–8.

14 Brandt, D. R.: A Procedure for Identifying Value-Enhancing Service Components Using customer Satisfaction Survey Data. In: Surprenant, C. (Hrsg.), Add Value to your Service: The Key to Success, AMA Proceeding Series, 1987, S. 61–65.

15 Parasuraman, A./Zeithaml, V. A./Berry, L. L.: SERVQUAL: A Multiple-Item Scale for Measuring Consumer Perceptions of Service Quality. In: Journal of Retailing, 1988, Heft 1, S. 12–40.

16 Güthoff, J.: Qualität komplexer Dienstleistungen: Konzeption und empirische Analyse der Wahrnehmungsdimensionen, 1995.

17 Brandt, D. R.: How Service Marketers Can Identify Value-Enhancing Service Elements. In: Journal of Service Marketing, 1988, Nr. 3, S.35–41.

18 Meyer, A./Ertl, R.: Marktforschung von Dienstleistungsanbietern. In: Meyer, A. (Hrsg.), Handbuch Dienstleistungs-Marketing, 1998.

19 Bitner, M. J./Nyquist, J. D./Booms, B. H.: The Critical Incident Technique as a Technique for Analyzing the Service Encounter. In: Bloch, T. M./ Upah, G. D./ Zeithaml, V. A. (Hrsg.), Service Marketing in a Changing Environment, AMA Proceedings, 1985, S. 48–51.

2.4.4 Der Einsatz von Data-Warehouses im Customer-Relationship-Management

Gerd Peter Wittenborg, Oracle Deutschland

Einleitung

Der Ansatz des CRM erfordert Lösungen, die gezielt die Kundenansprache sowie die Kundenzufriedenheit steigern. Das dabei entstehende Wissen, wie z. B. über das Kauf-, das Reklamations- und das Bestellverhalten, erlaubt die Ausrichtung der gesamten unternehmerischen Wertschöpfungskette auf den Kunden. Das Data-Warehouse dient dabei als zentraler Speicher von Kundenwissen. Im Zusammenspiel mit analytischen Hilfsmitteln (Business Intelligence) wie Data-Mining und OLAP werden Potentiale für umsatzsteigernde Maßnahmen erschlossen.

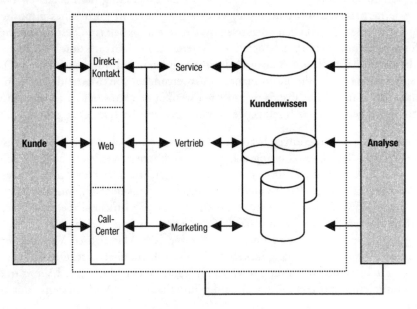

Abb. 42:   Integrierte CRM/Warehousearchitektur

Weiterhin bietet das Data-Warehouse die Grundlage für die Umsetzung von 1-to1-Marketingstrategien. Kundenprofile, die im Zusammenspiel von Data-Warehouse und Data-Mining erstellt werden, dienen dazu, Kunden in Marketing-/Werbeaktionen zielgruppenspezifisch mit Informationen/Angeboten zu versorgen. Dies führt auf der Anbieterseite zu reduzierten Herstellungs- und Versandkosten für die Werbemittel, auf der Empfängerseite führt es zu mehr Akzeptanz der zugestellten Materialien.

Denn die Adressaten müssen nicht mehr mehrere hundert Seiten starke Kataloge lesen, lagern und entsorgen, obwohl nur wenige Seiten für sie interessant sind. Durch die gezielte Kundenansprache erhöht sich die Kundenzufriedenheit und damit die Kundenbindung.

Anforderungen an das Data-Warehouse

Von einem Data-Warehouse wird die komfortable Analyse komplizierter Sachverhalte mit niedrigen Antwortzeiten, auch bei sehr großen Datenmengen, erwartet.

Dies bedeutet im Idealfall, dass Auswertungen beliebiger Art ohne Programmieraufwand möglich sind. Je nach Anwendergruppe – der Analytiker ist oft an Detailauswertungen interessiert, während das Management Auswertungen auf aggregiertem Niveau vorzieht – sind verschiedene Designalternativen in Betracht zu ziehen.

Ein wesentliches Ziel des Data-Warehouse ist die Abbildung der operativen Daten eines Unternehmens sowie notwendiger externer Daten in Form eines dispositiven Datenbestandes, der von den operativen Systemen entkoppelt ist. Diese Trennung ist erforderlich, um einerseits die operativen Systeme nicht zusätzlich durch Analyseläufe zu belasten und andererseits die grundsätzlich anderen Anforderungen an ein Data-Warehouse, nämlich die performanten Auswertungen von Massendaten, optimal erfüllen zu können. Die dispositiven Daten werden den Anwendern zusammen mit leistungsfähigen Business-Intelligence-Werkzeugen zur Analyse bereit gestellt.

Um die hohen Anforderungen bezüglich der Performance, aber auch der Administration der Data-Warehouse-Lösung sicherstellen zu können, werden hohe Anforderungen an die Datenbankplattform gestellt. Der Oracle8i-Server bietet neben diversen Indizierungs- (bitmap), Partitionierungs- und Jointechniken (hashjoins) das Konzept der Materialized Views. Während klassische Views als virtuelle Tabellen betrachtet werden können, belegen Materialized Views physikalischen Speicherplatz. Die Idee vorgerechneter Tabellen wird durch das Konzept der Materialized Views in einen komplett integrierten Vorgang innerhalb der Datenbank überführt. Der Aufbau, die Pflege, die Integritätsverwaltung sowie die Integration der Materialized Views in den Sql-Optimierungsprozess wird vollständig innerhalb des Oracle-Systems durchgeführt.

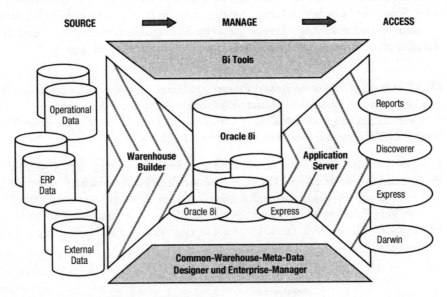

Abb. 43: *Oracle Enterprise Warehouse Architektur*

Entscheidungsunterstützung durch das Data-Warehouse Business Intelligence und Data-Warehousing: Entscheidungsunterstützung durch das Data-Warehouse bedeutet, dass den Anwendern Werkzeuge und Auswertungen an die Hand gegeben werden, mit denen sie Probleme zielgerichtet analysieren und adäquate Maßnahmenempfehlungen erarbeiten können. Zur Analyse des Data-Warehouse werden Business Intelligence Lösungen implementiert, welche die verfügbaren Daten in entscheidungsrelevantes Wissen umwandeln. Business Intelligence beschreibt einen analytischen Prozess, der die Umwandlung verfügbarer Daten in entscheidungsrelevantes Wissen bewirkt.

Business-Intelligence-Technologien: Die Entscheidung für eine Business-Intelligence-Technologie ist im Hinblick auf das technisch Machbare in Bezug auf die fachlichen Anforderungen zu treffen. Die Annahme: „Wir kaufen uns ein OLAP-Werkzeug und haben ein Data-Warehouse" ist der Erkenntnis gewichen, dass das Analysewerkzeug nur ein Baustein des Data-Warehouse ist. Durch unterschiedliche Aufgabenstellungen ist eine sinnvolle Kombination von Werkzeugen verschiedener Technologien oft die leistungsfähigste und kostengünstigste Lösung. Diese Kombination wird unumgänglich, wenn Dateneingaben notwendig sind und die Auswertungen mit einem Werkzeug erfolgen sollen, welches keine Dateneingabe zulässt.

Wichtig ist, dass die nötige Flexibilität bei der Auswertung zur Verfügung gestellt wird. Weiterhin muss berücksichtigt werden, dass die Produkte die nötige Offenheit für aktuelle und zukünftige Trends wie Data-Mining, Internetanbindung und die Verarbeitung unstrukturierter Informationen, wie z. B. von Texten, bieten.

OLAP : OLAP (OnLine Analytical Processing) bietet dem Anwender die Möglichkeit, sich ohne Programmieraufwand verschiedene Sichten auf die relevanten Daten zu schaffen. Logisch lässt sich diese Technologie in Form eines Würfels darstellen, obwohl OLAP nicht auf drei Dimensionen beschränkt ist.

Bezogen auf den dargestellten Würfel bedeutet dies beispielsweise die Möglichkeit, die Umsatzrentabilität für ein Unternehmen im Zeitverlauf betrachten zu können. Weiterhin kann die Umsatzrentabilität aber auch für die verschiedenen Unternehmen im Vergleich dargestellt werden. Der Anwender nimmt dazu mausgesteuert eine Rotation der Würfelachsen (auch Dimensionen genannt) vor und generiert dadurch einen neuen Bericht.

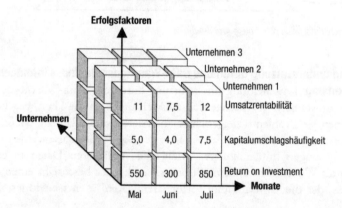

Abb. 44:   OLAP-Datenwürfel mit betriebswirtschaftlichen Kennziffern

Eine OLAP-Lösung kann technologisch unterschiedlich realisiert werden. Im Folgenden werden die unterschiedlichen Technologien dargestellt.

MOLAP: Multidimensionales OLAP steht für optimierte multidimensionale Datenhaltung. MOLAP-Server haben ein gutes Antwortzeitverhalten, welches durch optimierte Indizierung und Speicherung vorgerechneter Daten erreicht wird. Der Oracle-Express-Server ist für multidimensionale Datenanalysen ausgelegt und bietet analytische Funktionalität wie Zeitreihenanalyse, statistische Funktionenund finanzmathematische Verfahren.

ROLAP: ROLAP-Systeme beziehen ihre Daten direkt aus relationalen Datenbanken und erfordern keine eigene Datenhaltung. Sie erlauben einen mehrdimensionalen Zugriff auf relationale Strukturen. Für den versierten Benutzer wird eine Metaschicht mit Geschäftsbegriffen bereitgestellt, so dass dieser sich selbst eigene Berichte definieren kann. Dabei wird teilweise ein spezielles Schema (siehe Absatz Schemata) vorausgesetzt, um mit akzeptabler Performance arbeiten zu können. Wichtig ist, dass die ROLAP-Technologie mit der zugrundeliegenden relationalen Datenbank harmoniert. Das bedeutet beispielsweise, dass generierte Abfragen vom Optimizer der Datenbank performant verarbeitet werden können.

Hybrides OLAP: Die Oracle-Warehouse-Lösung erlaubt die beliebige Konfiguration multidimensionaler und relationaler Datenhaltung, so dass die Vorteile der beiden Techniken gezielt genutzt werden können: Massendatenhaltung im relationalen System, verdichtete Daten mit komplexen Strukturen in der multidimensionalen Datenbank. Für den Anwender ist diese Architektur transparent. Er merkt nicht, ob er gerade den relationalen Datenbestand oder den multidimensionalen Datenbestand betrachtet.

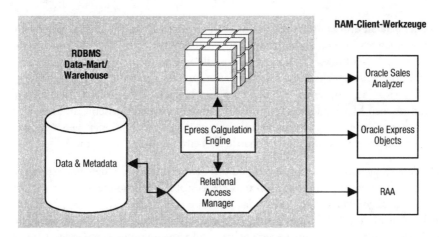

Abb. 45:   Hybride Konfigurationsmöglichkeiten mit Oracle RAM/RAA

Data-Mining: Hinter dem Begriff Data-Mining verbergen sich verschiedene mathematische Methoden, die dazu dienen, Abhängigkeiten und/oder Muster in Daten zu erkennen. Für ökonomische Aufgabenstellungen sind die Ermittlung von Kundensegmenten und das Churnmanagement (Verhinderung von Kundenabwanderung) die Haupteinsatzgebiete. Data-Mining ist damit ein wichtiger Bestandteil von Business Intelligence und CRM-Lösungen sowie ein Hilfsmittel bei der Umsetzung von 1-to1-Marketingstrategien.

Projektabwicklung

Data-Warehouse-Projekte sind fachbereichsgetrieben und haben strategischen Charakter. Im Umfeld des Customer-Relationship-Management haben Vertrieb, Marketing und Service die Notwendigkeit erkannt, den Kunden individuell anzusprechen und ihm damit Produkte und Dienstleistungen zu bieten, die auf ihn zugeschnitten sind.

Durch die Einführung von Data-Warehouse-Lösungen werden die Erfolgspotentiale eines Unternehmens erschlossen. Dies geschieht schrittweise (inkrementell), wobei die Ergebnisse eines Inkrementes jeweils die Anforderungen an das folgende Inkrement beeinflussen.

Organisatorische Anforderungen : Die Zuständigkeiten innerhalb eines Data-Warehouse-Projekts sind klar zu definieren und auch einzuhalten. Neben der technischen Kompetenz sind die künftigen Anwender integraler Bestandteil des Projektteams. Da die Anwender in der Regel bereits Erfahrungen mit Berichtssystemen haben, sind diese in der Lage, die jeweiligen Anforderungen an die Phasen wie auch an das Gesamtsystem zu definieren.

Vorgehensweise und Zeitplanung: Beim Aufbau eines Data-Warehouse handelt es sich um einen evolutionären Vorgang, der eine inkrementelle Vorgehensweise erfordert. Durch die Komplexität der Aufgabenstellung und die Abhängigkeiten der einzelnen Inkremente voneinander ist das Gesamtprojekt am Anfang sinnvoll zu gliedern. Die einzelnen Inkremente haben vom Fachbereich klar definierte Ziele, die mit den technischen Möglichkeiten in Einklang gebracht werden müssen. Am Ende eines Inkrementes müssen jeweils zusätzliche aussagefähige Informationen generiert werden. Die Inkremente können auch inhaltliche Teilziele zum Gegenstand haben.

Nach dem Abgleich von fachlichen Zielen mit den technischen Möglichkeiten durchläuft das Inkrement die Realisierungs- und die Testphase. Sobald dieser Prozess zufriedenstellend abgeschlossen ist, wird das Ergebnis den Anwendern zur Verfügung gestellt. Am Ende des Inkrementes ergeben sich automatisch neue Zusammenhänge und Anforderungen, die in einem der nächsten Inkremente umgesetzt werden können.

Der Zeitbedarf eines Inkrementes sollte drei bis sechs Monate nicht überschreiten, damit die Umsetzung überschaubar bleibt und die Anwender nicht das Interesse verlieren.

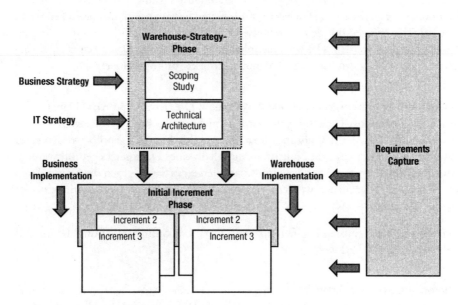

Abb. 46: Oracle-Data-Warehouse-Methode

Datenbereitstellung und Datenqualität

Die Datenbereitstellung sowie das Qualitätsmanagement der Daten sind die aufwendigsten Prozesse innerhalb des Data-Warehouse-Lebenszyklus.

Das in der Projektabwicklung beschriebene inkrementelle Vorgehen bezieht sich nicht nur auf die Applikation, sondern auch auf die Bereitstellung von Daten. Oft ist es organisatorisch nicht möglich und auch nicht immer sinnvoll, alle dispositiven Daten zu Beginn eines Data-Warehouse-Projekts bereitzustellen, so dass Teildatenbestände zur Analyse angeboten werden. Diese Teildatenbestände werden auch als Data-Marts bezeichnet. Ein Data-Mart kann Informationen auf Abteilungsniveau bereitstellen, oder er bildet eine Informationssammlung für eine betriebswirtschaftliche Aufgabenstellung. Der Ansatz über Data-Marts bringt schnelle Ergebnisse, birgt aber die Gefahr von Inseldatenbeständen. Bei der Planung des ersten Data-Marts ist es daher notwendig, sich bereits Gedanken darüber zu machen, wie eine künftig wachsende Zahl von Data-Marts miteinander agieren kann (gleiche Kennzahlen, Konsolidierungmöglichkeit, gleiche Verdichtungstufen) und wie eine Administration der Data-Marts möglich ist.

Datenqualität: Die Datenqualität ist ein entscheidender Faktor für die Akzeptanz eines Data-Warehouse, so dass diesem Punkt große Bedeutung zukommt. Über die Datenqualität entscheiden die Anwender einer Warehouse-Lösung. Sie müssen Kriterien bestimmen, nach denen zu beurteilen ist, ob Daten geeignet sind, um sie zu benutzen. Die Kriterien müssen mit den Warehouse-Entwicklern sowie den Lieferanten externer Daten diskutiert werden. Oft wird die inhaltliche Prüfung der Daten erst zu spät vorgenommen, so dass Probleme im Warehouse-Projekt vorprogrammiert sind.

Übernahme von Daten aus operativen Systemen: Die Extraktion von Daten, z.B. aus ERP- oder Host-Umgebungen, wird in mehreren Schritten vollzogen werden. Nachdem die Daten auf Vollständigkeit und richtige Formate geprüft worden sind, kann im nächsten Schritt die Konsistenz innerhalb eines Datensatzes geprüft werden. Anschließend können die Schlüsselinformationen eines Satzes gegen die Stammdaten im Warehouse abgeglichen werden. Beispiel: Ist eine Kundennummer eines einzulesenden Datensatzes bekannt?

Fehlerhafte Daten müssen in einer separaten Datenbank mit Bearbeitungsdatum und Fehlercode gespeichert werden.

Übernahme externer Daten: Die Integration externer Daten, wie z.B. Marktforschungs- oder demografische Daten, ist möglichst früh zu prüfen. Bei der praktischen Übernahme können Probleme auftreten, weil externe Daten auf Verdichtungsstufen geliefert werden, die nicht mit der Granularität und der Struktur des Warehouse-Datenbestandes übereinstimmen.

Technologien zur Unterstützung des Extraktions-, Transformations- und Transferprozesses: Werkzeuge zur Datenextraktion, Datentransformation und zum Datentransfer bieten programmtechnische Unterstützung für die einzelnen Bereiche. Der Oracle-Warehouse-Builder bietet sämtliche Funktionalitäten, die für den Aufbau und die Nutzung sowie die Administration eines Data-Warehouse erforderlich sind. Der Warehouse-Administrator wird bei der Modellierung der Warehouse-Datenbank unterstützt. Weiterhin erlaubt der Warehouse-Builder ein grafisches Mapping zwischen diversen Datenquellen und der Zieldatenbank. Der Datenfluss, die Transformationsregeln sowie Metadaten können ebenfalls grafisch verfolgt werden. Der Warehouse Builder nutzt ein Repository, welches den Common-Warehouse-Model (CWM)-Standard unterstützt. Dadurch können alle Produkte, die diesen Standard unterstützen, auf die Metadaten des Warehouse-Builder zugreifen.

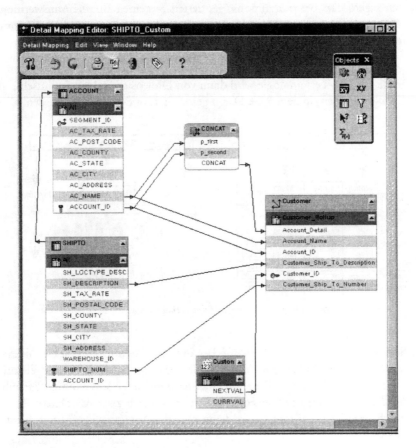

Abb. 47:   Der Oracle-Warehouse-Builder

Datenmodellierung und Datenbankdesign:

Neben der speziellen technischen Infrastruktur eines Data-Warehouse hat das Daten-
modell einen entscheidenden Einfluss auf die Performance des Gesamtsystems. Im
Zusammenhang mit der Datenmodellierung des Data-Warehouse wurden einige
Fachbegriffe definiert, die im Folgenden erläutert werden.

Schemata: Die Erläuterung erfolgt anhand eines Star-Schemas. Das Star-Schema
wird unter Vernachlässigung der sonst im Datenbankdesign angestrebten Normali-
sierung implementiert, da die Anforderungen an Data-Warehouse-Lösungen grundsätzlich andere sind als an transaktionsorientierte (operative) Systeme. Ganz generell

lässt sich sagen, dass bei transaktionsorientierten Systemen Einzelsatzauswertungen oder Manipulationen von Daten im Vordergrund stehen, während dispositve Systeme die Auswertungen von Massendaten erlauben sollen.

Der gewählte relationale Ansatz lässt sich leicht auf MOLAP-Systeme übertragen. In der Oracle-Express-Terminologie wird dann von Dimensionen (den Schlüsseln) und Variablen gesprochen, in denen die Daten gespeichert und organisiert werden.

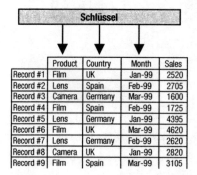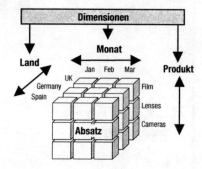

Abb. 48:   Multidimensionales Datenmodell vs. relationales Datenmodell

Star-Schema: Ein zeitintensiver Faktor bei der Abarbeitung komplexer Abfragen normalisierter Datenbanken sind die Tabellenverknüpfungen mittels sogenannter Joins. Durch das Ablegen von Daten in einer oder mehreren sogenannten Facttabellen und den zugehörigen Dimensionstabellen erhöht sich zwar das Datenvolumen, aber durch weniger notwendige Joins kann sich das Antwortzeitverhalten drastisch verbessern.

Die Dimensionstabellen enthalten die Schlüssel, mit denen der Datenbestand ausgewertet wird. Typische Dimensionen sind Zeit, Geographie und Kunde. Die Dimension Kunde enthält beispielsweise die Kundennummer als Schlüssel sowie kundenspezifische Attribute wie Verkaufsfläche, Adresse, Name des Geschäftsführers usw. Mit diesen Dimensionen ist eine kundenbezogene Betrachtung z. B. der aufgetretenen Reklamationen nach regionalen Gesichtspunkten während eines Zeitraumes möglich.

Die Attribute können auch hierarchische Informationen enthalten. Hierarchien dienen z. B. dazu, die regionale Kundenstruktur eines Unternehmens abzubilden. Eine hierarchische Auswertung im Sinne eines Drill-Down, also vom aggregierten bis zum detaillierten Niveau, erfolgt entlang der Hierarchie Region z. B. von Bundeslandniveau über Städte bis zum Postleitzahlenniveau.

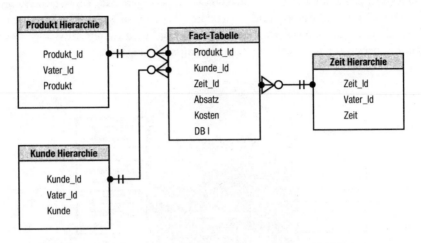

Abb. 49:   Star-Schema

Die Fact-Tabelle kann über die Dimensionstabellen Kunde, Produkt und Zeit ange-sprochen werden. Der Anwender kann beispielsweise den Absatz eines Kunden bezo-gen auf bestimmte Produkte und auszuwählende Perioden betrachten.

Weitere Schemata: In der Praxis haben sich weitere Schemata bewährt, die je nach Aufgabenstellung angewendet werden. Einerseits gibt es Ansätze, die Dimensionsta-bellen in Bezug auf die Abbildbarkeit von Hierarchien zu designen, während anderer-seits auch die Fact-Tabellen zu betrachten sind, um die Antwortzeiten, z.B. durch vorgerechnete Konsolidierungsstufen, weiter zu verbessern. Tabellen mit vorgerech-neten Daten sind weitaus kleiner als Facttabellen auf Basisniveau, so dass die Zugriffs-zeiten verringert werden. Man spricht dann von Fact-Constellation-Schemata.

Kommen mehrere Facttabellen zum Einsatz, weil sich nicht alle benötigten Facts durch die gleichen Dimensionstabellen beschreiben lassen, erhält man ein Star-Schema mit mehreren Fact-Tabellen. Diese Art von Design wird als Galaxie bezeichnet.

Künftige Entwicklungen

Während die meisten heute realisierten Data-Warehouse-Lösungen strukturierte Informationen verwalten, wird in Zukunft die komfortable Analyse und Recherche unstrukturierter Daten wie Text oder multimediale Information die wichtigste Auf-gabe sein. Oracle stellt ein integriertes System zur Aufnahme und Verteilung von Informationen dar. Auf Basis erprobter Server-Technologie werden alle Arten von Informationen gespeichert, Metadaten automatisch erstellt sowie eine komfortable

Volltextrecherche auf alle Daten angeboten. Angefangen von Textverarbeitungsdokumenten, Bildern, Audio- und Videodaten bis hin zu speziellen Formaten wie XML-Dateien oder Geoinformationen wird sowohl dem Systementwickler als auch dem Endbenutzer eine integrierte Zugriffschnittstelle angeboten.

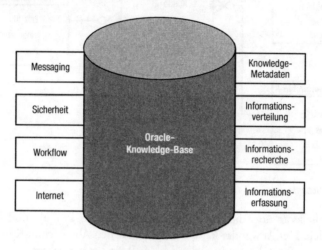

Abb. 50:   Oracle-Knowledge-Warehouse-Architectur

Das Data-Warehouse der Zukunft wird den Prozess der Recherche und Analyse durch das Speichern und Verwalten aller notwendigen Datentypen unterstützen. Über personalisierte Benutzerschnittstellen werden automatisiert regelmässig notwendige Informationen bereitgestellt, während Ad-hoc-Auswertungen individuell vom Benutzer angestoßen werden.

2.4.5 Kundenorientierte Prozess-Steuerung mit Hilfe moderner Informationssysteme

Andreas Zipser, SAS Institute

Saubere Methodik und fundierte Analysen – Voraussetzung für den Erfolg von CRM

Der Kunde, das unbekannte Wesen: Es scheint, als hätten Unternehmen diese besondere Spezies erst in jüngster Zeit für sich entdeckt – so zahlreich sind die Schlagworte, die sich neuerdings rund um das Thema „Kundenpflege" ranken: Database-Marketing, Customer Care, Customer Retention und so weiter. Dabei geht es um die (immer schon) recht profitable Kunst, einen Kunden nicht nur zu gewinnen, sondern ihn dauerhaft an die Produkte und Services eines Unternehmens zu binden. Neu ist das Prinzip des Customer-Relationship-Management also nicht: Seit jeher haben findige Köpfe Mittel und Wege gefunden, um sich ihre Kunden warm zu halten – man denke nur an das Rabattmarkensystem der sechziger Jahre, das Kunden mit Preisnachlässen für ihre Treue belohnte. Neu sind allerdings die Hilfsmittel; statt strategische Entscheidungen aus dem Bauch heraus zu treffen, verlassen sich Manager heutzutage auf Software: Eine ganze Armada von CRM-Anwendungen wird derzeit in den Kampf um den Kunden geschickt. Doch allein mit dem isolierten Einsatz einer Software – so ausgeklügelt sie auch sein mag – gewinnt und hält man keinen Kunden. Eine verlässliche Basis für das Customer-Relationship-Management liefert nur die Gesamtsicht auf das Unternehmen: auf seine Angebote und Aktivitäten einerseits, auf die Kunden und ihre Interessen andererseits. Kundendatenbanken, Vertriebsinformationssysteme, Kampagnenplanungs-Tools und Marketing-Analysewerkzeuge nehmen nur Teilaspekte in der CRM-Wertschöpfungskette ins Visier. Sie bleiben Stückwerk, wenn die zahlreichen Kunden- und Marketinginformationen im Unternehmen nicht zusammengeführt und systematisch ausgewertet werden. Der folgende Beitrag zeigt in Theorie und Praxis, wie Unternehmen ein effizientes Kundenmanagement implementieren können.

Im Marketing geht es längst nicht mehr allein um das Ziel, wahllos und per Gießkannenprinzip Produkte in die überfüllten Märkte zu schleusen. Das bisherige Marketingverständnis weicht zunehmend einer neuen Sichtweise. War früher der Verkauf eines Produkts der erfolgreiche Abschluss eines Kundenkontakts, markiert dieser Zeitpunkt heute erst den Beginn einer im Idealfall langfristigen wechselseitigen Beziehung. Der Kunde ist keine unbekannte Randfigur mehr, er steht Mittelpunkt der Marketingaktivitäten.

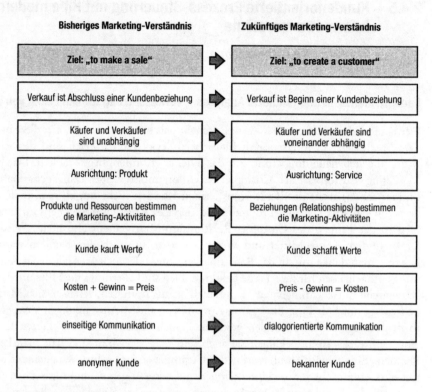

Bisheriges Marketing-Verständnis   **Zukünftiges Marketing-Verständnis**

Bisheriges Marketing-Verständnis	Zukünftiges Marketing-Verständnis
Ziel: „to make a sale"	Ziel: „to create a customer"
Verkauf ist Abschluss einer Kundenbeziehung	Verkauf ist Beginn einer Kundenbeziehung
Käufer und Verkäufer sind unabhängig	Käufer und Verkäufer sind voneinander abhängig
Ausrichtung: Produkt	Ausrichtung: Service
Produkte und Ressourcen bestimmen die Marketing-Aktivitäten	Beziehungen (Relationships) bestimmen die Marketing-Aktivitäten
Kunde kauft Werte	Kunde schafft Werte
Kosten + Gewinn = Preis	Preis - Gewinn = Kosten
einseitige Kommunikation	dialogorientierte Kommunikation
anonymer Kunde	bekannter Kunde

Abb. 51:   Paradigmenwechsel im Marketing

Höherer Wettbewerbs- und Kostendruck, gesättigte Märkte, veränderte Nachfrage und gut informierte, kritische Kunden verlangen nach qualifizierten Marketingaktionen mit möglichst geringen Streuverlusten und einer maximalen Potentialausschöpfung, mit klar messbaren Erfolgen und einer günstigen Kosten-Nutzen-Relation. Vor allem geht es beim CRM jedoch darum, alle im Unternehmen vorhandenen Marketinginformationen zusammenzuführen und die aus unterschiedlichsten Analysen gewonnenen Erkenntnisse in den Marketingkreislauf zurückfließen zu lassen, um Kundenaktionen weiter zu optimieren. Ziel von CRM ist es, Kunden zu klassifizieren und Informationen über ihr Kaufverhalten zu gewinnen, um Marketingaktivitäten möglichst effektiv planen und steuern zu können. All dies ist ohne gezielte DV-Unterstützung nicht möglich.

Der Marketingkreislauf

Das Management der Kundenbeziehungen lässt sich als Zyklus darstellen. An erster Stelle steht der potentielle Kunde, den das Unternehmen zunächst für seine Produkte interessieren muss. Nach dem Erstkauf ist der nächste Schritt die dauerhafte Bindung der Kunden durch Folgekäufe, das heißt, sie immer wieder an neue Produkte heranzuführen (Cross-Selling). Das Ziel ist erreicht, wenn Kunden dem Unternehmen durch Mehrfachkäufe treu bleiben – der Umsatz pro Kunde kann dann gezielt erhöht werden (Up-Selling). Eine wichtige Rolle im Kreislauf spielt die Reaktivierung „schlafender" Kunden: Sind diese Kunden nur vorübergehend nicht interessiert oder sind sie generell unzufrieden und stehen kurz vor dem Absprung? Einen Kunden auf Dauer zu verlieren ist wesentlich kostspieliger, als ihn mit den geeigneten Mitteln rechtzeitig wieder zu aktivieren. Voraussetzung für das planmäßige, gesteuerte Erreichen dieses Ziels sind Informationen darüber, bei welchen Kundengruppen sich Aktivierungsversuche lohnen und welche Maßnahmen für welche Kundengruppe individuell die richtigen sind.

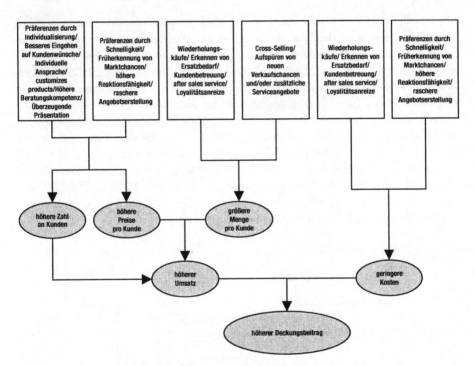

Abb. 52:   *Nutzen von Database-Marketing*

Dazu braucht die Marketingabteilung ein detailliertes Kundenprofil. Die dafür erforderlichen Daten sind im Unternehmen in der Regel bereits vorhanden, zum Beispiel in Kunden- oder Produktdatenbanken. Die Aufgabe des CRM-Systems ist es, aus diesen Datenbeständen in kurzer Zeit die erforderlichen Informationen zu extrahieren und sie der Marketingabteilung zu liefern. Bewährt haben sich hier vor allem

CRM-Lösungen, die mit Hilfe eines Data-Warehouse alle im Unternehmen vorhandenen Kunden- und Marketinginformationen zusammenführen und leistungsstarke Analysewerkzeuge – einschließlich Data-Mining-Verfahren enthalten.

Data-Warehouse-Technologie als Basis für CRM

Die Schlüsseltechnologien, die komplexes CRM möglich machen, heißen Data-Warehouse sowie Online Analytical Processing (OLAP) und Data-Mining. Im Data-Warehouse lagern alle Informationen wie in einem Warenhaus: gut sortiert, mit allen wichtigen Angaben versehen, fertig zum „Mitnehmen" und „Gebrauchen". Data-Mining und OLAP sind die Werkzeuge zum Interpretieren und Analysieren dieser Informationen.

Die beteiligten EDV-Prozesse im Database-Marketing-Kreislauf können in zwei klar voneinander getrennte Bereiche unterteilt werden: Auf der einen Seite steht die operative EDV, die als „Front-End" die Mitarbeiter dabei unterstützt, Marketingaktivitäten umzusetzen, und die Ergebnisse erfasst. Auf der anderen Seite gibt es das Data-Warehouse als dispositives „Back-End", das die Ergebnisse analysiert und die Marketing-Strategen bei der Planung und Steuerung unterstützt. Die Basis von CRM-Data-Warehouse-Systemen sind also Informationen, die aus verschiedenen operativen Quellen stammen: Dazu gehören transaktionsorientierte Daten aus Systemen für die Sales Force Automation, aus dem Kampagnenmanagement, aus Call-Center-Systemen und in jüngerer Zeit auch vermehrt Daten, die aus dem elektronischen Handel über das Web (E-Commerce) stammen. Dazu kommen noch Produktinformationen und externe Quellen, die beispielsweise Informationen wie soziodemographische Daten oder Fakten über Mitbewerber enthalten.

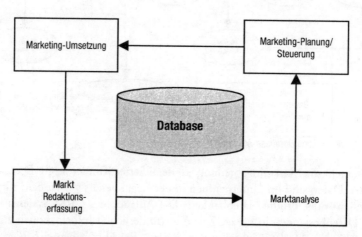

Abb. 53:   Regelkreis des Database-Marketing

Um diese – häufig sehr inhomogenen – Datenbestände auszuwerten, müssen sie zunächst in eine konsistente Datenbasis überführt werden. Das CRM-Data-Warehouse extrahiert ungeordnete Daten aus verschiedenen Quellen, vereinheitlicht sie zu einer konsistenten Datenbasis und gliedert sie nach Themen wie Kunden oder Kundengruppen. Dabei schließt das Data-Warehouse die Lücke zwischen den operativen Systemen und der Planung und Steuerung von Marketingaktivitäten. Der Datentransfer erfolgt in zwei Richtungen: Aus den operativen Systemen fließen Aktionsdaten in das Data-Warehouse, das dann als homogenes und gut sortiertes Datenlager komplexe Abfragen ermöglicht. Eine Rückkopplung mit der operativen Datenhaltung sorgt dafür, dass die Analyseergebnisse in die Praxis umgesetzt werden: zum Beispiel in Form einer Telefonaktion im Call-Center, bei der die Kontakter nicht „blind" auf ihre Kunden losgehen, sondern sich auf ein detailliertes Kundenprofil stützen können. Wichtig ist, diese Ergebnisse, also zum Beispiel die Reaktion auf eine solche Kampagne, wieder in das Data-Warehouse zu überführen und sie so als Datenbasis für zukünftige Strategien zu verwenden.

Je nach Fragestellung können die Daten im Warehouse nach verschiedenen Ansätzen evaluiert werden. Zwei davon sollen hier näher vorgestellt werden: OLAP und Data-Mining. Der wesentliche Unterschied zwischen den beiden Verfahren besteht darin, dass OLAP mit bereits definierten Dimensionen und Zusammenhängen arbeitet, während Data-Mining nach neuen, bisher unbekannten Mustern forscht – die dann wiederum die Basis für OLAP bilden können.

Abb. 54:   Datenanalyse – Zwei grundsätzliche Methoden

Schnelle Analyse mit OLAP

OLAP ist ein sehr schneller Weg, Daten und Zahlen aus verschiedenen Perspektiven zu betrachten und zu analysieren. Dabei erlaubt OLAP eine multidimensionale Sicht auf die zugrundeliegenden Informationen: Je nach Interessenlage werden Daten, zum Beispiel Produktlinie, Zeitraum, Regionen und die resultierenden Analysewerte aus verschiedenen Blickwinkeln tabellarisch beziehungsweise graphisch dargestellt. Auf diese Weise erhalten die einzelnen Fachabteilungen Informationen, die auf ihren Aufgabenbereich zugeschnitten sind: Produktmanager erfahren, wie sich ein bestimmtes Produkt aus dem Gesamt-Portfolio in allen Regionen verkauft hat. Für den Finanzanalysten ist der Umsatz für die gesamte Produktpalette in einem bestimmten Kalendermonat relevant, während sich ein regionaler Vertriebsbeauftragter dafür interessiert, wie der Verkauf aller Produkte in seinem Gebiet lief. Eine typische Fragestellung beim OLAP könnte also lauten: „In welchen Filialen Bayerns verlieren wir prozentual die meisten Kunden im Jahr?" Bei OLAP handelt es sich um eine Top-Down-Methode, mit der man nach vorab definierten Strukturen oder Dimensionen, zum Beispiel Zeitraum, Sparte oder Kundengruppe, in den Daten navigieren und sie „liveonscreen" auswerten kann. Eine Einsatzmöglichkeit von OLAP sind Bewertungen in verschiedenen Controlling-Bereichen, zum Beispiel die Kosten-Nutzen-Analyse der verschiedenen Vorgehensweisen bei der Neukundengewinnung.

Data-Mining: aus Daten Wissen generieren

Data-Mining eignet sich dafür, bisher unerkannte Zusammenhänge zu entdecken. Hinter dem Begriff steht eine Kombination verschiedener multivariater statistischer Verfahren einschließlich Neuronaler Netze. Diese helfen den Marketingexperten bei der Früherkennung von Trends, zum Beispiel Abwanderungstendenzen in einer bestimmten Kundengruppe. Eine charakteristische Aufgabenstellung für das Data-Mining ist etwa die Frage: „Auf welche Kunden sollten wir uns beim Vertrieb von Investmentfonds konzentrieren?". Data-Mining ist ein komplexer Prozess, bei dem zunächst aus einer Vielzahl von Daten die Variablen definiert werden müssen, die für die simultane Auswertung in Frage kommen. Will man zum Beispiel das Merkmal Kaufwahrscheinlichkeit für einen ausgewählten Personenkreis bestimmen, zählen zu den möglichen Variablen – unter vielen anderen – das Alter der Kunden, der Familienstand, die Wohngegend und das Einkommen. Entscheidend für das Resultat einer Anfrage ist die Wahl des geeigneten statistischen Modells, mit dem die Daten ausgewertet werden.

Data-Mining mit Methode

Zusammen mit der Auswahl der Variablen und des Modells besteht Data-Mining aus insgesamt fünf Arbeitschritten:

1. Die (optionale) Stichprobenbildung und das Bereitstellen von Trainings- und Testdaten
2. Die Exploration inklusive Variablenauswahl, Gruppierung und Visualisierung

3. Die Modifikation und Transformation der Daten
4. Die Modellbildung – beispielsweise Regressionsanalysen, Clusteranalysen Neuronale Netze, Entscheidungsbäume und Assoziationsanalysen
5. Die qualitative Bewertung des Modells

Entsprechend den Anfangsbuchstaben dieser fünf Schritte – Stichprobenbildung, Exploration, Modifikation, Modellbildung, Assessment (Modellbewertung) – nennt SAS Institute dieses speziell für Data-Mining entwickelte Verfahren „SEMMA".

Wichtigster Schritt und Kern des Data-Mining ist die Modellbildung: Hier geht es um die Auswahl der geeignetsten Verfahren, um Zusammenhänge zwischen bestimmten Kundenmerkmalen zu erkennen. Dazu einige Beispiele:

Die Ausschöpfung des Cross- und Up-Selling-Potentials in einem bestehenden Kundenstamm ergibt sich aus der Klassifizierung der Kunden. In ein Segment werden die Kunden eingeordnet, die ähnliche Interessen haben und damit Zielgruppen für die gleichen Artikel sind. Eine mögliche Frage lautet hier: „Welche Personenkreise fahren Ski und interessieren sich auch für andere Wintersportarten?" Geeignete Data-Mining-Verfahren für die Kundensegmentierung sind die Clusteranalyse und Kohonen-Netzwerke. Mit Hilfe dieser Methoden können bestehende Kunden in immer neue Gruppen aufgeteilt werden. So kann ein Versandhaus ausgehend von der Bestellung von Babywäsche vorhersagen, wann für diesen Haushalt Sonderkataloge mit speziellen Sortimenten interessant sind, zum Beispiel Spiele, Bücher oder Schulartikel – und sie zum richtigen Zeitpunkt an die geeignete Zielgruppe verschicken. Demgegenüber eignen sich Assoziationsanalysen insbesondere für sogenannte Warenkorb- und Kassenbonanalysen im Handel. Mit Hilfe dieses Verfahrens lassen sich Kaufkorrelationen feststellen, also mit welcher Wahrscheinlichkeit Kunden bestimmte Produkte gleichzeitig kaufen.

Bei Banken und Versicherungen stehen andere Zielsetzungen im Vordergrund: Wichtige Einsatzgebiete von Data-Mining-Verfahren sind hier unter anderem die Kreditkarten-, Risiko- und Schadensanalyse. Dabei können verschiedene Methoden angewendet werden, nämlich Neuronale Netzwerke, Regressionsverfahren und andere.

Neuronale Netze für absolutes Feintuning

Neuronale Netze sind dem menschlichen Gehirn nachempfunden. Unser Gehirn besteht aus einem Netz von Milliarden von Nervenzellen, den Neuronen, die durch Synapsen miteinander verbunden sind. Mit modernen Rechnern und leistungsfähiger Software wird schon seit einiger Zeit versucht, die Komplexität natürlicher Neuronaler Netze nachzubauen. Auch wenn der schnellste Rechner der Welt noch nicht an die Leistungen des menschlichen Gehirns heranreicht, haben künstliche Neuronale Netze auf speziellen Gebieten heute schon große Vorteile gegenüber anderen Verfahren.

Neuronale Netze sind Modelle für spezielle Formen der parallelen Datenverarbeitung, wobei die Systeme ihre künftigen Tätigkeiten in einem vorgeschalteten Prozess trainieren. Während dieses Trainingsprozesses suchen Neuronale Netze innerhalb komplexer Datensätze nach Mustern und lernen, Zusammenhänge und Verbindungen zwischen diesen Daten zu erkennen. Ziel dieses Trainingsprozesses ist es, das erlernte Wissen auf immer neue Datenquellen zu übertragen, Hypothesen zu formulieren oder Ergebnisse vorherzusagen und damit die Entscheidungsfindung wesentlich zu erleichtern und zu unterstützen. Bisher werden Neuronale Netze vor allem im Maschinenbau, in der Medizin, bei Versicherungen, Banken, Versandhäusern und in der chemischen Forschung eingesetzt, finden aber auch zunehmend Einzug in der Energieversorgung und Telekommunikation.

Das Verfahren eignet sich vor allem für die Analyse extrem inhomogener Datenbestände. Im Gegensatz zu den Regressionsverfahren fehlt den Neuronalen Netzen jedoch noch eine sichere mathematische Theorie: Sie setzen eine Kombination sehr komplexer mathematischer und statistischer Verfahren ein. Daher arbeiten sie auch für den Spezialisten weitgehend als „Black Box", erlauben also keine Einblicke in die internen Wirkungsprinzipien des Modells. Außerdem verlangen sie vom Anwender ein gewisses Maß an Experimentierbereitschaft. Der Vorteil: Sie eignen sich für eine sehr differenzierte Klassifikation und Prognose. Vor allem bei sehr inhomogenen Datenbeständen erzielen sie eine bessere Anpassung zwischen Modell und Realität als die klassischen Methoden. Das Verfahren hat jedoch auch einen Nachteil: Neuronale Netze beanspruchen bei sehr großen Datenmengen längere Rechenzeiten als die klassischen Verfahren.

Kundenmanagement in der Praxis

Der Meister Verlag (München) ist die deutsche Tochtergesellschaft der international operierenden IMP-Gruppe (International Masters Publisher). Kerngeschäft ist das Vermarkten von Sammelprodukten via Direct-Mail. Schon seit Jahren werden dort statistische Verfahren zur Responseoptimierung und zur Prognose dauerhafter Kundenbeziehungen genutzt. Angesichts der seit einiger Zeit komfortablen Nutzbarkeit neuer Data-Mining-Methoden hat der Meister Verlag zusammen mit SAS Institute ein Testprojekt aufgesetzt, das die zusätzlichen Benefits durch den Einsatz des SAS Enterprise Miners quantifizieren sollte. Insbesondere sollte der Zusatznutzen Neuronaler Netze gegenüber den klassischen Regressionsverfahren evaluiert werden. Im Rahmen des bewährten SAS Rapid Result Service wurde dies anhand einer konkreten Fragestellung innerhalb von circa drei Monaten getestet. Die Vorhersagegenauigkeit und Sicherheit für den Gesamtabsatz einer Direktmarketing-Kampagne konnte durch den SAS Enterprise Miner erhöht werden. Dadurch war es möglich, durch Änderung eines Testdesigns ca. 300.000 DM in einer einzigen Anwendung gegenüber dem bisherigen Verfahren einzusparen.

Die Deutsche Bank, der größte Finanzdienstleister weltweit, stützt sich im Privatkundengeschäft ebenfalls auf den SAS Enterprise Miner. Das Tool unterstützt das Finanzinstitut bei den Aufgaben Kundensegmentierung, Cross-Selling und Customer Retention. Die Bank hat ein Customer-Relationship-Management-Projekt namens INCCOM (Integrated Customer Communication Management) ins Leben gerufen. Ziel ist, alle Marketingkanäle, also die Filialen, das Internet, das Call-Center und die Direktmailing-Systeme zu integrieren. Vorher mussten die Marketinganalysten ihre kundenorientierten Reports bei der zentralen IT-Abteilung anfordern; die Berichte wurden von Fall zu Fall neu programmiert. Da die Daten zudem aus verschiedenen Quellen stammten, waren die Ergebnisse nicht immer konsistent. Mit Hilfe von Data-Mining-Modellen bekommen die Marketingspezialisten jetzt Antworten auf komplexe Fragestellungen wie: „Mit welcher Wahrscheinlichkeit wird ein Kunde bei uns bleiben?" oder „Wie hoch ist die Wahrscheinlichkeit, dass sich ein Kunde der Produkte A und B auch für das Produkt C interessiert?"

Die genannten Beispiele machen die Bedeutung von Data-Mining-Verfahren für das Customer-Relationship-Management deutlich. Da es jedoch keine „Standard"-Data-Mining-Techniken für bestimmte Situationen gibt, liegt die Entscheidung, welches Verfahren eingesetzt wird, beim qualifizierten Anwender. Erst durch das Zusammenspiel zwischen Mensch und Technologie lässt sich das Potential, das in modernen Data-Warehousing- und Data-Mining-Lösungen steckt, optimal für das Management der Kundenbeziehungen nutzen.

Resümee

Den Wert eines Unternehmens bestimmen seine Kunden. Die Umsetzung dieser Erkenntnis ist das diskutierte Konzept des Customer-Lifetime-Value-Management (CLV-M). Es geht dabei nicht alleine um die Installation einer weiteren Datenbank oder die Einführung eines Call-Centers. Vielmehr wurde dargelegt, dass durch die Einbeziehung des Kundenwertes in die Ausgestaltung des ganzheitlichen Kundenmanagements ein übergreifendes Management-Konzept etabliert wird. CLV-M schließt damit eine kritische Lücke bestehender Ansätze. Es steht für eine Philosophie, in der Umfang und Gestaltung einzelner Maßnahmen über den Kundenwert zu rechtfertigen sind. Die beschriebenen Elemente des CLV-Managements reichen dabei von der Kundengewinnung, der kundenorientierten Produkt- und Dienstegestaltung bis zum konsequenten Beziehungsmanagement sowie dem Monitoring aller Aktivitäten (siehe Abbildung 55).

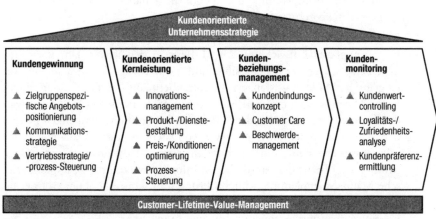

Quelle: NETWORK Management Consulting

Abb. 55:   Schlüsselprozesse des CLV-M

Die meisten Unternehmen begreifen ganzheitliche Kundenorientierung als ein Trendthema. Schlagwörter, die mit CLV-M in engem Zusammenhang stehen, wie

Customer-Relationship-Management (CRM), Customization etc. sind in vielen Unternehmen präsent. Der Hintergrund für diesen Boom liegt in der Erkenntnis, dass die kundenprozessorientierte Ausrichtung aller Unternehmensbereiche immer mehr der kritische Erfolgsfaktor für strategische Wettbewerbsvorteile wird. Die Überzeugung, den Kunden in den Mittelpunkt stellen zu müssen, ist bereits vorhanden.

Kritiker behaupten, der Wirbel um ganzheitliches Kundenmanagement wäre nichts anderes als eine Wiederentdeckung des „Tante-Emma-Laden-Konzeptes", d.h. eine individuelle, personengebundene Ausgestaltung der Beziehung zwischen Anbieter und Nachfrager. Die Erkenntnis, attraktive Kunden zu gewinnen und dauerhaft an das eigene Unternehmen zu binden, ist keine Neuheit. Seit Jahrzehnten liegt in der konsequenten Umsetzung dieser Leitlinie der Erfolg vieler Unternehmen begründet. Auch CLV-M muss sich an der Frage messen lassen: „Was ist neu an diesem Konzept?" Zusammenfassend aus den Beiträgen stellt CLV-M eine Weiterentwicklung in drei Aspekten dar:

▲ Quantifizierung des Wertes eines Kunden

  Der Kundenwert ist die Steuerungsgröße, die eine Verbindung zwischen Kundenbeziehung und Unternehmensertrag herstellt. Die Messung des Wertes einer individuellen Kundenbeziehung erfolgte bisher – wenn überhaupt – vergangenheitsbezogen, ohne alle relevanten Variablen zu berücksichtigen. Ebenso wurde in den seltensten Fällen die strategische und operative Maßnahmenplanung in Marketing, Vertrieb, Service etc. an diesen Kundenwerten ausgerichtet. Hier bietet CLV-M eine neue Dimension effizienterer Ressourcenplanung und damit die Chance, Produktivitätssteigerungspotentiale freizusetzen.

▲ Möglichkeiten verfügbarer Informationssysteme

  Die sprunghafte Entwicklung der IT-Basis in den letzten Jahren eröffnet neue Perspektiven der Datenanalyse und -auswertung. Zusammenhänge, die langjährige Marketing-Manager – wenn überhaupt – nur „aus dem Bauch heraus" beantworten konnten, werden mit Hilfe moderner CRM-Software durch Auswertung bestehender Kunden- oder Produktdatenbanken gewonnen. Die Zusammenführung relevanter Daten in einem Data-Warehouse mit anschließendem Einsatz differenzierter Analyseinstrumente (Data-Mining u. ä.) liefert die erforderlichen Informationen für zielgruppenspezifische Maßnahmenplanung, -durchführung und -kontrolle. Hier eröffnet die Technologie im CLV-M, die Möglichkeit, individuelle Kundenbeziehungen multiplizierbar und personenunabhängig zu machen.

▲ Ganzheitliche Gestaltung kundenrelevanter Schlüsselprozesse

  CLV-M unterscheidet sich ebenfalls von bestehenden Marketing-Konzepten durch die Positionierung als abteilungsübergreifender Ansatz. Es begrenzt sich nicht nur auf Fragestellungen in der Abteilung Kundenmanagement oder Customer Care. Die schrittweise Realisierung des Konzeptes in einzelnen Abteilungen und Bereichen sichert eine eindeutige Zieldefinition für diese und bindet sie integrativ in den gesamtunternehmerischen Rahmen ein. Diese strategische Zielidentität ist Grundlage für eine erfolgreiche Einführung des CLV-M.

Hinsichtlich der in der Praxis bereits umgesetzten Teilschritte des Customer-Lifetime-Value-Management sind vielversprechende Anfangserfolge zu erkennen. Pioniere setzen Maßstäbe und zeigen, welche Chancen dieses Konzept eröffnet. Immer mehr Unternehmen starten konkrete Projekte in diesem Bereich. Die Beiträge dieses Buches zeigen die Vorreiterrolle einzelner Unternehmen. Bedenkt man die prognostizierten Wachstumsraten für CRM-Software von durchschnittlich 40 Prozent p. a. bis 2005 in Europa*, so lässt sich in Konsequenz die Notwendigkeit für die Umsetzung des ganzheitlichen, wertorientierten Kundenmanagements deutlich erkennen. Kaum ein Unternehmen dürfte in den nächsten Jahren an einem derartigen Projekt vorbeikommen.

Wichtig für die Realisierung ist die enge Verknüpfung inhaltlicher Schritte mit gleichzeitiger Definition von Anforderungen an die Informationssysteme. Beide Bereiche bestimmen nachhaltig den Erfolg von CLV-M: Ohne die Einbettung der IT in ein unternehmensspezifisches Gesamtkonzept bleiben die Potentiale der Technologie weitgehend ungenützt; ohne Beachtung der systemtechnischen Möglichkeiten werden spezifische Anforderungen unrealistisch, da nicht technisch abbildbar.

Oberster Grundsatz ist die individuelle Ausgestaltung des CLV-M, basierend auf einer detaillierten Analyse der eigenen Rahmenbedingungen und nicht auf einer Umsetzung von Patentrezepten. Die Beiträge dieses Buches geben Anregungen für diese individuelle Realisierung. Die Chancen zur Schaffung eines langfristigen Wettbewerbsvorteils warten darauf, genutzt zu werden: Customer-Lifetime-Value-Management bietet Ihnen einen unternehmerischen Quantensprung hin zum wertgesteigerten und wertbewussten Unternehmen.

---

*   Frost&Sullivan Report 3703, in: FAZ: 18.10.99.

Die Autoren

Stephan Altrichter, DaimlerChrysler AG

Diplom-Wirtschaftsingenieur Stephan Altrichter studierte an der TH Karlsruhe. Nach dem Einstieg bei der Mercedes-Benz AG waren seine wichtigsten Stationen in der Zentrale, in Japan und in Nordamerika, wo er zum Schluss Niederlassungsleiter von Mercedes-Benz Manhattan war.

Seit Anfang 1998 zurück in Deutschland ist Stephan Altrichter als Program Manager Customer Relationship Management der DaimlerCrysler AG tätig.

„2.1.3 Integriertes Customer-Relationship-Management am Beispiel der DaimlerChrysler AG" auf Seite 61

Oliver Baumann, NETWORK Management Consulting

Diplom-Kaufmann Oliver Baumann arbeitet seit 1999 bei NETWORK Management Consulting als Associate Consultant in der Unit Transport & Tourism. Er studierte an der Universität Mannheim mit den Studienschwerpunkten Banken/Finanzierung, Unternehmensbewertung und Organisation. Während des Studiums arbeitete er als freier Mitarbeiter unter anderem für die BASF AG, ratiopharm und Adtranz. Vor seinem Studium absolvierte er eine Ausbildung zum Bankkaufmann bei der Deutsche Bank AG.

E-Mail: o.baumann@thenetwork.de

„1.2 Kein Shareholder Value ohne Customer Value" auf Seite 31

Prof. Dr. Martin Benkenstein, Universität Rostock

Prof. Dr. Martin Benkenstein ist Inhaber des Lehrstuhls für ABWL: Absatzwirtschaft, Direktor des Institutes für Marketing & Innovationsmanagement und Sprecher des Zentrums für Dienstleistungs- und Intermediationsforschung der Universität Rostock.

„2.4.3 Operationalisierung und Messung der Dienstleistungsqualität aus Kundensicht" auf Seite 167

Dr. Michael Eidel, NETWORK Management Consulting

Dr. Michael Eidel arbeitet seit 1999 bei NETWORK Management Consulting als Associate Consultant in der Unit Telekommunikation. Dr. Eidel studierte Volkswirtschaft an der Albert-Ludwigs-Universität Freiburg i. Br. und promovierte 1999 zum Dr. rer. pol.

Er beschäftigt sich mit der Entwicklung von Dienstekonzepten für Crossmedia-Plattformen (WebTV, Screenphones, WAP) inkl. Vertriebskonzeption.

Vor seiner Beratungstätigkeit bei NETWORK war er bei der Deutsch-Bolivianischen Industrie- und Handelskammer in La Paz/Bolivien, bei der Deutschen Gesellschaft für Mittelstandsberatung (DGM) und bei Škoda tätig.

E-Mail: m.eidel@thenetwork.de

„2.2.1 Kundenorientierte Kernleistung" auf Seite 71

Holger Essig, NETWORK Management Consulting

Dipl.-Betriebswirt Holger Essig, M.B.A., ist seit 1994 Consultant und seit 1999 Managing Director bei NETWORK Management Consulting Europe in Bad Homburg.

Er leitet Projekte bei führenden Industrie- und Dienstleistungsunternehmen in den Branchen Telekommunikation, Automobil, Transport & Tourism sowie Energiedienstleistungen bei Aufgaben marktorientierter Unternehmensführung in Marketing und Vertrieb. Seine Erfahrungsschwerpunkte liegen u. a. in der Kundengewinnung, der Diensteentwicklung bzw. Produkteinführung sowie dem Churnmanagement. In der Projektarbeit verbindet Holger Essig Konzeptentwicklung und Implementierungsunterstützung.

E-Mail: h.essig@thenetwork.de

„2.2.1 Kundenorientierte Kernleistung" auf Seite 71

Prof. Dr. Claudia Fantapié Altobelli, Universität der Bundeswehr Hamburg

Prof. Dr. Claudia Fantapié Altobelli ist seit 1995 Leiterin des Institutes für Marketing an der Universität der Bundeswehr Hamburg. Zu ihren Forschungsschwerpunkten gehören insbesondere internationales Marketing und Marketing mit Multimedia. Zu den Themenbereichen „Wertkettenmanagement" und „Online-Marketing" sind an ihrem Institut bereits zahlreiche Veröffentlichungen und Projekte entstanden.

„2.2.3 Customer Value schaffen und steigern durch Einsatz von Online-Medien" auf Seite 89

Dirk Forberger, Universität Rostock

Dipl.-Kaufmann Dirk Forberger ist Wissenschaftlicher Mitarbeiter am Institut für Marketing und Innovationsmanagement der Universität Rostock.

„2.4.3 Operationalisierung und Messung der Dienstleistungsqualität aus Kundensicht" auf Seite 167

Günter Greff, Call Center Profi

Günter Greff lernte den Verkauf von der Pike auf bei einem großen europäischen Büromaschinenkonzern. 1982 gründete er ein Unternehmen für Telemarketing. Heute gehören zur „Günter-Greff-Gruppe" Unternehmen, die sich mit Telemarketing, strategischer Marketing- und Vertriebsberatung, Entwicklung von Servicestrategien, Multimedia und neuen, gehirngerechten Lernmethoden beschäftigen.

Greff ist Dozent an der Bayerischen Akademie der Werbung und referiert an den Universitäten München, Dresden und Bremen, zudem ist er Mitglied der NSA (National Speakers Association), USA. Heute leitet Günter Greff zudem das Competence Center of Communication in Jever.

„2.3.3 Die Rolle des Call-Centers für den Dienst am Kunden heute und morgen" auf Seite 129

Ann-Kathrin Grosskopf, Universität der Bundeswehr Hamburg

Dipl.-Kauffrau Ann-Kathrin Grosskopf ist wissenschaftliche Mitarbeiterin und Doktorandin am Institut für Marketing an der Universität der Bundeswehr Hamburg. Ihre Forschungsschwerpunkte liegen in den Gebieten „Online-Marketing" und „Informationsasymmetrie". Frau Grosskopf war zuvor in einem Verlag und einer Werbeagentur tätig.

„2.2.3 Customer Value schaffen und steigern durch Einsatz von Online-Medien" auf Seite 89

Dr. Marcus Hoffmann, TelDaFax AG

Dr. Marcus Hoffmann studierte in Marburg Betriebs- und Volkswirtschaft. Nach Beendigung der durch eine Vertriebstätigkeit finanzierten Promotion unterstützte er die Vorstände der TelDaFax AG beim Börsengang zum 01.07.1998. Nach dem Börsengang übernahm er die Leitung des Strategischen Marketings mit den Aufgabenschwerpunkten Business Development, Preisstrategie und Marktanalyse. Seit Dezember 1999 ist er als Bereichsleiter Marketing zusätzlich verantwortlich für die gesamte Werbung der TelDaFax AG.

„2.2.2 Koevolutionäres Innovationsmanagement im Telekommunikationsmarkt" auf Seite 83

Markus Hofmann (Hrsg.), NETWORK Management Consulting Europe GmbH

Markus Hofmann ist Gründer und Managing Director von NETWORK Management Consulting Europe in Bad Homburg. 1996 gründete er die NETWORK Multimedia Business Solutions zur Umsetzung kundennaher Lösungen. Die NETWORK Unternehmen haben heute 30 Mitarbeiter.

Bevor er sich 1993 mit Customer-Focused Consulting selbständig machte, war Markus Hofmann Mitglied der Geschäftsleitung bei Gruber, Titze und Partner/Gemini Consulting. Dort leitete er über fünf Jahre Projekte für Telekommunikations-Anbieter, Verkehrs- und Transportunternehmen, Automobilhersteller sowie weitere Dienstleistungsunternehmen. Darüber hinaus war Markus Hofmann sechs Jahre für Marketing und Finanzen bei international tätigen Non-Governmental-Organisations verantwortlich. Von 1988 bis 1990 war er Marketingleiter Mobilfunk bei AEG.

E-Mail: m.hofmann@thenetwork.de

Vorwort auf Seite 5
„1.2 Kein Shareholder Value ohne Customer Value" auf Seite 31

Matthias Hohensee, Wirtschaftswoche

Matthias Hohensee arbeitet seit 1996 als Redakteur für die Wirtschaftswoche. Seit Herbst 1998 berichtet er als US-Korrespondent
der Wirtschaftswoche aus Kalifornien und schreibt eine wöchentliche
Kolumne über Trends und neue Geschäftsideen aus dem Silicon
Valley. Zuvor arbeitete er als Redakteur des ersten deutschen News-
letters für die Mobilfunkbranche und schrieb als freier Journalist für
deutsche und britische Magazine.

„2.1.2 Limitierte Aufmerksamkeit" auf
Seite 55

Dr. Lothar Hunsel, Telemarkt Telematik AG

Dr. Lothar Hunsel ist seit 1998 im Vorstand der Telemarkt Telematik
AG. Wesentliche berufliche Stationen waren: Procter & Gamble, vier
Jahre McKinsey & Co. Inc., zehn Jahre Bertelsmann als Geschäftsfüh-
rer des Buchclubs, Bereichsvorstand elektronische Medien, Geschäfts-
führer Premiere sowie vier Jahre Vorstand der Geschäftsführung
T-Mobil.

„2.3.2 Kundenwert und Kundenloyalität" auf Seite 115

Dr. Elmar Jobs, NETWORK Multimedia Business Solutions

Dr. rer. nat. Elmar Jobs ist seit drei Jahren Consultant bei
NETWORK Multimedia Business Solutions. Seit 1997 berät
NETWORK MBS Kunden bei der Entwicklung und Einführung
von Gesamtlösungen im Bereich der kundennahen Systeme.

Er ist verantwortlich für die Gestaltung integrierter multimedialer
Lösungen. Fokusthema ist hierbei die Entwicklung von plattform-
unabhängigen, personalisierten und vernetzten Diensten für neue
Access Devices, hier insbesondere für WAP. Dr. Elmar Jobs leitet
darüber hinaus Projekte zur Entwicklung und Einführung von zielgruppenspezifischen Diensten für Marketing/Vertrieb und Endkun-
den. Zuvor war er als Physiker am Höchstleistungsrechenzentrum
Jülich tätig.
E-Mail: e.jobs@thenetwork.de

„2.4.2 Data-Warehouses und Kundenmonitoring" auf Seite 155

Alexandra Keck, DaimlerChrysler AG

Diplom-Betriebswirtin (BA) Alexandra Keck studierte an der Berufs-
akademie Stuttgart in Verbindung mit der Mercedes-Benz AG.

Seit Mitte 1997 ist sie als Kommunikationsexpertin im Customer-
Relationship-Management der DaimlerCrysler AG tätig.

„2.1.3 Integriertes Customer-Relationship-Management am Beispiel der
DaimlerChrysler AG" auf Seite 61

Thomas Löwenthal, NETWORK Corporate Process Consulting

Diplom-Kaufmann Thomas Löwenthal ist Managing Director der
NETWORK Corporate Process Consulting in Münster, die er als
Mitgesellschafter Mitte 1999 gründete. NETWORK Corporate
Process Consulting beschäftigt sich als Beratungsunternehmen
schwerpunktmäßig mit wertorientierter Unternehmenssteuerung.
Thomas Löwenthal hat zudem langjährige Erfahrung im erfolgrei-
chen Umgang mit innovativen Kundengewinnungs- und bindungs-
systemen.

Er war nach Stationen im Vertrieb bei Bosch und im Handels-
und Direktmarketing in Führungsposition am Aufbau des Marketings und Vertriebs von Mannesmann Mobilfunk beteiligt. In der
Ausgründungsphase der Mobilfunkaktivitäten aus der Deutschen
Telekom gründete Thomas Löwenthal für die T-Mobil Geschäftseinheiten für verschiedene Mobilfunkdienste. Zuletzt war Löwenthal
Europageschäftsführer beim globalen Telekommunikationskonsor-
tium Iridium.

E-Mail: t.loewenthal@thenetwork.de

"2.3.1 Erfolgreiches Kundenbeziehungsmanagement und seine Elemente" auf Seite 105

Markus Mertiens (Hrsg.), NETWORK Management Consulting

Dipl.-Ingenieur Markus Mertiens ist seit 1999 als Executive
Consultant bei NETWORK Management Consulting Europe in Bad
Homburg tätig. Der Telekommunikationsprofi war vor seinem Ein-
tritt in führenden Positionen bei Iridum, Düsseldorf, T-Mobil in
Bonn/Münster und Mannesmann Mobilfunk, Düsseldorf. Als Leiter
der Unit Telekommunikation setzt er seine Erfahrungen bei der
Beratung von Industrie- und Dienstleistungsunternehmen ein.

E-Mail: m.mertiens@thenetwork.de

"2.3.1 Erfolgreiches Kundenbeziehungsmanagement und seine Elemente" auf Seite 105

Gerd Pischetsrieder, Pischetsrieder Consulting GmbH

Gerd Pischetsrieder absolvierte ein Studium der Betriebswirtschaft
mit Schwerpunkt Personalwesen und besitzt Zusatzausbildungen u. a.
in Organisationsentwicklung, Transaktionsanalyse, Psychodrama,
NLP. Seit 1983 ist er selbständiger Unternehmensberater für Organi-
sations- und Personalentwicklung. Er ist Gesellschafter und
Geschäftsführer der weltweit arbeitenden Pischetsrieder Consulting
Group. Zuvor war Gerd Pischetsrieder viele Jahre in führender Position in einem internationalen Konzern in Verkaufstraining,
Managementausbildung und Organisationsberatung tätig.

"2.2.4 Vom staatseigenen Energiekom-
binat zum marktwirtschaftlichen Ener-
gieunternehmen" auf Seite 99

Cecilie Schank, NETWORK Management Consulting

Dipl.-Kauffrau Cecilie Schank ist seit 1994 Consultant und seit 1997 Mitglied der Geschäftsführung bei NETWORK Management Consulting Europe in Bad Homburg.

Cecilie Schank leitet Projekte bei führenden Industrie- und Dienstleistungsunternehmen in den Branchen Telekommunikation und Automobil bei Aufgaben marktorientierter Unternehmensführung in Marketing und Vertrieb. Erfahrungsschwerpunkte liegen u. a. in der Entwicklung von Marketing- und Vertriebskonzepten und -prozessen, Kundenzufriedenheitsanalysen sowie Marketing- und Vertriebsinformationssystemen. Im Mittelpunkt ihrer Arbeiten stehen CRM-relevante Prozesse sowie Ansätze zur Kundenbindung. Vor ihrem Eintritt bei NETWORK leitete Cecilie Schank ein Unternehmens-Schulungsprogramm in Osteuropa.

E-Mail: c.schank@thenetwork.de

„2.1.1 Kundengewinnung als Startpunkt des CLV-M" auf Seite 43
„Resümee" auf Seite 199

Klaus Thelen, NETWORK Corporate Process Consulting

Dipl.-Volkswirt Klaus Thelen ist Managing Director der NETWORK Corporate Process Consulting in Münster, die er als Mitgesellschafter Mitte 1999 gründete. NETWORK Corporate Process Consulting beschäftigt sich als Beratungsunternehmen schwerpunktmäßig mit wertorientierter Unternehmenssteuerung.

Klaus Thelen hat langjährige Erfahrung im Aufbau von Controlling- und Monitoringsystemen sowie in der Leitung von Restrukturierungsmaßnahmen.

Bevor er sich 1998 zunächst als freier Mitarbeiter der Arthur Andersen Managementberatung selbständig machte, war Klaus Thelen fünf Jahre als Bereichsleiter Controlling der T-Mobil in Bonn maßgeblich am Aufbau der nationalen und internationalen Aktivitäten dieses Unternehmens beteiligt.

Neben der Telekommunikationsbranche sammelte Klaus Thelen Branchen- und Fachkenntnisse in führenden Positionen bei der ESSO AG sowie von 1990 bis 1993 als Direktor Controlling der GLUNZ AG.

E-Mail: k.thelen@thenetwork.de

„2.4.1 CLV-M-basiertes Kundenmonitoring als innovatives Controlling-Instrument in Marketing und Vertrieb" auf Seite 143

Christian Wilkens, NETWORK Management Consulting

Dipl.-Theologe Christian Wilkens ist Management Consultant bei NETWORK Management Consulting Europe in Bad Homburg. Seit 1996 berät er führende, international tätige Industrie- und Dienstleistungsunternehmen bei Aufgaben marktorientierter Unternehmensführung.

Neben klassischen Marketing- und Vertriebs-Projekten im Automobil- und Telekommunikations-Markt sowie in der Transport- und Tourismus-Branche liegt ein Schwerpunkt seiner Tätigkeit in der Entwicklung und Einführung innovativer Dienste und Technologien sowie in Entwicklung und Aufbau vom System-Geschäft. Innerhalb der NETWORK-Gruppe ist er verantwortlich für die Cross-Industry-Practice-Telematik. Vor seiner Beratungstätigkeit bei NETWORK war er bei der Bertelsmann Fachinformation, München tätig.

E-Mail: c.wilkens@thenetwork.de

„2.4.1 CLV-M-basiertes Kundenmonitoring als innovatives Controlling-Instrument in Marketing und Vertrieb" auf Seite 143

Gerd Peter Wittenborg, Oracle Deutschland

Dipl.-Kaufmann Peter Wittenborg studierte an der Universität
Hamburg Betriebswirtschaftslehre und ist Product Manager Data-
Warehouse bei der ORACLE Deutschland GmbH.

Zuvor war er Leiter Informationsmanagement bei der milestone
software GmbH. Weitere Stationen seines beruflichen Werdegangs
waren die EDV-Koordination bei der Reynolds Tobacco GmbH
sowie eine Tätigkeit als Consultant bei IRI-Software.

„2.4.4 Der Einsatz von Data-Warehouses im Customer-Relationship-
Management" auf Seite 177

Gordana Zezelj, NETWORK Management Consulting

Dipl.-Kauffrau Gordana Zezelj ist seit 1999 Associate Consultant bei
NETWORK Management Consulting Europe in Bad Homburg. In
ihrer Funktion als Spezialistin für Dienstleistungsmarketing und
Customer Relationship Management ist sie in verschiedenen Pro-
jekten beratend tätig. Unter anderem ist sie Marketing-Verantwort-
liche im Rahmen eines Strategie-Projektes bei der Deutschen Bahn
AG zur Einführung eines elektronischen Tickets. Davor war sie als
Produktmanagerin verantwortlich für Telefon- und Mehrwertdienste
für Residential Customers bei o.tel.o Communications. Davor war sie
zwei Jahre für debitel Kommunikationstechnik in Vertrieb und
Marketing tätig.

E-Mail: g.zezelj@thenetwork.de

„1.1 Das CLV-Management-Konzept"
auf Seite 9

Dr. Sabine Zimmer, Telemarkt Vertriebsberatung GmbH

Dr. Sabine Zimmer ist seit 1993 Senior Consultant der Telemarkt
Vertriebsberatung GmbH im Bereich Beratungsleistungen/Konzepte
rund um Service- und Vertriebsprozesse sowie Konzeption und
Implementierung von Call Centers/CustomerInteraction-Centers.

„2.3.2 Kundenwert und Kundenloyalität" auf Seite 115

Andreas Zipser, SAS Institute

Dipl.-Wirtschaftsmathematiker Andreas Zipser studierte Wirtschaft
und angewandte Mathematik an der Universität Augsburg. Seine Stationen im Marketing, Database Marketing und Customer Relationship Management waren die Ciba-Geigy AG, der Medienkonzern
The Reader's Digest Asc. und das amerikanische Software-Unterneh-
men SAS Institute. Dort ist er heute als Program Marketing Manager
u. a. für die Bereiche CRM und Data-Mining verantwortlich.

„2.4.5 Kundenorientierte Prozess-
Steuerung mit Hilfe moderner Informationssysteme" auf Seite 189

Managementbücher kompetent - kritisch - kreativ

Müller-Scholz, Wolf K.
Inside Silicon Valley
Ideen zu Geld machen
2000, 248 S., geb.
DM 58,00
ISBN 3-409.11543-9
Ideen zu Geld machen. Die
Umsatzmaschine Silicon
Valley, beschrieben von
Capital Korrespondenten
Müller-Scholz. Die spannen-
desten Biographien, die
größten Firmenerfolge und
was wir Deutsche von
ihnen lernen können.

Edvinsson, Leif/
Brünig, Gisela
Aktivposten Wissenkapital
Unsichtbare Werte bilan-
zierbar machen
2000. 260 S., Geb.
DM 68,00
ISBN 3-409-11540-4
Das Wissenspotential der
Mitarbeiter und ihre
Innovationsfähigkeit sind
das „Intellectual Capital"
eines Unternehmens. Wie
lassen sich diese „weiche"
Werte sichtbar machen?
Edvisson zeigt, wie sie sich
sinnvoll bewerten, bilanzie-
ren und nutzen lassen!

Kennedy, Carol
Management Gurus
40 Vordenker und
ihre Ideen
1998. 222 S. Geb.
DM 68,00
ISBN 3-409-18983-1
Einzigartig auf dem deut-
schen Markt: die vierzig
wichtigsten Management-
Denker und ihre Ideen,
komprimiert und flüssig
geschrieben. Ein Buch für
alle, die sich einen schnellen Überblick verschaffen
und kompetent mitreden
wollen. Englischer
Bestseller von preisgekrön-
ter Managementjournalistin,
mit Glossar zu den wichtigsten Management-
Konzepten. Ideal auch als
Geschenkbuch sowie als
Fundgrube für Zitate.

Stiens, Rita
Ferdinand Piëch
Der Auto-Macher
1999. 205 S., Geb.
DM 58,00
ISBN 3-409-11522-6
VW-Chef Ferdinand Piëch
ist der faszinierendste unter
Deutschlands Konzern-
chefs. Seine Lebensleistung
für Audi und Volkswagen ist
unstrittig, andererseits sorg-
ten die Lopez-Affäre, der
Rolls-Royce-Deal und ein
als erbarmungslos-
machtbewußt beschriebe-
ner Führungsstil für Kritik.
Die Journalistin Stiens hat
das erste Buch zum kaum
wirklich bekannten Mensch
und Milliadär Piëch
geschrieben. Eine spannen-
de Lektüre.

Brunner/Becker/Bühler/
Hildebrandt/Zaich
Value-Based Performance
Management
Wertsteigernde
Unternehmensführung:
Strategie - Instrumente -
Praxisbeispiele
1999. 257 S., Geb. DM 89,00
ISBN 3-409-11471-8
Die Autoren zeigen Wege,
wie ein wertsteigerndes
Performance-Management-
Konzept entwickelt und
umgesetzt werden kann.
Fallbeispiele zur Leistungs-
messung in verschiedenen
Branchen bieten gut
umsetzbare Hinweise für
Management- und
Controllingprozesse.

Berger, Wolfgang
Business Reframing
Das Ende der Moden im
Management
2., Aufl. 1998. 231 S., Geb.
DM 68,00
ISBN 3-409-28895-3
Business Reframing bedeu-
tet die Neuausrichtung des
inneren Schaltplans unserer
Unternehmen. Das Buch
vermittelt - illustriert an
zahlreichen Beispielen -
erfolgreiches Management-
Know-how für heute und
morgen. Diese originelle,
faszinierende und provo-
kante Lektüre wurde für
den Global Business Book
Award nominiert.

Eggloff, Frank
Bilanzierung nach HGB,
US-GAAP und IAS im
Vergleich
Eine praxisorientierte
Einführung
1999. 140 S., Br. DM 58,00
ISBN 3-409-18949-1
Diese praxisorientierte
Einführung beschreibt die
Grundzüge der Bilanzierung
nach HGB, US-GAAP und
IAS, stellt Beispiele vor und
macht die Unterschiede
und Konsequenzen der drei
Bilanzierungsarten deutlich.

Kobi, Jean-Marcel
Personalrisikomanagement
Eine neue Dimension im
Human Resource
Management: Strategien
zur Steigerung des People
Value
1999. 179 S., Br. DM 68,00
ISBN 3-409-11468-8
Das erste Buch zu einem
neuen Konzept:
Personalrisikomanagement
und Steigerung des People
Value. Es eröffnet einen
neuen Blick auf
Wissensmanagement und
Personalarbeit von morgen.

Lindenau, Rainer/
Helbig, Thomas
Exploding Markets
Wachstumsstrategien für
das 21. Jahrhundert
2000. 237 S., Geb.
DM 68,00
ISBN 3-409-11516-1
Wachstum und neue
Geschäfte sind die großen
Herausforderungen aller
Unternehmen. Einige
besonders erfolgreiche
Unternehmen zeigen, wie
es gehen kann. Die
Spielregeln werden neu
definiert. Das Buch be-
schreibt die Erfolgsfaktoren
sowie den Weg zu über-
durchschnittlichen Wachs-
tumsraten und zeigt praxis-
orientiert, was diese
Unternehmen auszeichnet.

Feldman, Mark L./
Spratt, Michael F.
**Speedmanagement für
Fusionen**
Schnell entscheiden,
handeln, integrieren - Über
Frösche, Hasenfüße und
Hasardeure
2000. 214 S., Geb.
mit Schutzumschlag
ca. DM 68,00
ISBN 3-409-11541-2
Akquirieren ist nicht schwer,
Eigner sein dagegen sehr.
Fusionen bergen immer
das Risiko hoher Verluste.
Schnelle Entscheidungen
und schnelles Handeln ent-
scheiden über den Erfolg
oder Misserfolg von
Fusionen.

Kevin Barham/
Claudia Heimer
ABB - Der tanzende Riese
Von der Fusion zum erfolg-
reichen Global Player
1999. 400 S., Geb.
DM 78,00
ISBN 3-409-11442-4
Bestseller aus Großbritan-
nien. Das erste Buch zum
Strategie- und Leadership-
Vorbild ABB und seinem
weltweit bewunderten Weg
von der Fusion zum erfolg-
reichen Global Player.

Kießling, Bernd/Koch, Hans
Kundenforum
Wie Unternehmen heraus-
finden, was ihre Kunden
wirklich wollen
1999. 207 S., Geb.
DM 68,00
ISBN 3-409-18689-1
Das in den USA erfolgreich
eingesetzte Instrument
Kundenforum zeigt, wie
Unternehmen in Erfahrung
bringen was Kunden wirk-
lich wollen. Das Buch zeigt
im Detail, wie der
Kundeninput zu nachhalti-
gen Innovationen führt.

Wollsching-Strobel, Peter
**Managementnachwuchs
erfolgreich machen**
Personalentwicklung für
High Potentials
1999. 219 S., Geb.
DM 68,00
ISBN 3-409-18986-6
Gute Führungskräfte und
Fachspezialisten sind auf
dem Arbeitsmarkt immer
schwieriger zu finden.
Dieses Buch beschreibt wie
Sie systematisch junge
Potentialträger gewinnen
und entwickeln können.
Eine echte Bereicherung
auf dem großen Markt der
Bücher zur Personalent-
wicklung.

Sattelberger, Thomas
**Wissenskapitalisten oder
Söldner?**
Personalarbeit in Unter-
nehmensnetzwerken des
21. Jahrhunderts
1999. 362 S., Br.
DM 89,00
ISBN 3-409-18994-7
Eine neue Qualität von
Arbeitnehmerloyalität sind
die Herausforderungen
einer strategischen Perso-
nalarbeit. Sattelberger
beleuchtet diese Heraus-
forderung und zeigt die
Voraussetzungen in Unter-
nehmen für den Erhalt von
Loyalität, Wissen und
Identität.